连接

任达 著

策划人思维的建立

人民东方出版传媒
东方出版社

谨以此书献给赐予我生命，并用爱养育我的亲爱的父亲和母亲。

希望借此，向我的恩师、伙伴们表示真诚的感谢！

推荐序

我与本书作者任达先生相识于 2006 年。那时还是博客火热的时代，他在焦点房地产网上是个明星。因为是东北老乡，聊起来也格外亲切。从那时起，我们都相继在互联网及传统媒体上发表相关文章，收获了很多关注。我们也互相关注，互相很认可，后来有了线下的见面交流。他给我的印象是：身材玉树临风，谈吐风趣幽默，在专业上很有见地。

在 2019 年的一次老友聚会上，任达先生向我提及他正在创作的新书，并邀请我为他做指导。当时我以为他只是基于我的岁数和"教授""博导"这样的虚名，或者因为聚会是我买单，跟我客气一下。因为他是市场营销领域的专家，着眼于微观，而我则更倾向于行业研究和宏观政策，实属两个领域。不过当他把这本书稿发给我后，我才发现，原来他并没有把市场营销知识当成教科书一样来叙述，而是用朴实易懂的语言阐述出职业策划人重要的思维、观点和操作准则——将商品与消费者心智进行连接。

这本书传递的思想是一种积极的、正向的价值观表述，这与任达先生做事认真、语言幽默、态度严谨的行事作风很吻合。因此，我要积极向大家推荐这本书。

在当今中国辽阔的地域、庞杂的经济成分、产能过剩的时代背景和复杂的社会环境下，正需要用全新的视角重新解读关于产品、消费者、品牌、定位之间的关系，而不是直接应用延续近百年工业时代的营销理念。

这个时代正在发生着历史上从未有过的快速迭代，商业结构、传播途径、体验营销、电商经济、分享经济、大数据、区块链等等正在改变着我们的生活。尤其是在 2020 年年初暴发的全球新冠肺炎疫情影响下，企业家们开始重新审视自己的生存与发展环境，而这本书中提及的观点，实则可以为现代中国制造提供富有创意的市场解决方案，并有机会让更多中国企业建立起世界品牌。

此次为任达先生的新书作序，实属缘分，也是我的荣幸。希望他能为更多的企业服务，将这种价值连接的思想在实体经济领域传递开来，散播出去。

北京师范大学房地产研究中心主任 / 博士生导师 董藩

2020 年 5 月 29 日

自　序

　　我非常荣幸能够有机会把这本书完成并奉献给大家！

　　感谢成长道路上给予我无限支持的亲人、恩师、合作伙伴和把酒言欢的朋友；感谢成长道路上我遇到的"苦难"岁月，其实恰恰是这些糟糕的境遇让未来每一天的日出都变得意义非凡。

　　在几乎200个日日夜夜里，我苦心思索和回忆着策划工作给我带来的人生变化，并把它们敲打在键盘上。书柜上2厘米厚度的书稿是我作为一名策划人用痛苦、失败、疾病、喜悦、赞美、感恩书写而成的。

　　在工作与思考当中，我选择记录；在营销与利润当中，我选择价值；在白天与黑夜当中，我选择清醒……时光的流逝不会再来，但我们都在用每一刻曾经的自己在面向未来。所以我们想要未来变得更美好，那只有让自己在每一个当下变得积极乐观，不管我们正在经历什么。

　　成长是快乐的，因为成长的快乐并不在于我们经历了什么，而在于我们学到了什么。以结果作为判断的依据，你就会发现，人生中经历过磨难后，学到了自己曾经不懂的道理，这实在是一件值得高兴的事情。学到的越多，以后遇到挫折的概率就会越小，后面的人生就会越来越精彩。这何止是快乐，简直应该庆祝一番。

我坚信每一个生命来到这世界上都有自己的使命，人生的迷茫与不幸是因为找不到自己的使命，而人生的成就与幸运则是因为找到了自己的使命。我坚信自己来到这世间走一遭会留下一缕光、一段给别人带来美好与传承的回忆。这些都是积极的、向上的，也是向善的。

我在本书中提到了一个观点："生命的意义恰恰是放在自己以外，才是真正的意义；定义生命落在自己身上的，都没有什么意义。"在这个个人主义、个人意志横行的年代似乎有着不太一样的认知。

我们总是爱用自己的感受来衡量意义：我这样做值不值？我怎样才能满足？我为什么不快乐？别人凭什么瞧不起我？于是我必须做出一番大事业来证明我自己。其实，伟大的人恰恰都是因为放下了自己的感受，而强调了别人的感受才获得成功。在品牌营销的诉求当中，这个道理依旧清晰醒目。品牌与企业的诉求并不重要，我们能够为客户带来什么感受才是品牌应该真正思考的问题。

策划工作其实无处不在，也是一个非常神圣的职业。策划不只是我们看到满街飞的五颜六色的广告宣传，更是一种生存形态与思维方式，这取决于你如何去应用策划的力量。其实我们身边的一切都是经过策划的，不只商品需要策划，行业也需要、城市也需要、国家也需要，甚至我们通过很多国际组织的宣言都会发现，全人类都需要策划。同一种目标行为用不同的方式表达出来，效果截然不同，这里看似是技巧的作用，但实则是意识维度在起决定性作用。一味地追求技巧学习只不过是哗众取宠，久而久之便会陷入自己狭隘的策划认知范畴里，很难成长为一名真正的策划人。

人类的历史和文明都在策划中形成，包括我们对自己的策划和自然天地的策划。自己的策划称为学习与改变，掌握的知识和技能越多，自己的目标（定位）就会越准确清晰，可操作性就会越强，这其实就是策划工作的核心本质，而大自然的策划在中国的文化中，则被称为"道"。

建立策划人完整系统的意识后，方法就不再是一成不变的，我们可以重新排列组合各种资源和程序，这才是事半功倍的良方。所以学习策划思维和策划方法才是策划人工作的前提。策划人切忌心浮气躁，只有把心沉下去，才能让自己的视野变得更高，不但能看得更远，也能看得更深。我们可以看到空洞、诱惑、人心、无奈、宝藏、陷阱、纠结、机遇、威胁……

每一个当下都是一个全新的开始，决定了我们要走什么样的道路、获得什么样的成就、体会什么样的人生。选择是人生的大智慧，只有放在10年、20年甚至更长的时间里才能感受到光芒。

选择人生有三大遗憾：不会选择、不坚持选择、不断地选择。这似乎总在困扰我们，但其实并不是选择的问题，而是我们丢了自己的初心，忘记了自己的本愿。我希望读完这本书之后，读者重新看这三个问题时能够收获属于自己的答案。

我更愿意将策划理解为发现价值和表现价值的一份职业，我们通过策划的手段为这个世界增添了一份美好。当举着一杯纯正的美式咖啡从星巴克走出来，抬头仰望蓝天感受到幸福满满的时候，你会觉得自己被策划骗了而买了根本不需要的东西吗？恰恰相反，你会爱上策划带给你的美好，并义无反顾地为之买单。优秀的策划人并不需要你为商品买单，只需要你为自己买单。

我们根本无法拒绝策划，因为我们身边看到的一切都是经过策划的。只要人类还有美好的希望和追求，策划人就会一直有他存在的价值。

我们，就是价值本身。

在本书的出版过程中，云南的刘克彪先生与陈学燕女士给予了热心的支持，在此向他们的付出表示感谢！

策划人：任达

2020 年 5 月 20 日

目录

第五章　品牌的建立与连接

第六章　创意的连接

第七章 营销的连接解决方案

后记

第一章

连接的意义

这个世界因爱而诞生。你或许不会否认，爱是这个世界上最大的力量。基督教称之为博爱，佛教称之为慈爱，儒家称之为仁爱……人们只要唤醒心中的爱并合理地去运用这种力量，便具有了感召力。所有伟大而成功的人都是透彻地领悟了这一力量的源泉，并建立了连接，因此成就了伟大的事业。

最重要的是爱，其次是如何去爱；如何去爱，就是策划。

这世间的一切都经过了策划，无论是你看到的高楼大厦或是车水马龙，不管是漂亮的高跟鞋还是修身的牛仔裤。我们可以思考一下，你在连接什么、你的公司在连接什么、这座城市在连接什么、宗教在连接什么……你会发现这些答案最终都指向心灵的满足，物质只是心灵的载体。当我们学会了思考这些过程，便成了策划人。

很多人容易陷入市场经济的模型结构当中去追求利润，实际上却忽略了市场经济的底层逻辑是提供价值。如果你认为自己的商品很有价值，那是错误的。你的商品其实只有价格，因为价值在用户的心智当中。

客户也永远不会相信你，他相信的是自己对价值的判断。所有的商业行为只是在努力将商品的作用与用户心智中的价值连接起来，这一连接的过程才创建了现代社会的营销系统，定位、策划、广告、品牌……市场经济也因此而拉开序幕。

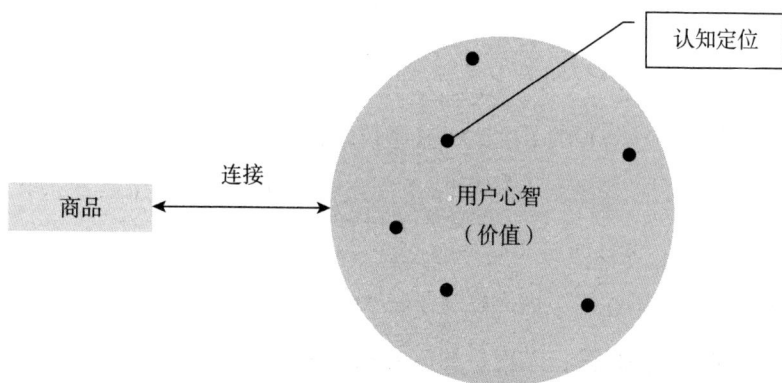

图 1-1　商品定位价值连接

我们可以把商品在用户心智当中的价值确认理解为定位，但这只是一个锚点，距离获得市场成功还远远不够。因为那个锚点实际上也并不存在，只是企业单方面的一个认知而已。我们还必须把锚点（用户心智）与商品之间连成线条，这一连接的过程我们称之为营销。请注意，普遍的市场营销操作都是在铺设一条寻找客户的路，却忽略了客户能找到你的路。客户找到你的路并不是因为你的广告或商品经常出现在他面前，也不是因为你在广告中添加了二维码或者联系电话，而是客户的心智里能不能找到你。只有客户的心智里能找到你，我们的营销才有意义。

如果缺少了这条客户找到你的路，那就是缺少了定位的营销，我将这种定位称为客户的"认知定位"。一旦缺少了认知定位，你所有的营销对于市场而言都是无感的，只是为了营销而营销，对于企业需要支付的高昂成本来说，真的是得不偿失。可我们一旦连接到了认知定位，营销的效果是指数级增长的。

大家在阅读本书的过程中，会逐渐清晰一种概念，那便是关于连接的概念。我试图将这一概念应用在商品社会的市场行为中，以更好地发挥作用并重新审视我们商业行为的意义。

请记住下面这段关于连接的描述：

连接是策划的方向、是定位的通路、是营销的根本。策划连接价值，定位连接心智，营销连接方法。

市场经济已经完全进入一种极为复杂，甚至是不可预计的走向当中，即使是世界上最先进的电子计算机也无法准确地计算出答案。不然股票市场就不会出现动荡、金融危机也不会发生、贫富差距也不会存在。实际上也正因如此，完整的商业逻辑融入了人性的情感认知和传播内容，而简单粗暴的商业模式则变成纸上谈兵。

只有当经营遇到危机时我们才会发现，曾经不断夜以继日建立起连接用户心智的"那条线"，才是企业最安全的"保险绳"。

而所有金融投资机构在为企业（创业）做投资评估的时候，最核心的判定标准也不是你的技术含量或是要改变世界的口号，而是你是否有条件与用户的价值需求进行连接。他们只在判断你与市场用户之间是不是畅通地连接以及连接的稳固性如何。

可口可乐前董事长伍德鲁夫有一句名言："假如我的工厂被大火毁灭，假如遭遇到世界金融风暴，但只要有可口可乐的品牌，第二天我又将重新站起。"这段话完整诠释了企业品牌与用户心智连接的重要性。设想一下如果可口可乐工厂真的被大火烧毁，需要资金重建，那么在股票市场就会出现奇怪的现象：一家被大火摧毁的企业，股票居然会大涨。因为大家都爱可口可乐，可口可乐从来不在工厂里，而在我们的心智当中，所以我们不会允许它消失。

我们不但要研究并尽力使产品与用户之间的连接更稳固，还要想方设法让连接变得更短一些。因为"绳子"越短，距离用户越近、断裂的可能性越低。

曾经二十余年蝉联福布斯富豪排名榜首的比尔·盖茨为什么拥有这么大的财富呢？因为他的产品与用户的连接非常短，短到你几乎每一天都可能会用到他的产品。你可以用微软的产品做太多的事情，并付出太多的时间在他的产品上。你的事业、生活、思想几乎都离不开它，这就是极短的连接。

我此时正在用 Windows 系统的电脑，使用着 Office 软件中的 Word 功能写下上面这段文字。

我们除了要让连接变得结实、更短以外，还要让连接变得更多。因为连接得越多，商品的安全系数就越高、品牌力就越强。请不要误会，这并不是说要让品牌多元化、多领域发展，而是心智当中对品牌产生联想的连接更多（我们曾经推崇的品牌专业化路线可能是错的，这一点后文会有描述）。比如提到百事可乐，我们除了知道它是碳酸饮料之外，还会连接到其他什么呢？对于百事可乐，你可能会连接到青春、冰爽、活力、开心、流行音乐、蓝色、迈克·杰克逊、激情、音乐排行榜，再想想可能还有其他的。但这时你可能已经忘了，它只是一瓶碳酸饮料。

在市场工作中，我们只有清楚了连接的含义与本质，才能设计出真正有效并产生价值的营销方案。你的企业战略是连接、你的发展模式是连接、你的执行标准是连接、你的商品渠道是连接、你的市场研究是连接、你的广告营销是连接。但连接什么以及用什么方式去连接才是企业面对的核心问题。脱离了连接的意义，所有的市场行为都是无用的。而如果掌握了连接的能力，企业完全不用为客户的来源与发展产生困惑。打通了连接这条路，一切价值和资源都会水到渠成。

市场营销要做的是唤醒消费者心智中的价值，而商品（品牌）本身则是顾客通往自己内在美好追求的目标。商品的营销如果定位在这条通道上，那必然是一家伟大的企业。

"百货商店之父"约翰·沃纳梅克曾提出广告营销界的"哥德巴赫猜想"："我在广告上的投资有一半是无用的，但问题是我不知道是哪一半。"事实上，打开这条"广告营销界的哥德巴赫猜想"的正确方式是："跟消费者没有连接，企业在自我意淫的那一半。"

我作为一名职业策划人，常年与数十个项目（产品）的市场营销进行连接，从而深刻感悟到所有市场营销行为的真谛是建立连接，市场操作的成功与否完全取决于你连接的效果。在断开连接的行为中，所有的创意、点子、砸广告、培训、股权分配、竞争性策略、销售管理都毫无价值，因为他们成功的背后都有连接的影子存在。

有一些企业或许在上述某一环节做得出色并大获成功，他们在分析总结时却往往忽略了这其实只是因为在某一环节上突出了连接的表现。如果商业行为的底层逻辑出发点出现偏差，后面的营销过程只能是事倍功半。企业可能会认为该做的都已经做了，市场太难了。但其实你可能没有做最关键的那个部分，就是连接。

如果说策划工作有什么价值的话，那就是在为商品和用户之间建立连接。铺设一条客户能找到你的路，就是策划。市场营销要穿透客户的心智，钻到他的感受当中，并反复按摩和巩固他的认知定位。

市场营销的逻辑必须形成通路，你的内容才有意义。（见下页图1-2）

如果来到图书馆，你有可能会发现社会学、经济学、管理学、营销学类目的书架前聚集的人多一些，我也拜读过很多大师的著作以及学习了高手的观点。不过读者们将这些模型或技术应用在实际中却是另一番景象。人们总是感到力不从心，甚至可能还会胆战心惊。难道我们在担心大师们的观点是错的吗？显然并不是这样。这多半是因为我们缺少了一根能够衡量这种营销行为的准绳，因为营销并不像数学题一样具备全世界共知的标准答案，没有标准答案，我们如何判断执行的方向和标准是否值得坚持呢？

（1）没有通路的营销

商家 ──宣传──▶ 功能　　　消费者

（2）建立通路的营销

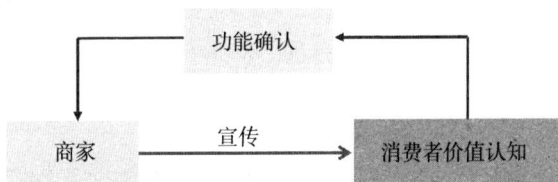

功能确认

商家 ──宣传──▶ 消费者价值认知

图1-2 营销通路

"连接理论"就是这根准绳。连接是我们在市场操作行为中的尺码，让我们更清楚自己是不是在做更有意义、更有价值和方向正确的事。

我曾经一个人专程坐了上千公里的火车，只为到苏州的诚品书店点杯咖啡买几本书。我为什么会去图书馆（书店）呢？在图书馆（或书店）究竟做什么呢？我们平时几乎很少看见图书馆在做广告，我们之间是如何建立连接的呢？我想，这个答案我们会在书中慢慢寻找出来。当找到这个答案后，我们每个人都将豁然开朗。

营销是一个矩阵，不同的人有不同的观点和手法，甚至很多专业营销机构和大师的观点也相互冲突。这并不是谁在真的犯错误，相反这很有可能也是他们营销自己的一部分。那么既然营销学有上百种理论、上千种操作、上万种可能性，我怎么知道哪一种方式更适合自己呢？

别忘了，你现在有尺码了，不是把它们选出来，而是把它们连接起来。

连接的基本定义就是：建立产品与用户心智价值的通道。

我们总在表述要让客户满意，但很少有企业能真正做到。这是为什么呢？因为客户的满意不是你的产品质量和服务态度，而是自己心智中对价值的判断。购买行为是顾客为改变现状而支付的代价，产品内容与营销的基本定义都应满足这种需求。

我想，我们还是要从连接的基本意义开始说起。因为我们必须先找到自己人生的连接、价值的连接、营销行为的连接……之后我们才能建立起小到为一根铅笔，大到为国家战略进行连接的策划人思维。

第 1 节　人生的连接

大家会不会觉得我在开篇的第一章、第一段、第一句提到"爱"这个主题很唐突呢？爱和市场营销学有什么关系呢？这可能就是我们遇到的最大的工作问题：意识维度的局限性和扁平化。爱与一切都有连接，市场营销不过是在爱的主题下若干层之后的一个细微分支。人们总喜欢站在营销的这口井里，怎么知道井外的天空呢？我们实际上是被自己的思维意识困住，而不是被现实环境困住，这就是伟人与普通人之间的区别。

所有影响世界的营销行为，你看到的那些经典案例、经典作品，没有一个不和爱有关。我们来到这个世界上是因为爱，我们努力工作是因为爱，我们人生的价值就取决于你能让别人感受到多少爱。

把爱集中到我们每个个体，就变成了人生的连接。这也是在一本市场营销类图书里要首先提及它的原因。每个人都有自己人生的目标，可能清晰也可能不清晰，但一定是向好的。我们都希望通过知识和实践去实现自己人生的目标，那么好了，我们现在就开始连接吧！

人生在不同的阶段总会有很多个不同的目标，考一次好成绩、希望得到一件礼物、去一次游乐场、展开一场旅行、找到真正的爱情、赚很多的钱、帮助更多的人、战胜疾病或者改变世界。但这些都必须有一个真正的前提，那就是找到自己。如果我们总是迷茫、困惑、停留在想象中，那么人生必将是充满遗憾的。

其实任何伟大、成功的人都和我们并没有什么不同。如果说有区别的话，那不过是与他们之间的认知差异。转变认知就是设立起点，将无形的想象变成有形的思维活动。其实早在两千多年前中国的古圣先贤早已把这一过程完整地传递给了我们，那就是格物、致知、诚意、正心、修身、齐家、治国、平天下。这就是一个非常完美的连接过程，而很多现代人对于实现人生价值的迷茫不过是将这一顺序搞反了。人们想着自己应该平天下，这是他想要的定位，却不从格物致知做起，其实这才是他实现定位的连接通路。很多人总是想跳跃、抄近路，直接去实现那个定位，于是曾经清晰的定位目标逐渐变得模糊，甚至最终失去方向。这就是失去连接直接去触碰定位的结果。不仅如此，这种认知的意识还为市场经济提供了偏离正向的发展空间。一些"聪明人"摸透了这种需求的存在，设计了包括传销、洗脑等商业模式，并陷入其中不能自拔。他们不但没有实现自己的定位，反而让自己成了全社会清除的对象。

我这本书的名字很普通，它为真正懂得价值追求的人而存在。这本书可能会静静地躺在书店的某一个角落，直到你把它拿起翻看几页。而我作为一名职业策划人，如果想把书卖得更好的话，实际上我完全有能力用另外一种方式来写一本书。

比如书的主书名叫《一年赚500万的36个商业模式》，然后副书名用巨大的金色字体再写上9个字"零投资·零风险·零基础"。我想这样书名的书肯定比我现在这本书要好卖很多。而且也请你相信，写这样的书要比写现在这本书轻松许多。

那些教你一夜暴富的书，不过是已经被揭穿把戏的杂耍，但它可以为作者带来很多好处，也许还会有人请他（她）讲课。因为并不是每个人都可以看透这些把戏。

我为什么不这样做呢？

认知差异是这个问题的答案。我希望能够为读者提供真正有价值与思考的内容，而不是去为自己赚取好处。读者真正受益才是这本书的价值，至少我是这样希望的。

于我而言，生命的意义恰恰是放在自身以外，才是真正的意义；定义生命落在自己身上的，都没有什么意义。

人生最应该连接的是什么呢？我认为应当是智慧。智慧这种东西并不是读书多了就一定会有，可有了智慧，我们才能有正确的选择。智慧与聪明差别很大，聪明是以自我为出发点思考和处理问题；智慧是以正确和大局为出发点思考和处理问题，结果自然不同。

聪明常常是短期见效，而放在人生的尺度上就变得不灵；智慧则更加宽旷，虽然短期评价可能很"傻"，但却是衡量人生的一把尺子。显然，聪明与智慧不在一个维度上。智慧是一种更高级的综合能力，它将知识、理解、情感、逻辑、包容、中庸等信息进行系统分析，得出深刻的自我判断；智慧具有对人、事、物、社会、过去、现状、未来深刻理解的能力。

爱默生说："智慧的可靠标志就是能够在平凡中发现奇迹。"这句话如一盏明灯一样照亮我们对智慧的憧憬。这不仅对一名企业家、策划人、市场营销工作者具有极大的现实和指导意义，也会对每个人的人生产生重大影响，从而改变我们的命运。一旦连接到了智慧，我们的出发点就会不同，格局变得更大、眼界变得更宽。在生意场上这种智慧的定位连接更是容易得到体现，我们也不会被人轻易地收取"智商税"和被"割韭菜"。

智慧也是无穷无尽的，值得我们一生去追求。

阿里巴巴的创始人马云先生为企业制定的目标就充满了智慧。还记得那句著名的标语吗？"让天下没有难做的生意。"这是多么充满智慧的话。他的企业一诞生就在连接天下所有企业，并解决天下所有企业的痛点，让他们的生意变得更容易。这就是他用智慧建立的连接，他并没有把阿里巴巴的企业目标定成要成为中国第一、世界领先的电子商务平台。相反，如果他当初是这样定位阿里巴巴，恐怕这家企业早已在互联网的迭代冲击下消失了。难怪他成了中国最有钱的人之一。

马云是全球最成功的商业奇才之一。他管理着市值超过 6000亿美元的庞大商业帝国，全球雇员超过 10 万人，想必每天的工作是非常繁忙的。但是奇怪的是，他居然"耗费"了大量的时间来学习太极拳，甚至每年还要去重庆的缙云山闭关，在这期间他与外界完全断绝联系，每天打坐、禁语、抄写经书。作为一个平均每天有十几亿营业额的企业负责人，他究竟在做什么呢？

　　你或许已经猜到，他在连接智慧。不然他演讲时对问题的独特看法、那些出口成章的妙语连珠从哪儿来？很多人因此喜欢上马云，感觉他的演讲充满了智慧与力量，因为他用智慧更好地表现出如何去爱，因此具有极强的感召力。当大家都愿意和他绑定在一起并信服他的时候，他想不成功都难。

　　由于现在都市生活的节奏快、压力大、竞争强，很多年轻的朋友容易变得非常焦躁，偶尔空闲的时候也是通过刷手机里的搞笑视频、和朋友聚会、睡懒觉来缓解压力。这些休闲方法并不是不好，但长此以往就会有问题，因为这些并不是通向智慧的连接之路。我们希望自己变得像某些成功的人一样有成就，但意识和行为上却不走他们已经铺好的连接成功的路，那么期望就变成了一种美好的幻想。

　　智慧在静处才会出现，在静处才会给予指引。我身边一位做企业的朋友对我说："你让员工加班熬夜一个晚上，加班费都不给他，他可能还在那儿拼命地干活，因为他认为自己在奋斗。可是你让他静下来20分钟坐在那里自我思考，他反而'疯了'，5分钟不摸手机都活不下去，会严重地产生怀疑，我干吗傻傻地坐在这里浪费20分钟？"

　　什么是浪费时间？什么不是？这本身就是智慧的表现方式。乔布斯、松下幸之助都热衷打坐练习瑜伽，并从中获得了改变世界的智慧与力量。做正确的连接，也许并不是每个人都有机会改变世界，但一定有机会改变自己。

一个人如果连让自己安静地坐会儿都做不到，他能成就什么呢？

中国的《礼记·中庸》中早就提到一个观点：君子慎独。只有独处的时候才是我们每个人在连接的时候，独处时自己在做什么，才影响自己未来的成就。因此圣人说的"慎"就是告诉我们谨慎从事，因为那是我们人生道路的连接。

我希望大家都能够找到真正的自己，并与正确的事情做连接，因为这的确是一件让人感到非常开心的事。而我另一位做策划工作的朋友对我说，他感到非常痛苦，因为每天的工作都是写策划方案，有时一个月要写十几个。他觉得每个方案都差不多，没有任何新意，也感受不到自己有任何价值，但还是要一直写下去。他又在连接什么呢？

爱因斯坦曾说过："想象力比知识更重要，因为知识是有限的，而想象力概括着世界上的一切，推动着社会的进步，并且是知识进化的源泉。"

工作和生活之所以让一些人感到有趣并充满动力，而另一部分人则感到压抑和烦躁，其实是缺少了想象力的连接，所以我们的成绩和效果也会变得不同。在平凡中发现奇迹，这不正是智慧的表现吗？而作为策划人的工作不正因此才具有价值吗？

策划人要先将自己进行价值系统的认知连接，然后去连接商品定位、连接价值表达、连接潜在消费者、连接趋势，通过这些不断的连接，对商品进行更大的价值挖掘与升级改进。

人们总想着去改变世界，结果伤心欲绝；只有当我们改变自己的时候，才发现世界改变了。

我们可以反观一下自己的人生在连接什么，也许是一座有花园的大房子、一辆拉风的好车、一个仰慕已久的职位……这些都不是问题。查理·芒格说："要想得到你想要的，就让自己配得上它。"

这些道理和市场营销的真谛如出一辙，那就是对于企业来说，你的目标是什么一点也不重要，重要的是你能为你的客户做什么。我们很难在对自己都没有准确定位的前提下去定义产品、市场和客户。所以先弄清自己（产品）是谁，这一点往往比客户是谁更重要。

一个人和一家企业本质上并没有什么不同，当我们一旦建立起了连接，翻山越岭就不再是坎坷，而是风景。

用心看世界，不是看世界有什么，而是看看自己心里有什么。

第2节 企业（价值）的连接

中国是一个商标大国，但又是一个品牌弱国，两者从不同角度指向同一事物，一个指向商品，一个指向价值的信任。

中国的企业和产品普遍缺少附加值，这与中国仍处在"世界工厂"转型的历史阶段有关。2019年国家统计局发布的宏观经济数据显示，中国的第三产业占国内生产总值的比重已经达到了历史新高的 53.9%。不过如果我们把数字做一下横向比较就会发现，我们距离成熟市场的发展空间还有很大，美国、英国、法国的第三产业比重都在 80% 左右。

当然，用三产比重来说明商品附加值并不科学，但事实证明这三个国家的商品普遍利润率远超中国同类商品。我们仍处在从为功能购买到为价值购买的升级过程中。中国制造约占全球制造业总量的 30%，全球 80% 的手机、电脑、电视机都由中国生产，而中国制造的平均利润率只有 2.59%。

如果说这是一组悲观的数据也不尽然，在策划人看来这可能是千载难逢的历史契机，这将是策划工作未来具有巨大发展空间的基础。一方面，中国是全球制造业强国，制造业布局相对完整、产业技术人才和市场需求量巨大；另一方面，随着经济发展，我国制造业开始转型升级，这将倒逼出口型制造业企业重新思考战略布局。在未来 10 ~ 20 年，中国会涌现一批像现在大众汽车、LV 集团、通用电气一样的全球性跨国品牌企业，而这些企业将由中国本土化企业引领。而未来的这些全球企业领袖，现在可能正处在焦灼区的制造业转型的痛苦中，其中谁更懂得连接的价值，谁就更有机会。

难道说企业的发展在研发、技术、质量领域不比连接的价值更重要吗？你或许不敢相信，但答案是肯定的。因为我在说连接，并不是在说营销。产品的研发、技术、质量也是连接的一部分，因为我们最终要将产品与消费者心智中的价值系统进行连接。如果消费者对你的产品没有任何感觉，那么企业的研发、技术、质量显然一点也不重要。

研发什么？技术优势在哪儿？质量好在什么地方？全都是由连接所引导的。而在很多中国制造的代工业领域，如阿迪达斯、耐克、PRADA、乐高和芭比娃娃的中国代工厂，出厂价和售价之间可能相差十倍以上的利润，而这些利润全都是来自品牌的附加值。因为代工厂本身缺少品牌、缺少文化的连接，只能赚取微薄的代加工费用。

我们这时已经可以用连接理论来做一次衡量和判断了，思考一下那些以代加工为模式的中国企业连接的是什么，而那些外资的品牌商连接的是什么。当然，这里指的企业并不是国家整体制造产业链布局，而是指单一的某一家企业。连接不同，价值不同；价值不同，价格不同；价格不同，自然利润不同。

未来的中国市场，除了属于有魄力的企业家，也属于能将价值深度挖掘并用于表现的策划人。策划工作的确是一个朝阳产业，中国拥有14亿人的基础市场，面向70亿人的全球市场，沉淀了全世界数千年最悠久的文明和智慧，怎么可能造不出品牌，输出不了文化呢？中国改革开放的40多年恰恰为品牌未来的无限发展空间夯实了基础。

但整体来看，目前中国市场上的策划和营销水平还处在很年幼的阶段，我这样判断的主要根据是市场上营销主题表现内容有以下几个特征：

重视销售、轻视文化；

重视成本、轻视质量；

重视资源、轻视系统；

重视广告、轻视创意；

重视功能、轻视体验；

重视形象、轻视内涵；

重视数量、轻视运营；

重视对手、轻视自己。

如果说这是中国在现阶段市场经济环境下所表现出的现象，那么，未来我们参考迪士尼的发展策略或许可以给中国的企业和策划人带来很多思考。现在想象一下，迪士尼在连接什么。

或许有人不同意上述说法，认为我所说的轻视部分，即文化、质量（营销质量）、系统、创意、体验、内涵、运营、自己这八个领域，自己并没有轻视，这其实是自己做的主观判断。如果你把自己的营销内容拿出来和同领域的国际知名企业的营销做一下比较，就会很明显地看清楚他们在连接什么、我们在连接什么。这与营销费用无关，只与我们的连接方向有关。

中国运动品牌"李宁"就是一个很好的案例。2018年2月，"李宁"在美国纽约时装周完成了一次惊艳的转型，连接并唤醒了国潮之热，堪称一次经典的营销案例。之前背负着巨大债务危机的企业，重新赢回了市场的宠爱。"李宁"在运动品牌领域连接了一个新的高度，并成功占领了客户心智，值得被尊重和祝福。

服装的商品功能是保暖舒适，但服装的商业价值是趋势和个性。国潮不是"李宁"发明的，但它唤醒了这种意识，并通过自己的商品与消费者意识进行了连接。

商品的利润和价值是成正比的，但和价格可不一定成正比。每当看到有营销公司提出"创造企业利润最大化"的口号时，我总是感到深深的担忧。这意味着在"品质与利润"之间选择了后者；在"企业与客户"之间选择了前者。在供需关系倾向于供方的时候，这或许尚能维持企业发展。但如今商品处于供大于求的市场情况下，仍然坚持这样的发展观念，企业生存都会出现问题，哪儿还有什么利润最大化的可能呢？

可惜时至今日，仍有很多人和公司乐此不疲地在应用着这样的口号和理念。他们大概因为意识到利润是企业生存与发展的前提，这样理解并没有错误，却忽略了一个前提：利润要从你能提供的价值中来。

对于喊出这样口号的营销公司来说，很明显就是在告诉企业："我只想快点赚笔钱就赶紧跑。"它们只能将市场上竞争力最强、利润最高的产品进行销售，至于口碑、售后、发展、布局、产品升级、品牌维护、用户体验这些降低利润率的事则忽略在一边。所以，所谓企业的利润最大化终将是个梦幻泡影。

为什么提出这样观点的营销公司可以获得企业的信任呢？因为它们连接的是企业家的贪欲。

如果以"利润"作为企业经营理念的核心，长此以往必然使企业走入困境。这就是我们从来没看到过一家世界级的大企业在强调利润最大化的原因。

一切都与连接有关，重要的是你表现出什么，而让人连接到你；而你又在努力地连接着什么？

真正的策划人提出的核心观点应是"发现并表现企业价值最大化"。注意"企业价值"并不是"企业利益"。前文做过叙述，价值存在于客户的心智当中。因此企业的价值必须是与客户（市场）的心智相契合，它们之间不是对立的关系，而是共存的关系。

在我的职业生涯中就经常遇到那些营销混乱、销售不规范、定位不准、客户投诉无法解决的市场问题，它们共同的特征就是因为以"利润最大化"为核心的理念造成的。当危机出现的时候，想要再调整，即使最后成功了，恐怕也要付出极大的成本。

如果我们的企业连接到了用户心智的价值后，两者之间就会出现非常平等的关系，双方都会竭尽所能地去维护对方的利益，即使自己受到伤害也不在乎，因为两者是共同体。

企业要获得生存与发展，最有效的方法就是为客户心智中的价值服务，而企业的衰败与死亡也是由客户心智中的价值判断决定的。

2017年1月，苹果公司宣布6日上午8点开始，中国消费者购买指定的Mac或iPhone可获赠Beats Solo3 Wireless无线头戴式耳机，于是上海市民从5日傍晚就开始冒雨排队，还有消费者因排队没有买到而哭泣。心智价值中的连接，才是行为连接的动因。

苹果公司每次发布新品，对于用户的购买来说都是一次非常糟糕的购物体验。消费者们可能会排上一整夜的队，或者花高于数倍的价格到黑市上去购买。很多大牌奢侈品购物店的门口也经常要排起长队，那是因为店内总要限制人流量。

消费者不是上帝吗？他们为什么会心甘情愿地"傻傻"站在门外等待呢？甚至我很喜欢去吃的一家小面馆也是如此，每次都要开上半小时的车，然后再排半小时的队才能吃上一碗面。这种消费体验简直糟糕透了，可一旦建立了连接，人们想到了收获的满足感，就总会乐此不疲。

这种连接的力量，太可怕了！人们愿意为了自己认可的价值，去付出一切。

企业文化的连接

我首先罗列一下大家耳熟能详的企业文化标语，请你体会一下读完这些企业文化标语后，你的感受是什么。

真诚、务实、创新、服务

致力卓越、见证未来

服务彰显价值，创新实现梦想

燃烧我们的热情，执着我们的信念，支撑我们的前端，服务我们的用户

住户第一、服务第一、质量第一、信誉第一

以市场为导向、以客户为中心、以效益为目标

讲究实效、完善管理、提升品质、增创效益

坚持以质为纲、以诚为本的经营方针，诚信经营精益求精，高效、准确、快速满足顾客的需求

举一流人才、为一流企业、施一流管理、创一流效益

或许你的感觉和我的感觉是一样的，那就是：没有感觉。产生这种感觉的原因只有一个：没有连接。

很明显，这些口号的创作者是在跟自己说话，而不是在与消费者对话。或许他们不在乎消费者是不是要听，因为企业文化的作用大多是公司内部文化，只要员工认真执行就好了。但这是一种被动管理的企业文化，而不是主动性的创新。反之，一个优秀的有价值观的企业文化，将会让企业更有生命力，让工作者进入一种共有的价值连接体系。

谷歌的企业文化堪称现代化互联网公司的榜样，其魅力主要体现在四个方面：

1. 办公环境轻松化；

2. 人员流动自由化；

3. 20% 时间私有化；

4. 内部沟通扁平化。

对谷歌来说，它最大的财富不是产品，也不是利润，而是它的这些员工。所以谷歌的核心价值观是聘用行业最厉害的精英、

为这些精英打造最好的工作环境、努力让精英能够摆脱其他束缚，让他们能更加心无旁骛地发挥出最好的工作成果。为此，谷歌为公司制定了一个符合所有员工文化信念的企业信条："完美的搜易引擎，不作恶"。

这会让人感到一种惊讶，"不作恶"这三个字居然适合来做企业文化？是的，谷歌公司的确采用了这个文化，并因此赢得了尊重。

2018 年上半年，谷歌与美国国防部合作"Maven"项目，将人工智能运用到军事武器中，这个项目在谷歌内部引发了巨大争议。因为这与谷歌"不作恶"的文化信念产生了强烈冲突。最终导致 4600 名员工联合上书进行抗议，且至少有 13 名员工因此辞职。谷歌公司的高管最终迫于压力，最终宣布退出"Maven"项目。可见谷歌公司的员工有着集体的价值观追求，而不是简单的"镀金"或拿高工资。

谷歌或许因此损失了和五角大楼的生意，但谁又能确定这不是一件好事呢？毕竟将人工智能与武器连接起来，未来产生的后果让人不敢想象。也正是因为谷歌公司的集体价值追求，才打造出如今这个市值万亿美元的行业领袖。

可见，企业文化不是墙上的标语，而是要深入到每一位员工心智当中的价值系统，去连接人们心智中已经存在的深层认知，唤醒它，把它变成简单、明确的价值指向。也只有这样，才能将每一个人的最大行动力连接起来，并最终表现出价值。

第3节 多种多样的连接

如果我们缺少形象标识，连接是无法建立起来的，而这些形象标识实际上也都是心智中的价值在进行选择连接。

你可能参加过有很多陌生人的会议或者聚会，大部分情况下你很难记住他们，但你可能会记得主办方的形象、记得这个聚会上最有钱的人、记得最漂亮的女生或者最帅的男生、记得出了洋相的那个人、记得酒量最大的那个人、记得样子最怪异的那个人、记得坐在你身边的那个人……但其他和你没有交集的"普通人"，你通常很难记住他们。因为依据自己的心智判断你认为他们没有连接的意义，即使你很想记住他们，但最终你的意识也会自动过滤了他们。

这就是定位和形象持续输出的意义和价值，人与人之间也是如此。在商品领域，这就是全流程营销的基本含义。我们需要使自己在众多人群中引起关注，并与关注的人进行连接，才有可能发生后面的故事。但商品与人最大的区别是人有思想、有动作、有语言、会自我表达。而商品通常都是固态的，要吸引潜在消费者的注意非常困难，于是诞生了包括产品、定价、促销、渠道的4P营销组合策略，还有视觉、设计、文案、业务、形象代言、发布会等多种营销模式。

如果你是一名策划人，不妨有空的时候去一趟大型超市做一次提升训练，我经常这样做，这对我的策划工作很有帮助。当你站在两侧摆着高大货架的陈列区的尽头，一眼望去可能有上百种品牌的时候，最明显的品牌是什么？你是如何发现它的？它为什么会让你看到？它最吸引你的方式是什么？商场的其他顾客呢？当他们抱着功能购买的需求来到这个陈列区的时候，首先拿起的商品是哪个？最终放进购物车里的商品是他最初拿起的那个吗？

美国大学的一项研究发现：在顾客离开超市时，购物车里60%的商品是计划外的；

消费者更喜欢逆时针方向运动而不是顺时针方向，所以超过90%的超市都是按照逆时针方向修建购物通道的，这样能使顾客在购物过程中感到舒适；

顾客有42%的购物决定是在5秒钟内做出的，有33%的情况需要6～15秒做出决定，仅仅25%的情况是做决定的时间要长于15秒；

视线区域被视为"黄金区域"，高度通常是120～170厘米，这里的商品销售概率达到了40%；

从感官角度看，视觉以58%的比率成为我们对购物决定影响最大的因素，其次是嗅觉45%、听觉41%、味觉31%、触觉25%；

空空如也的购物车会增加消费者的购物压力，平均购买10件商品相对于大容量的购物车来说显得太少了，还差点什么的感觉逐渐袭来，会刺激消费者把购物车装得更满一些；

每个购物车的底部都是向顾客方向倾斜的。这样一些商品就会滑落到消费者这边，而超出消费者的视线范围，从而使购物车看起来装得不那么满。

满满的全是套路。

在营销工作的连接中，有很多种方法可以进行，但一味地介绍自己显然并不是聪明的做法，这不符合连接理论的法则。消费者并不需要你主动介绍自己，除非他有这个需要。消费者更需要的是一个结果，你可以通过宣传一种大家共知的理念去表达，并通过这种理念建立起自己的商品与消费者之间的连接。

依云矿泉水，作为一名普通的消费者没法准确说出这瓶水中矿物质的含量，更不清楚自己是否需要补充这些矿物质。那么消费者购买产品的动机是什么呢？

依云矿泉水用它的品牌理念来说明这个问题：LIVE YOUNG（活出年轻与纯真）。这是一种心态与个性表达的品牌理念。但仅有口号是不够的，还必须用行动去做连接。依云矿泉水通过营销过程中的三个层面进行这种理念的传递：一是用品牌故事做连接；二是用时尚的设计做连接；三是通过广告连接与消费者共知的理念。依云矿泉水通过上述三个方面与消费者之间进行连接。

这样做完之后的品牌，结果是什么呢？

"我不是在喝矿泉水，我是在喝依云。"

对于消费者来说，这种感觉太棒了。依云既说明了自己是矿泉水，又强调了自己凌驾于其他矿泉水之上。当众多矿泉水品牌商都在强调自己的水源、矿物质含量和生产工艺的时候，依云矿泉水轻松跨越了这个障碍。当其他品牌商以更纯粹的矿泉水为目标占领客户心智的时候，依云却在另一个山峰上微笑。

依云每年推出的限量款玻璃瓶设计都能够轰动整个时尚界，依云还与全球顶级的时装、时尚大师展开跨界联名，目的就是为依云注入时尚、文化的内涵，让其成为艺术品而不仅仅是一瓶水。

无色无味的一瓶水可以与时尚、艺术、文化、情感、历史、地理、人物进行连接，你的商品营销正在连接的是什么呢？

我们总是看见星巴克在店内最明显的位置摆放着依云矿泉水，却几乎看不到消费者在购买。在如此珍贵的柜台展示空间售卖根本卖不出去的产品，星巴克在干什么呢？

没错，星巴克也在进行连接，它在消费者心智中做价值连接和比较连接。正因为依云矿泉水有如此丰富的文化内涵，摆在星巴克柜台上才与星巴克咖啡文化相得益彰。而消费者看到一瓶水可以卖几十块钱后总会觉得：那还不如买一杯咖啡划算呢！

通过人物的形象表达来传递商品信息，做得好的当然不止依云矿泉水一家。套路虽老，但是创意永远都不老。"老瓶装新酒"，味道不一样。就像电视连续剧里几乎永远都在使用爱情的主题，但人们总是百看不厌。因为每一段爱情故事都不同，即使是重新翻拍的电视剧，演员不一样，观众感觉还是会不一样。

如果说通过人物进行商品价值连接的形式，主要通过明星代言效应和广告模特这两种方式来展现的话，那么谁也没想到的第三种形式已经从天而降，那就是：网红经济。

在经济学领域，无论是宏观还是微观，无论是传统还是非传统，没有一种经济学理论可以阐述网红经济的现象。它似乎不存在于经济学的模型当中，但网红经济产生的经济价值已经充分证明这不是个别现象，而是已经成为一种新的经济发展领域。

截至 2019 年，中国网红粉丝总人数超过了 6 亿人。MCN 机构数量已经超过 5000 家，而在 2015 年，还只有 160 家。据不完全统计，中国的网红"带货一哥"李佳琦一天的销售额超过 10 亿元，2019 年收益达 2 亿元，收益率超过 2300 家上市公司；而另一位网红李子柒 2019 年收益 1.6 亿元，超过 2100 家上市公司净收益。中国 A 股上市公司超过 6 成的盈利能力低于一名网红。

如果说经济学无法解释网红经济原因的话，那么我们用连接理论可以相对清晰地做出阐述。连接的基本定义是"建立产品与用户心智价值的通道"。以往我们需要用建立系统的营销框架和执行来完成产品与用户心智的通道连接，现在网红本身就变成了那条"通道"，而且更加形象、生动、具体。只要有连接，就是营销。

以往的营销系统分工明确，不同的岗位需要配备不同的专业人才，而每一个营销人都是个体，需要整体运作才能完成市场营销行为。而网红却不是这样，网红一个人就是整个营销系统。网红的出现颠覆了传统营销学的基本框架，我们必须把营销系统中这个重要的连接功能提炼出来，才能够更准确地解读营销现象、搭建更合理的营销模式、发现更有价值的营销领域。

心智连接的三要素

在顾客看来，没有什么商品是无形的，即使购买的是某种服务类商品。购买行为是顾客为改变现状支付的代价，这些代价都以顾客的心智作为判定标准，所以只有心智才是无形的。我们有必要在这一部分中介绍一下如何将商品价值与用户心智价值进行连接。关于心智的研究，我在本书其他章节还会有具体阐述。

首先，我们来了解心智营销的三个概念性原则：

1.心智价值是最高的价值，心智价值的系统性分类是客群定位；

2.对顾客心智价值的描述，是建立连接（品牌）最有效的途径；

3.脱离用户心智的产品和营销，没有价值。

营销工作者必须十分理性地清楚潜在消费者的心智是怎样的，共性是什么、不同是什么。只有清楚了这些，才具备营销工作开展的尺度和标准，要先判定你要唤醒的是什么，要达到多深的强度。这样我们才清楚要应用什么样的营销手段、表现什么样的营销内容才能打动市场上的潜在消费者。

连接是一把很有用的营销尺子，当我们做项目定位、策划、营销提案甚至是售后服务的时候，连接都可以作为一项重要的衡量标准。你可以对照自己的产品、提案或者即将发布的广告作品，对照图1-3来做一下判断。参考一下你即将要做的事处在连接中的什么位置，而你的营销目的又是什么。

在参考图 1-3 做判断的时候，请千万记住，你要站在消费者的角度客观来看待你即将或已经在做的营销行为。假设自己是一名路人，你看到后会是什么反应？请不要站在现在自己主观的营销策划角度，或者广告设计师的角度。不然你肯定轻易就把自己的作品放在心智目标区了。

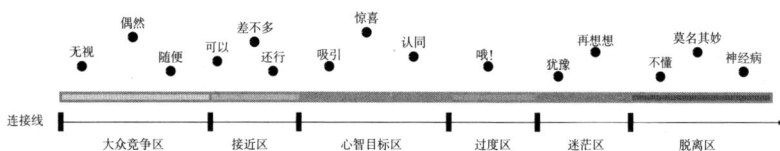

图 1-3 营销效果评估参考标尺

其实大部分的营销行为都属于大众竞争区。

广告语是营销行为中最直接的连接方式之一，也是最核心的营销主题。查阅一下全世界那些公认的经典广告语，我们就可以发现，除去时代背景，没有一家品牌的广告语是在说自己的产品好。它们始终都在强调客户的价值，并在进行努力的连接。

因爱而生——强生

万事皆可达，唯有情无价——万事达

学钢琴的孩子不会变坏——山叶钢琴

让建筑赞美生命——万科地产

牛奶香浓 丝滑感受——德芙巧克力

志在千里——别克

激发无限——戴尔

没有什么不可能——阿迪达斯

我的家，我的生活——宜家

男人的世界——金利来

无线你的无限——英特尔

别赶路，去感受路——沃尔沃

连接需要更简单、更直接，这就是连接的核心体现。沃尔沃连接安全、佳洁士连接防蛀、王老吉连接怕上火、茅台连接国酒、百事可乐连接渴望、雅戈尔连接西服、海飞丝连接去屑、波司登连接羽绒服、王守义连接十三香、同仁堂连接中医……以至于我们一想到关键词的时候就会跳出品牌名称，这就是连接。

我此时正想要一双更适合我的跑步鞋，以让自己感受生命在奔跑的状态，而且我希望这双鞋穿着更舒适、更透气、更轻盈，于是耐克第一个在我脑海中蹦了出来，它率先和我建立了连接。

方式上的连接

大多数营销工作者在日常工作中将注意力集中在客户渠道、形象设计与销售管理这些方面，集中火力想在营销领域表现得更专业。这种做法本身没有任何问题，但恰恰问题出在了没有问题上，因为大多数营销工作者都是这么做的，所以在同行业领域的营销行为中，总充斥着十足的火药味。渠道、形象、销售只是连接的三种方式。

有时候我们需要的不是换个方向，而是换个方式。

人们总喜欢把商场比喻成战场，这其实除了提示我们商业竞争残酷以外，也告诉我们战术的重要性，一味冲锋拼杀显然不是战争策略的上策。连接的理论告诉我们，上策是升级自己、中策是突出自己、下策才是直接开战。

我们经常接触的房地产楼盘销售也在建立着自己的连接方式，并通过这些连接效果极大地促进了成交概率。我们以房地产营销中心为例，经过策划的营销中心在功能、设计、布局、接待等方面均以连接为目的，仅通过环境布局，它们的连接和目的就分别有如下几个方面：

眼：宽敞大气的主题装修风格，配以绿植和鲜花，让消费者目睹之下便感受到豪华却又自然舒适，缓解购房的紧张焦虑心态。

耳：背景音乐舒缓，符合楼盘风格与主题，让情绪随着音乐节奏缓慢并趋于平和状态。

鼻：咖啡的香气或者空气清新剂的味道总是弥漫在空中，让消费者通过嗅觉产生愉悦，并由此产生不断深入的欲望。

舌：为消费者配备丰富的饮品、果盘或是糕点，尤其多配甜味食品。人们在吃东西尤其是舌尖接触糖分的时候，便会自然协调全身放松，去除忧虑而逐渐感受到幸福。

身：消费者在销售员的指引下不断进入各个功能区，并在材料展示、示范区、样板间、功能体验上得到身体的认同。

意：营销中心内明确的服务分工让你心灵得到满足，比如为你开车门、打伞、敬礼、倒茶和亲切的问候，都会让你由衷地反馈给对方以感谢。

房地产营销中心通过一系列对消费者感受来源的连接，让消费者自然产生全方位接受，再配以其他的营销技巧，极大地促进了楼盘的销售。

这样的营销策略（套路）总是经久不衰，甚至在建立市场营销学以前就早已盛行。时至今日，大到苹果、麦当劳、华为手机、星巴克、沃尔玛这些商业巨头，小到菜市场内的商贩，很多人特别喜欢应用"饥饿营销"的策略，但实际上真正的效果却总是不尽如人意。为什么有时饥饿营销达不到预期效果？因为你将注意力集中在了单方面的饥饿描述，却忽略了制造饥饿的过程。缺少了这个过程的策划，消费者根本不会感觉到饿，反而会感觉是你饿了，想要吃他们。饥饿营销需要提前完成至少两步的连接：

1. 将商品与潜在消费者的心智价值（目标）进行连接；

2. 通过策划，启动潜在消费者"怕失去、怕错过"的连接。

我们必须先建立第一步的前提条件，第二步的营销操作才会让消费者启动自己的安全防御系统。很多营销行为（广告）根本不去做第一步的连接，直接就打出广告"火热订购""巨惠来袭""欲购从速""惊爆价"……结果导致没有实现营销的目的。

营销学本身也可以用连接来进行说明。连接是双向的，市场信息的反馈与产品或模式上的升级，往往比单纯向外输出更有价值。具备这种思维和操作能力的人才是策划人。

连接的指向

连接要指向价值，但究竟什么是价值？价值如何分类？价值如何确认？每个人心中都有不同的答案，于是形成了营销内容中的客户细分。

更简单有效的方法是连接用户心智中那些有生命力的形象，产品连接的必须是动态、积极、有想象力的内容，而不是固态、没生命力、死板的内容。

在多点连接的设计下，品牌可以分成若干条线进行连接，进而汇总成品牌内涵、理念与精神。

比如万科地产，在人物方面连接到了创始人王石。而王石的形象又极具生命力，反过来助推了万科品牌的企业精神；同时万科还连接了中产阶级、文化地产；近些年又在通过全民乐跑运动，将自己连接到健康与生活状态。这些形象都是积极、有生命力的。而用户在接受并分享这些内容的时候，并不是在为万科做广告，而是通过参与感受并分享自己的生命状态，这是市场营销中优质的传播方式。

因此指向可以是一个人、一个组织、一个团体，但它们都必须代表着某种精神元素，并且有丰富的内容让人们产生联想并向往，这样的指向连接才可以在我们的心智中被确认。

当指向性清晰并完全展现在我们的认知中的时候，精神价值将会直接转换成商业价值。

漫威公司很好地塑造了它的这一系列的指向，将这种精神元素产生的联想完整地赋予到一个虚拟人物身上。这些虚拟人物也会犯错，但我们不会因此产生怨恨，因为观众总是看到内心的自己。最终精神战胜一切的时候，这些形象不仅代表了一家公司和品牌，甚至代表了国家文化，从而唤醒全人类的共同认知系统。

很多国际组织、国家也在做指向性连接，它们会采用直接或间接性替代品作为指向性的途径。比如提到袋鼠，你可能会想到澳大利亚；提到长颈鹿，你可能会想到非洲；而提到大熊猫，你则会想到中国。这就是指向性连接。

所谓替代性的指向，则是人们将指向性连接在虚拟形象上，比如哆啦A梦、Hello Kitty，还有2008北京奥运会上的五个福娃。虽然这些形象不像大熊猫一样已经存在于我们的认知当中，需要重新对心智信息进行植入，难度有所增加，但好处是这些指向性更灵活、文化赋予更丰富，而且利于商业形象的产权保护。因此实物指向多半是公益行为，而替代性指向则更多是商业行为。

替代性指向多半以吉祥物或是可爱的玩偶形象出现在大众面前，让人看到就情不自禁想拥抱一下。

漫威公司用了短短十年时间，缔造了175亿美元的票房神话。只有连接的方向正确，后面的操作水平才有意义，这就是指向性的重要。

你喜欢给别人起外号吗？这是个坏毛病。但如果你总能给他人起出让人印象深刻又忍俊不禁的外号，这种思维方式或许对连接有用。你要把这种坏毛病用在正向的价值方面，而不是恶搞的一个低级趣味。运用你起外号的联想（连接）机制，或许可以为市场营销找到新的方向。

在指向性上，请不要指向商品的型号、工艺流程、质量、原材料这种不能产生精神向往的内容。即使你的原材料是黄金、钻石或者航天技术这种大众公认的有价值的内容也不要去做指向。因为卖黄金指向的是富贵，卖钻石指向的是永恒，卖航天技术指向的是未来。

有了指向以后，才能去做连接。

公益的连接

连接的应用不只在商业领域，在公益事业的领域依然起着至关重要的作用，甚至作用力更强。公益连接的是人类本性中的善良，并不是后期被物质世界所改变的，因此这种力量更强大，是完全付出型的连接。

公益事业除了不产生经济效益外，主体模式和现代的商业公司并无本质上的区别。公益也需要定位、策划、营销、广告、品牌等，同时也需要对公益内容的主体进行分类，如人类、动物、环境保护、文化事业几大板块。然后再进行细分，比如新生儿、疾病、烈士、暴力、老人、保护动物、水质、土壤、气候、垃圾处理、历史遗迹、工艺传承等。公益的细分会具体到某一地区、某一种人群、某一种灾害，甚至具体到某一个人、某一只动物、某一块土壤等。让公益营销的连接更加形象化、具象化，连接起人类心中更崇高美好的愿景。

也正因如此，实际上公益事业所唤醒认知中的强度远超商业广告唤醒的强度。公益的主题是人类爱的本能，另一个则是人类进入商业社会才有的产物。遗憾的是，大多数公益事业与大多企业营销一样，只建立了单向连接。

唤醒后的通路才是最重要的，不然即使被唤醒也无路可去。我们不但要指明方向，还要指出路在哪里。

第 4 节 策划人的连接

策划人首先不是思考要去连接什么，而是不要忘记自己本身就是连接系统。策划人是为产品的市场化道路指明方向的重要角色，因此策划人其实是一个广义的工作。他可能是企业的实际控制人、股东、经理人、总监、销售人员等其他对接市场的人，其工作内容中也都包含策划人的功能。最大的区别在于是否是职业的策划人。

职业策划人则专注于市场研究、消费趋势、客户心理以及潜在的被忽略的价值内容，从而为产品策划（设计）出更符合市场需求和营销策略的执行内容。

如果仍然不清楚如何将产品与用户心智进行连接，你或许还可以用反推的方式。先找到用户的心智是什么，然后思考下去。思考是一个论证的过程，以逻辑关系为基础，请不要擅自进行幻想，这可能会产生很严重的错误。当你找到用户心智的答案之后，再去设计如何将自己的产品与之进行连接。

策划人要在集中市场找形象、在新兴市场找认知，然后通过自己的理解表达出来，一次一次地表达出来，直到找到那个连接。

很多时候，我们不敢轻易表达观点是因为害怕被拒绝，以至于总是选择那种不容易犯错的工作，最后变得碌碌无为。但是没有办法，如果想成为一名优秀的策划人，你必须跨过这个心理障碍。因为策划人就是被别人品头论足的工作，你的个人收入中有一半是背负着别人的否定。

如果感觉心智的空位和商品价值很难发现，我们还可以试着换一个角度：意义。然后不断地向自己提问。

这个意义是指商品所带来的本质意义，我们可以思考：这件商品的基本功能是解决什么问题？如果这个问题不解决或解决不好会怎么样？策划人至少要有理解并赋予意义的能力，而意义与价值往往只有一步之遥。

大部分策划人通常会在营销表现内容上描述这种功能缺失的严重后果以"恐吓"消费者产生担忧，并借此推出自己的产品让消费者得到满意的答案，用两种强烈的对比方式进入消费者心智当中，并建立起自己的市场定位，这种做法通常简单有效。

还记得清嘴口香糖含片的广告吗？女生嫌弃男生有口臭拒绝亲嘴，但清嘴含片解决了这个问题；士力架广告则将产品定位在了"一饿就弱爆"的夸张描写上，用其产品横扫饥饿、做回自己作为能量型巧克力的定位。如果不顺着商品的基本功能去寻找意义，那么在这之前你可能已经忘了，巧克力是食品的基本属性，再加上很高的糖分和花生的确能够缓解饥饿感，这难道不是巧克力的基本功能吗？好的定位往往就在这些最显而易见的基本功能中。

在士力架之前，巧克力公司生产各种各样口味的巧克力，但定位基本都围绕在浪漫、爱情方面，行业品牌在这一定位之间展开捉对厮杀、竞争激烈。玛氏公司则推出了能量型巧克力，以士力架作为品牌占领了能量型巧克力这一新品类并与同类产品拉开竞争关系，建立了自己的行业壁垒。

多年前一位朋友和我聊天时说："我觉得卖我的沐浴液特别有意义。"我很好奇地问他原因，他说："你工作了一天，拖着疲惫的身体回到家。用我的沐浴液洗一个澡，精神焕发，这个意义还不大吗？"

虽然我这位朋友从事的是销售管理工作，但这其实已经是非常优秀的策划人思维了。难道他说的这个意义不是尽人皆知的答案吗？其实并不是。

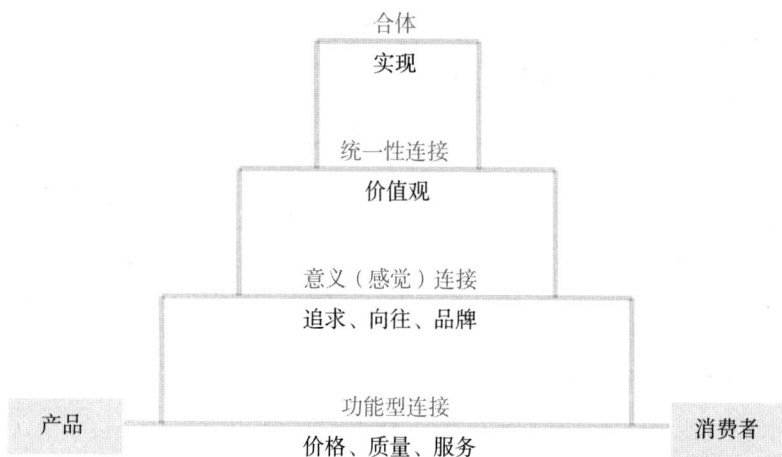

图 1-4 价值呈现等级

大多数人会更在意产品的配方、价格、品牌、去污、润肤等这些效果，但当我们把一瓶沐浴液连接到工作后的疲惫，这就与每个人的责任与梦想相通；当连接到家庭，便把快乐轻松的家庭幸福表现出来。让这瓶沐浴液给你力量吧！用最好的自己去爱你最爱的人。

策划人更专业的后续操作就是对他找到的这个意义进行研判，分析：用户在使用过程中是否存在这样的心理场景？有多大的内在诉求？通过什么样的矛盾设计可以唤醒他们的认知，并从中找到产品的市场定位？而这个定位又如何进行强化，并形成同业之间的竞争壁垒？在情景模拟中找到用户痛点和心理诉求点，最后通过专业的营销形势表现出来与消费者建立连接。策划人总是先找到产品最基本的意义，然后在生活（使用）场景中去寻找价值。

我把这种策划思路称为：归零法。

希望所有从事市场行为的策划人、营销经理、企业家都能记得下面这条真理：所有伟大企业背后的商业模式，都以为用户提供价值为基本定义。

第5节 连接的四步法

我们用策划人的思维意识可以发现和表现产品的价值定位，在这一过程当中请遵循下面四个步骤：

1. 产品功能的深度解读；

2. 功能所带来的意义与改变；

3. 改变所带来的价值与不同；

4. 树立价值自我实现的目标。

上述的四个步骤虽然看起来非常简单，但实际上很多人在第一步的时候就选错了方向。以我此时正用来喝水的一个杯子为例，它的基础功能是盛放液体，但这显然并不是它的商品竞争力。我为什么会选择这个水杯用来喝水呢？并不是因为它具备什么核心技术，甚至不是营销做得多出色，而是它的产品定位与我有连接。

那是因为生产者并没有把商品定位成一个杯子，而向我传递的信息是只要在购买时再多花一点儿钱，就将我的名字用激光雕刻在杯子上。

如此一来，这个杯子对我的意义就完全不同了，一个大众化的商品变成了我的个性专属用品。这项服务虽然让我多花了一点钱，但我非常愿意去支付，因为我支付的是我自己的价值观系统。

全世界顶级的品牌，对你而言，也不如自己的名字珍贵。

上面一句话是否会给我们一些启示呢？在中国市场环境日趋成熟、消费能力普遍增强的前提下，尤其是根据二八定律中那20%相对财务自由的群体，个人品牌（家族文化）的崛起无疑是未来市场一个巨大的风口和机遇。20%是一个庞大的数字，现在有多少人和企业在为个人品牌和家族文化进行服务呢？

消费者心智中有潜在对品牌和个人形象的诉求，而水杯又几乎是长时间出现在每个人身边最常见的物品，水杯变成了良好的文化载体，而不是功能载体。换句话说，这就是水杯的升级。这是连接四步法中对产品功能深度解读的思考方式。

每一个人既是社会群体中的一分子，又是一个独立的个体。我们既要融入群体，又要彰显不同。这种天然的矛盾为社会发展和经济都带来巨大的市场机遇。名字就是最基本的区分自己与他人不同的方式，我们还会通过读过的书、穿衣风格、学过的专业、兴趣爱好和特长、居住地点、购物习惯、表达方式的不同来彰显自己的与众不同。

因为我们有着对产品功能的深度解读能力，因此在满足这个天然矛盾方面就具有了明显优势。我们将功能所带来的意义与改变融入到消费者的潜在需求中，这样就产生了定位。

定位是客户心智当中的价值系统认知，无论是物理改变还是心理改变，积极的价值系统始终在发挥着作用，是消费的原始驱动力。当商品可以为客户心智中的价值系统进行服务的时候，客户便会依托商品来实现自己的目标。当商品成为客户实现价值目标的工具时，便具有了最高的价值属性，从而完成整个连接系统的闭环。

第6节 行业的连接

我们策划连接的过程，也是各种产品、企业、行业升级的过程。本节从宏观的行业角度，在衣、食、住、行这些领域进行挖掘，并进行连接方向的思考和阐述。

随着市场经济下生产物资的极大丰富，衣、食、住、行这些领域早已脱离了满足基础功能的需求，而向着更多的功能和精神需求进行着向外延展。就像麦当劳餐厅，它除了提供西式快餐外，很多人还把它当作儿童乐园、公共卫生间、校外自习室等其他需求空间。对于麦当劳而言，这些空间的提供实际上也帮助餐厅进行了人流引入，增强了与客户之间的品牌黏合度。

这种看似与主功能无关也不产生经济效益的行为，其实是策划过程中思维空间维度的不同所产生的价值角度差异，而价值又反哺回自身的经济效益和品牌传播。

很多中式快餐厅因为思维过于扁平化，只看到汉堡包、薯条、可乐的技术门槛低、利润高就开始模仿，以为这就是自己的核心竞争力。其实这是完全错误的理解。这就是早些年的那些"赛麦肯"快餐厅已经找不到踪迹的原因。

当然，这些基础功能以外的空间需求也并不是提供得越多越好，我们将根据自身的文化承载力和商品条件来进行判断。

星巴克的一则案例恐怕就是其中具有代表性并值得我们思考的。2013 年 7 月，星巴克位于中国大陆的第一家咖啡厅"北京国贸一期店"正式宣布闭店，重新落户人气远不如一期的国贸三期。这是星巴克 1999 年 1 月进入中国大陆市场的第一家店，因此意义重大。官方公布和外部分析的主要原因是店面租金的上涨，星巴克难以维持这样的高租金而选择搬离。

但如果我们用心观察就会发现，星巴克虽然从不缺人流量，但人们总是会遇到排队买到咖啡以后找不到座位的情况。因为太多的人把星巴克当成一种社交场地，他们只是随手点一杯咖啡花几十块钱就坐在那里和客户谈上三个钟头；也有人喜欢一大早到那里点一杯咖啡，然后找个角落打开笔记本电脑，戴着耳机在这里坐上一整天，将星巴克当办公室。

很多人正在大量占用着店内的公共资源，因此星巴克店内的消费者不能进行有效的快速流转，星巴克只能被当作一家外卖自取平台（当时星巴克尚未提供外卖服务）。久而久之，很多明明想喝星巴克的消费者只需要看一眼手表，就只能默默转过头去别家的店。

星巴克的文化和功能连接做得非常好，但也正因为如此丰富和混杂，其实也给了其他咖啡厅发展定位的机会。其他的咖啡厅可以向着更明确、更纯粹的主题去连接。

·衣

消费者买的是衣服本身吗？不是的，消费者购买的往往是设计款式、颜色、文化、品牌或是自己要表达传递的状态。因为这些才与消费者自己有真正的连接，而衣服本身与消费者并没有连接。服装行业的基础连接是让消费者拥有展现自己个性表达的机会，这种个性或许是与众不同，或许是一种潮流，或许是一种文化理解。深层连接是将这种个性表达诉求进行定制，从而更纯粹、更独立、让消费者参与设计，满足其个性需求，从群体文化升级为个人主义。高级的连接则是通过服装制造出文化和标准，让消费者找到归属感，去表现出他自己没有意识到的深层喜爱，从而产生热爱。

如果你到广州或者东莞的服装市场走一走，就会发现让人惊讶的场景。那些经营服装生意的年轻人守在只有几平方米的店铺里，所有的商品展示区可能只有身后的一面白墙，挂着几件 T 恤衫，但他们的出货量极高，甚至很多发往海外，做着国际贸易。他们的价值并不在衣服上，真正的价值只有他们面前的那一台笔记本电脑，在用来思考着在衣服上印上什么图案或是文字，那就是他们的核心竞争力——文化个性的连接。

·食

每个人都会经常光顾餐厅，那么你最爱去的餐厅是哪一家？你为什么喜欢去那一家呢？

一位朋友和我说一家餐厅的好与坏最重要的就是厨师，然后反问我："你反对吗？"我微微一笑，没有表示反不反对，但我心里知道一个好的厨师最多只能保证这家餐厅不差，但是否真好却很难说。在如今这个年代，即使是酒香也怕巷子深。

众口难调或许可以作为这种解释的突破口，不仅民族与城市之间，有时甚至是一家人对同一道菜都可能有不同的评价。北方的菜系做得再好吃，南方人尝一口就会感觉太咸了；南方的菜系做得再好吃，北方人一尝会觉得太甜了。

当一家餐厅脱离了社区型服务，进入街区或是品牌连锁发展的阶段，厨师的功能作用就会被弱化。当我们和朋友在街上开着车找餐厅的时候，从几十家餐厅中选择一家，恐怕不是因为闻到了香味，而是在找符合彼此共同用餐的环境和文化连接。

所以，如果说厨师菜品做得好，可以让顾客享用美食是基础连接的话，那么情景和主题连接便是餐饮行业的深层连接，通过这种情景和主题，表现餐厅和菜品的文化。那么餐厅的高级连接又是什么呢？

中国光是面条的做法就有上百种，如果你问我最爱吃哪一种面条，我恐怕会告诉你我妈妈做的最好吃。这或许就是餐厅高级连接的答案：情感连接。

海底捞餐厅就是这方面的代表，它不是你心目中最好吃的火锅店，也不是像很多餐厅招牌上写着"妈妈的味道"，你就一定要进去消费。你在海底捞餐厅用餐，可能会切实感受到一种亲切感。

服务员的热情服务并不是被要求出来的，而是发自内心的热爱，这是它的企业文化。所以海底捞模式你学不会的真正原因是你不知道如何先建立内部文化，然后再用集体的形式表现出来。我对海底捞进行研究后发现，海底捞很多方面已经表现出了区块链的去中心化特征。因此，当你思考着如何去要求员工热情服务时，和海底捞相比，你就已经输了。

因此，你一定愿意去一家更有温度、更有快乐的餐厅去享用一顿用餐。

·住

房地产永远是一个绕不开的大话题，这可能是普通人一生中最大的一笔单项消费。买房的原因很多，可能会出于投资、结婚、教育、改善、养老、度假等很多种原因而购房，但几乎听不到有人说因为没有地方住而买房。99%的可能性是因为你不喜欢现在或原来住的房子，也就是说原来的房子失去了你的目标连接。

《2018年城市家庭财富健康报告》显示，中国住房资产占家庭总资产的77.7%，金融资产只占11.8%；而这两项指标在美国分别为34.6%和42.6%。

很多年轻人在大城市租房子住，并不是因为他们没有房。是因为他们不想回老家的农村住，虽然那里的人均居住面积比城市还要大，甚至还可能有块地，但他们更愿意想尽办法留在城市，要享受城市更多的连接机会。如果他们回到了农村，人生的价值连接就可能变得渺茫，失去人生可能遇到的机遇，这是他们所不能接受的。

于是，有 50 平方米的房子的人还会需要 100 平方米的；有 100 平方米的房子的人还会需要 200 平方米的；有 200 平方米的房子的人可能还会需要一栋别墅；有一栋别墅的人可能还需要在各个地方有更多的房……你住在乡下可能想进城，你进了城可能想到一线城市，你到了一线城市可能想住在市中心，你住在市中心可能想要更大的房，当你都拥有了这些，你可能又想回农村再有套房。这就是连接在房地产行业里的不断升级与循环。其他的购房原因也都是如此参照，在这里就不再赘述。

所以房子卖的是地段和钢筋混凝土吗？从策划人的角度来看，这完全是错误的。房子卖的是消费者进行价值连接的可能性。地段、户型、面积指标越高，你获得认知连接的可能性就越高，房子提供的仍然是一种价值连接，房子只是连接的载体。

因为房地产所涉及的内容过于庞大，因此分析房地产行业也并非多浪费一点笔墨就能说清楚。但我们大致需要清楚的是，中国的房地产行业预计通过前向关联、后向关联和侧向关联，直接或间接影响中国 60% 以上的产业、50% 左右的就业量，接近 80% 的中国家庭财富。因此可以说房地产行业几乎影响着中国 GDP 总量的一半。房地产对于消费者来说是资产，对于开发商来说是投资，对于金融公司来说是工具，对于政府来说是税收。

2009年年初的一天，我与北京师范大学房地产研究中心主任董藩教授有过一次印象深刻的谈话。他告诉我在2008年全球金融危机的影响下，中国房地产业受到了前所未有的冲击，因此中国的盐业大跌。

我当时并未有太多的时间思考，也很难将房地产与盐进行连接，为什么房地产行业不景气，会导致盐业受到影响呢？后来我才得知其中的原因。因为房地产不景气，开工量大幅减少，因此建筑业受到了影响；而因为建筑业受到影响，对建材的采购量也大幅减少，而一些管材、玻璃等建筑材料当中是要加入盐的，因此盐的需求量也减少，从而导致盐业大跌。

在描述了房地产发展与整体经济环境的关系之后，我们则应当从宏观的角度分析一下房地产业的价值连接。我个人认为房地产的基础连接是希望（包括金融投资理财的属性），在营销中应准确描绘出对目标人群所带来的改变，因为潜在消费者也正是因想要改变现状而考虑购房的，其中的矛盾、痛点就是营销的海量主题。房地产的深层连接是品质内容所带来的生活状态，这在一些营销中心的样板间、示范区的营销行为中可以得到印证，很多开发商正在这么操作，我们也称之为产品系＋情景营销，而房地产的高级连接则是对生命意义的阐述，这种阐述不仅包括房子与人之间的文化关系，也包括族群之间的文化关系。最高级的连接往往都是文化的连接。只可惜中国目前的地产开发商大多只停留在深层连接的阶段，在高级连接与文化共生方面鲜有明显的表现。不过这一层面的连接，出现在文旅地产板块的可能性会比较大。

阿那亚项目是一个滨海旅游度假综合体社区，坐落于河北省秦皇岛市昌黎县黄金海岸。因其打造出的孤独图书馆、阿那亚礼堂、艺术中心等代表作品，受到全国文艺青年的热烈追捧，被誉为"打卡圣地"。项目着重于文化族群的打造，其丰富的精神内涵成为近年来文旅地产的代表项目。目前该项目售卖的多层、高层住宅每平方米单价甚至接近周边别墅项目单价3倍，它的成功就是高级连接，是房子、人、文化三者价值叠加营销的代表案例。

·行

近些年中国出行方式发生的变化是全世界最具代表性的。高铁、航空、老人乘坐公交免费、共享单车、网约车、私家车增量、新能源等所带来的变化日新月异。随之而来的是，中国也出现了一大批自驾俱乐部、暴走团、单车组织等一系列新的文化族群。

以自行车为例，"中国自行车协会、新华网体育、行者大数据研究室"共同发布的数据结果显示：2018年中国将骑行作为运动方式的人数已经达到1500万人；这些人又具有明显的高学历、高收入、高素质的三高特征；甚至骑行人数的分布数量与各省市之间的GDP总量成正比关系。值得注意的是，作为自行车骑行运动，除了锻炼身体的目的以外，在调查中有 15% 的骑行者是以社交为主要目的而参与其中。

我们可以感受到，自行车的基础连接是运动、健身；深层连接是精神体现、感受和社交；高级连接是更帅、更美、更有竞争力。这三个阶段的连接并不冲突，甚至相互关联，只是表现方式不同。因为更帅更美有利于社交，而更帅更美则需要依靠健身和精神表现这一方式获得呈现。

汽车行业也有其独有的特征，早在前几年乘用车市场就开始出现销量萎靡并下滑的态势。

中国汽车工业协会发布的数据显示，2019 年中国汽车销量同比继续下滑 8.2%；受 2020 年年初暴发的新冠肺炎疫情影响，1 月份汽车销量降幅 18%，创 20 多年来的新低；但仍需要注意的是，SUV 车型成为乘用车市场销售的主力车型，占比从 2014 年的 20.7%，提升到了 2019 年的 43.6%。实际上大多数购买 SUV 车型的车主将车辆作为城市里的代步工具，并未将车辆使用在特殊路况当中。这又意味着什么呢？

心理需求未必要成为实现，但握着"一张门票"则减轻了很多现代人的生活焦虑感。这仍然与"怕失去"的优先级有一定的关联性。如今我们看一下正在销售的 SUV 汽车的广告主题就不难发现，厂商们早已侧重心理价值的连接。

从乘用车行业的价值环境来看，基础连接是快、省；深度连接是自由、体验、机遇；而高级连接则是家人、空间。

　　汽车行业的未来机遇将体现在自动驾驶技术升级后，为使用者提供更良好的第三空间环境。

　　策划工作中需要注意的是，衣、食、住、行这几个领域的连接，并不是要去追求高级连接而忽略基础连接和深度连接，这三种表达并不分高与低，都是可以互相叠加的。因此不是高级连接就可以获得更大的收益，这样的理解是存在偏差的。

　　我们在进行价值连接时仍然要根据各自的产品特征、行业发展状况和目标客群进行综合衡量。在这些领域，我的描述仅作为一个参考方向，请不要以此作为价值衡量的判断。同时表现手法在其中也体现得至关重要，一个优秀的基础连接表现，是完全可以胜过差劲的高级连接表现的。

　　我们也可以发现，在衣、食、住、行这些领域的高级连接，都隐藏着一个明显的特征：找到同类。找到同类让我们有归属感和认同感，但定义同类和成就同类才是更高的价值表现。

　　我曾参与过中国第一个生态城样板示范区的策划和营销工作，对生态城项目的理解或许可以解释这个观点。

　　生态城的建设分为三种难度的晋级，最简单的是自然生态。通过利用河流、植物进行人工改造，让业主感受到优美的生态环境；比这个更难的是技术生态。利用技术手段对建筑方式、建筑材料、土壤改良、水处理、垃圾处理、新能源、交通方式进行全面升级，技术生态要多花很多钱，但实际上只要投资足够，依旧可以实现；而最难实现的是人文生态。通过环境规划、功能布局、技术手段、文化渗透，让居住者自然养成符合生态发展的生活习惯，成为一种共同认可并执行的生活标准，并因此而感受到生命的价值。

这就是为什么把定义同类和成就同类列为更高的价值表现追求。也正因为如此，社交意义所表现出来的优势，是连接理论最有效的途径之一。

我们可以试着从贩卖功能到贩卖生活方式的升级，着手自己现在需要策划的内容。

第7节　连接的生产力革命

我们只要冷静思考一下就会知道连接的意识所带来的生产力革命有多么强大。太多企业商品甚至已经陷入营销的困境中，它们得到的结果往往只有搞促销一类的营销活动才能真正产生销量，而换来的仅是微薄的利润甚至还有可能赔钱；而不做广告和促销又直接让产品滞销。企业既看不到未来，又无路可退。

如果价值连接不是企业更好的生存和发展方式，那么更好的方式会是什么呢？事实上我们面临的现状已经不是要不要连接的问题，而是连接的准确性和紧密度的问题。你要么正在向错误的方向连接，要么在正确的道路上前行。当下连接的对与错，决定着企业明天面临的局面。

当商品的营销脱离了消费者心智的连接，营销不但起不到应有的推动效果，反而对企业的资金产生巨大浪费，甚至加速企业的毁灭。

我们如今正处在从工业时代向信息化时代过渡的历史阶段，未来的智能化时代更是以连接作为核心生产力。产能被淘汰的原因只有一个：失去了用户心智价值的连接，而学会应用这种连接则是下一个时代的生存法则。

我们应当知道，所谓的电商、直播、定制这些看似新的经济增长点，实际上不过是建立连接的工具。我们必须先清楚什么是连接，才能更好地使用工具。如果只是认为直播能赚钱，你显然搞错了方向。工具不会为你带来收益，连接才会。

第8节　连接的未来——太阳法则

如果说工业已经进入 4.0 时代（利用信息化技术促进产业变革），并以信息数据作为定制化生产的驱动力为代表，那么紧随其后的问题就是企业其他的市场化结构是否也进入了更高的阶段以支撑工业 4.0 的进程。

显而易见的是，目前大部分企业在市场层面的表现并不尽如人意，虽然生产力总体得到了大幅提升，但随之而来的却是产能过剩和利润的持续走低。中国企业调查数据中心联合武汉大学质量发展战略研究院发布的《2015—2016 年中国企业劳动力匹配调查 (CEES) 报告》显示，中国企业的利润率平均值仅为 3.3%。更为严峻的是，中国的劳动生产率只约等于美国的 1/8，德国的 1/5，这么低的企业利润和这么低的劳动生产率依然制造了大量的产能过剩，这一点不得不让人担忧。

时代的变革从不给落后的企业以喘息的机会，未来的市场结构必将向两端发展，形成哑铃化模型。一方面是大型品牌企业的进一步垄断与相互联合，另一方面则是民间的小众产品及族群营销崛起。而现阶段主体依然处在橄榄形结构的模型中，在强烈的拉伸过程中企业唯一不被时代抛弃的法则可能就是太阳法则了。

以往的企业发展是以自己为中心进行营销传播，吸引客户的购买，而如今的局面已和以前大相径庭。在信息时代客户选择的渠道被无限放大，消费者的品牌忠诚度对于企业来说越来越不确定。尤其面对"90后""00后"这些未来消费的主力群体，他们出生在信息化时代，心智中几乎没有进行过单一化的品牌信息植入，于是新一代的消费主力显示出来的特征往往更加追求自我、个性化选择、变更频率快、品牌忠诚度低。很多品牌企业认识到了这一点，于是"自降身价"来"讨好"它们的客户，而不再像以前一样高高在上。

但仅仅是讨好还不够，因为这些消费者身边充斥着各种讨好，他们早已习以为常。

"亲，这是一张免费的体验券，来玩吧！"

"亲，下载App就送99元大礼包哦！"

"亲，你的信用额度又增加了10000元，赶快来看看吧！"

"亲，您购物我买单，12期免息，零手续费。"

......

即使每天沉浸在各种免费体验中，这些新生代的宠儿恐怕也忙不过来。在他们看来这世界为他们而生，只要自己不高兴，才不管你是什么。仅仅不买你的产品已经是对你很"善良"了，企业只要闭门思过，还有喘息的机会。而如果他们真的生气了，只需要一条差评，随手敲上几行字就够企业忙乎一阵子的，甚至引发一场企业危机。

对于企业来讲，"讨好"也已经无法满足消费者的需求了。你的费尽心思、筋疲力尽，换来的可能仍然是消费者的爱搭不理。所以，意识决定出路。更聪明的办法恐怕就是"革了自己的命"，应用太阳法则，把企业中心化交还给消费者。

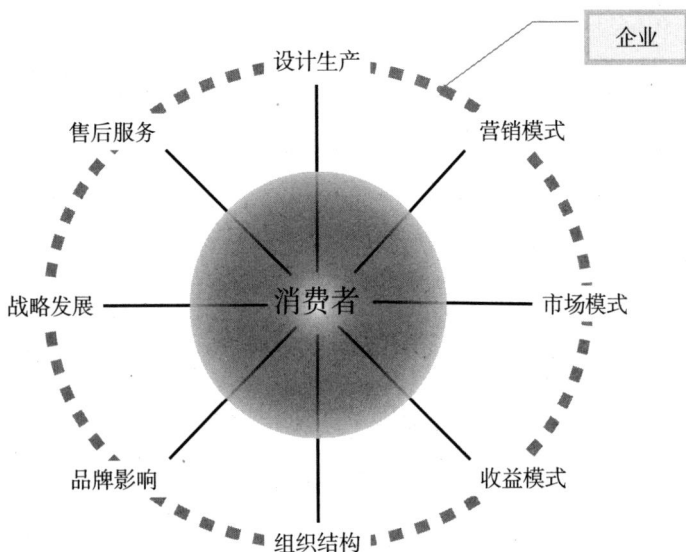

图1-5　太阳法则

未来企业的市场环节都需要依存连接理论中的太阳法则来执行，企业将自己完全融入到消费者的心智服务中。只有成为他们的一员，他们才会爱你、呵护你、支持你，也因此不用刻意去"讨好"他们。消费者（心智）就像是太阳，企业的一切行为将围绕着太阳进行旋转。换句话说，企业要在市场行为中去企业化，为消费者而生。

的确有企业通过这种模式适应了当下的市场趋势并因此获益，雷军创办的小米公司可能就是其中的代表。如果它的那句标语"为发烧而生"还不能让你完全理解的话，那么纵观一下小米公司生态产业链就很清楚了。

小米公司围绕年轻一代消费者心智的诉求，以手机产品作为第一突破口，获得市场基础用户数量后围绕"为发烧而生"的主题，全面在太阳法则的八个领域展开布局，形成了自己完整的商业发展战略。不仅如此，米家系统还为小米公司打开了新的盈利窗口，通过投资、利润分成的方式吸引更多智能化产品进入这个"为发烧而生"的大生态系统。随着产品越来越多，用户的使用数据会越来越多、越来越精准。

在这个主题影响下，小米公司生态链已经覆盖了包括电视、平衡车、空气净化器、电饭锅、音箱、插线板、充电宝、空调、扫地机器人、无人机等数十种产品领域，并利用众筹模式更好地在用户与产品之间展开连接。

现在我们清楚小米公司"为发烧而生"的含义是什么了吧！

它为消费者而发烧，为消费者而生。

它所积累的资源与基础都将成为小米公司下一步战略发展的重要参考依据，公司可以更精准地服务用户并满足他们的需求，真正地形成良性生态发展系统。

第二章

定位与连接的关系

让我们先来一起想象一下：看到一个古代宽敞的会客厅，正中央高悬一幅牌匾，上写"聚义厅"三个大字，你对这所房间的感受是什么？

你可能已经对这个房间的主人有了一个基本了解，他是一位重情重义的豪杰，有江湖地位，而他的朋友都是来自五湖四海的好汉。

现在，我们将"聚义厅"的牌匾摘下来，换成"替天行道"四个大字。你又是一种什么样的感受？

跟刚才的感受不一样了吧？因为格局变得不同。你会觉得房间的主人不只是一名江湖豪杰，还有崇高的理想，是一位真英雄。往来的江湖好汉也变成了为信念而抛头颅洒热血的有识之士。

房间还是那个房间，除了牌匾上的几个字外，没有任何变化。一个图痛快、一个谋天下。为什么会这样呢？

这就是定位。

定位不同给人的感觉自然是不同的，但是我们不能忽略另一个重要问题，那就是连接。虽然定位让我们对这个房间（商品）的认知发生了变化，但这不意味着仅有一块牌匾，英雄豪杰就会来和你一起抛头颅洒热血。定位最大的作用是吸引注意力，但你若想真的实现这个定位，就需要进行连接。

虽然定位本身也是一种连接，但只进行了指向性。在商品社会，很多优秀的商品仍然面临着巨大的市场压力，如果仔细分析就会发现，很多时候本质上并不是定位出了问题，而是连接出了问题。

定位是确定一个大家都认可的目标，而连接则是如何去实现这个目标。定位与连接的关系密不可分，这一章谈一下定位与连接的关系。

我们如果需要掌握并发挥连接在营销行为中的价值作用，就有必要先了解定位的基本概念。定位的理念在 1969 年提出，1981 年艾·里斯与杰克·特劳特合著的《定位》一书在美国出版，1991 年首次在中国大陆发行。书中对定位的概念进行了阐述：定位的基本方法，不是去创造某种新的、不同的事物，而是去操控心智中已经存在的认知，去重组已存在的关联认知。一个理念从提出到现在已经过去半个世纪，仍然被人们所津津乐道，甚至以这一理念为核心内容的书成为很多营销人首选的必读书。

我因为解读过《定位》这本书的内容也受到了很多人的关注。目前我和国内外数千名策划人、策划爱好者、企业家搭建了一个共享交流平台。这个最初仅仅是一个知识分享的小节目，如今却演化成了庞大的策划人群落，这让我感到非常意外。

但正因如此，也充分证明了连接理论的强大作用。因为每个人都努力去连接可以使自己变得更好的事物，同时也渴望着被连接。在市场营销行为中，只要确认了每个人心智当中已经存在的认知，并用合适的方式去连接，很多事情都会水到渠成。

不过要完全掌握"定位"和"连接"的法则却并不那么容易，这两个观点都是一个系统的领域。而这个领域在认知中，并非只有一个标准答案。定位不是一个行业，而是每个行业的专业。因此只有反复思考，并形成一种思维模式和习惯，才有可能在这个认知的领域里有所收获。在写这本书的时候，我的初衷也不是要传输什么理论公式，而是阐述一种营销观念，让营销系统增加一个支撑的维度。或许当我们学会并掌握连接的能力以后，可以用更合适、更准确的方法实施营销战略。

定位绝不是一个空泛的认知，我在对定位的解读过程中深刻理解到一些特征。例如，定位必须形成文化特征，才能发挥其在商业领域的真正作用，不然也只是一个理论概念。而形成文化特征，甚至出现行为习惯以后，定位的价值才能真正发挥出作用。而让定位发挥出作用的方法就是连接。

在定位理论中，作者用"成为第一"的观点来介绍这是迄今为止最有效的定位观念。比如如果问你：

"第一个登上月球的人是谁？"

"当然是阿姆斯特朗了。"

"第二位是谁呢？"

"……"

"世界第一高峰的名字叫什么？"

"喜马拉雅山脉的珠穆朗玛峰。"

"世界第二高峰的名字叫什么？"

"……"

诸如此类的提问让读者茅塞顿开，"哦，原来当第一真的胜过做得更好"，但是冷静下来进行思考就变得重新迷茫。你脑海里仍会浮现出很多问题，比如阿姆斯特朗、珠穆朗玛峰这些都不是商业品牌，都不是商业结构中的代表，我知道了这些和商业行为之间又有什么关系？

于是定位的作者紧接着用成功的商业品牌案例来介绍了成为第一的优势，共列举了五家品牌企业，分别是：照相业中的柯达、计算机业中的IBM、复印机业中的施乐、可乐中的可口可乐、电气业中的通用电气这几家代表企业。读到这里我们可能才明白，原来成为第一的定位法则和商业模式是相连的。

不过很抱歉，我仍要很遗憾地告诉大家，事实情况可能并非如此。即使这五家企业成为行业第一的企业，也并不能成为定位理论中"成为第一"即成功的代表商业法则，这些第一的品牌企业均在各自的发展中出现了严重问题。

柯达已经转型成B2B公司，普通民众很难再看到柯达的身影，这个曾经领导全球胶卷业的柯达公司如今市值仅有1.3亿美元。

如果说柯达没有跟上数码时代的步伐而导致如今的局面，这是不准确的。实际上柯达不仅是第一个发明胶卷的企业，也是第一家发明数码相机的企业，比引领了数码时代的索尼公司还早。当时柯达胶卷的销量占据美国市场85%的份额，是一家达到垄断级别的企业。

但由于数码相机不需要胶卷，而胶卷才是柯达公司的主要盈利点，因此柯达公司死守着旧的功能连接，却不与新时代的用户心智连接，因此短短数年，当柯达如梦初醒的时候，已经跌入了万丈深渊。客户抛弃你的时候连招呼都不会打一声，他们才不管你是不是曾经的第一，连接才是最重要的。

IBM作为现代商业社会的奠基者，曾占美国GDP将近四分之一（1967年IBM公司市值1923亿美元，当年美国GDP为8300亿美元）的蓝色巨人到了2018年《财富》世界500强榜单中仅位列92位。截至2020年2月，IBM全球市值仅有不到1182亿美元。即便不计算通货膨胀，目前的市值也仅有53年前的60%。

施乐这边站得也不稳，2000年曾一度传出破产危机并欲出售中国大陆业务。在数字复印和高速打印的技术风暴中，施乐也面临着与佳能、理光、HP、LEXMARK等品牌的激烈竞争，而在用户的心智当中其他这些品牌似乎并不比施乐差，至于你是不是第一，跟用户关系并不大。

可口可乐虽然依旧是饮料界的老大，但与百事可乐之间的差距正在逐年缩小。同时面对一系列包括区域市场的竞争也不占据优势，在中国市场王老吉的销售额曾经一度超过可口可乐，同时还有康师傅、统一等其他饮品的围攻，市场竞争异常激烈。另外也没有什么人购买可口可乐是因为它是全球最大的饮料公司这个理由，大家喜欢可口可乐只是因为喜欢它的味道所带来的文化，其实是喜欢它的连接。

最后再看一下通用电气的情况，或许在《定位》作者写作成书时，通用电气的确是炙手可热的商业明星。这家由爱迪生创建的公司的确可以称得上第一个进入人们心智的电气公司。辉煌时股票曾上涨了4600%，而如今公司市值已经从曾经接近6000亿美元跌落至908亿美元，不用过多说明，我们也知道这家公司面临的是什么。而且，通用电气失去了新时代的适应能力，不会再回到当年的辉煌。同样也没有人会因为它曾是第一家电气公司就要选择和它合作。

市场中的第一是动态的，这与第一个登上月球的人、世界第一高峰这种永远不会改变的固定答案完全不同。每个人心中都有自己的价值排序，随时发生着变化，从而他们依照这个价格排序进行选择。

曾经的第一，只是在商业竞争中占点儿"吹牛"的便宜而已，人们总是依照自己的需求和喜好而选择购买，似乎为曾经第一的情结买单的人越来越少。行业的颠覆者们，总是比行业的建立者更受欢迎。

为什么《定位》一书中风靡全球的经典营销理论"失效"了

呢？很多人也因此对定位理论产生了怀疑，甚至攻击。杰克·特劳特或许会告诉你要始终保持第一，必须占据客户心智中某个第一的位置。但在我看来，这些企业出现的所有问题都是因为逐渐失去了连接。

定位理论并没有失效，它所表达呈现的作用依然如此强大。但问题在于如今的信息时代局面和 50 年前工业时代相比显然天翻地覆。在 50 年前作者认为市场是有限的，因此定位理论还要融入很多的竞争性策略，以至于提出"以竞争导向和进入顾客心智作为定位工作的基本点"。

在信息时代市场是无限的，进入顾客心智，本身就是最好的竞争导向。

第 1 节　市场细分与重新定义

市场细分是很多策划人在产品定位时遇到的第一个问题，策划人总是会在这个问题上苦苦思索。因为放眼望去，几乎所有的品类都有"第一"的存在，这让我们非常难以定位，因为无法做到第一似乎就没有市场前景，永远只能跟在行业"老大"的后面等着它犯错才能伺机超越。

现实情况是"老大"几乎很少犯错，而且还不断挤压你本来就步履艰难的生存空间。即便"老大"不幸犯了错，情况也并没有想象的那般糟糕。

2017 年，有媒体曝出海底捞北京劲松店、太阳宫店存在后厨有老鼠乱窜、打扫卫生用的簸箕与餐具同洗、洗碗机内部沾满油污与食品残渣以及用火锅漏勺掏下水道等问题。一石激起千层浪，海底捞的"老鼠门事件"迅速在网络上发酵。作为一家一直受到广大消费者喜爱的知名餐饮企业，卫生安全状况竟然如此糟糕，对于餐饮企业来说，这无疑是最严重的错误。

面对如此严重的危机事件，海底捞 3 小时内便发布了第一条通报，首先承认了"老鼠门事件"，向消费者致歉，并关停两家涉事门店；2 小时后又发布第二条通报，明确了七条处理公告，主动承担错误和承担责任，并强调发生此次事件是公司深层次的管理问题，责任由公司董事会承担，涉事店内的干部和员工无须恐慌。

海底捞公司迅速进行的危机公关和认错态度立刻得到了媒体和网民的认可，甚至相关解析的自媒体文章连续出现 10 万 +，如此严重的品牌信誉危机迅速得到有效化解。2018 年同比收入和净利润增长都约为 60%。

作为定位领域里的重要环节，市场往往依照地理（地形、气候、交通、城乡等）、人口（年龄、性别、家庭、收入、职业、教育、阶层、信仰等）、心理（个性或生活方式）、行为、文化（民族、习俗、宗教等）来进行细分，从而建立有利于企业资源合理利用的目标市场。

我们或许可以通过这样的细分市场找到同类商品市场标价在10 元和 8 元中间——9 元那个商机；也找到三线城市与二线城市

儿童兴趣班的差别；我们将年收入 100 万元的阶层又划分出若干群体特征并对他们进行分类营销……

事实上真的如此吗？

图 2-1 是某购车平台的筛选信息，这或许是市场细分理论中最好的应用表现形式。通过这样筛选车辆看似非常方便，但实际上有哪位消费者可以一次就选中所有自己确认的条件，并严格按照这个结果购买车辆呢？哪个人不是尝试了几种甚至十几种不同的组合来查看搜索结果呢？即便如此，你仍然会经过大量不同条件下车型的比对、请教专家、咨询朋友、试乘试驾、参考优惠幅度……最终购买的车辆可能与你第一次的筛选结果大相径庭。

按条件选车
购车流程

价格：	不限	5万以下	5-8万	8-12万	12-18万	18-25万	25-40万	40-80万	80万以上	___ - ___ 万 确定

级别：　不限　轿车（微型）　小型　紧凑型　中型　中大型　豪华型　MPV　SUV∨　跑车　面包车　皮卡　客车

车身：　不限　两厢　三厢　旅行版　　能源：　不限　汽油　柴油　纯电动　插电混合　油电混合　天然气

厂商：　不限　自主　合资　进口　　国别：　不限　德系　日系　韩系　美系　欧系　非日系

变速箱：　不限　手动　自动∨　　排量：　不限　1.3L以下　1.3-1.6L　1.7-2L　2.1-3L　3.1-5L　5L以上

驱动：　不限　前驱　后驱　四驱∨　　排放：　不限　国5　国4　国3

座位数：　不限　2座　4座　5座　6座　7座　7座以上

其它：　☐天窗　☐倒车影像　☐涡轮增压　☐无钥匙启动　☐自动驻车　☐自动空调　☐ESP
　　　　☐换挡拨片　☐自动泊车　☐GPS导航　☐定速巡航　☐胎压监测　☐主动刹车　☐上坡辅助
　　　　☐LED日间行车灯　☐后排空调　☐发动机启停　☐牵引力制动

图 2-1　某购车平台的筛选信息

图 2-1 选项中还包含下拉选项，如 SUV 还包含：小型 SUV、紧凑型 SUV、中型 SUV、大中型 SUV 和全尺寸 SUV；

在"变速箱—自动"一栏中还包含机械自动（AMT）、自动（AT）、手自一体、无级变速（CVT）和双离合（DSG）；

驱动方式的四驱中，还包含全时四驱、分时四驱和适时四驱。

这可能着实会把一个不懂车的人搞蒙，究竟要怎样选择呢？

看到理论与现实的困境，并依然在使用看似方便却极为笨拙的分类细分"应付"消费者，策划人不得不进行反思。究竟什么是市场细分？

我认为，市场细分从来都是个伪命题，让不明就里的营销工作者搞错了方向。那是只有行业协会和学院教授才做的事。营销永远是对（消费者）心智中已经存在的认知在进行细分。

我们依然以汽车的购买为例，假设你是一名准备购车的消费者，购车预算是 10 万元左右的 SUV，那么我通过筛选，包含但不限于下列车辆。你会选择下列哪一款车呢？

哈弗 H6、哈弗 M6、长安欧尚 X7、长安 CS75 PLUS、长安 CS35 PLUS、博越、捷达 VSS、瑞虎 8、传祺 GS4、宋 Pro、捷途 X70、现代 ix35、吉利 CON、瑞虎 5x、探影、缤越、新宝骏 RS-5、远景 X6、劲客、奔腾 T77、帝豪 GS、创酷、中华 V7……

你可能已经糊涂了，也许上面列出的没有一个是你中意的，但也有可能你不知道是出于什么原因购买了其中一款。实际上 10

万元左右的 SUV 车型，我得到的搜索结果共有 189 个车型、984 个车款。如果我把车型都列出来并附带简单的概述说明，这一本书都写不完。

事实上，消费者购买商品时，不会按照商家的指定进行选择。如果销售员告诉你因为你的实际月收入只有 5000 元，所以你只能购买这件 200 元的衣服，而另外那件 300 元的衣服我不会推荐给你，因为你买不起，你非和销售员打起来不可。

所以你真正的购买选择不会是因为市场细分，而是跟你的认知建立了连接的那件商品。那便是商品和营销要对消费者心智中已经存在的认知进行细分的原因，只有这样细分，策划人才能够发现价值和表达价值。

另一个明显的例子便是可口可乐与百事可乐。我们如果按照市场细分的理论和系统分类，这两个品牌之间是很难进行分割的。他们似乎"黏"成了一个整体，都成了可乐的一部分。所以，它们也不是在进行市场细分。如果按照市场细分的理论，百事可乐根本不会存在。

伟大的品牌都是对消费者的心智在进行细分，这一点策划人要特别注意。如果你只是一名活动策划或者营销执行策划，或许你不用掌握这么多，但要成为一名职业的策划人，你则不能像以前那样理解市场细分了。

我们理解了什么是市场细分的真正含义，便能够更好地理解如何成为"第一"这个定位。现实的案例就是虽然有了微信这个最大的社交平台，但依然会有陌陌、探探等一系列社交软件并都取得了良好的发展；虽然有了淘宝这个最大的电商平台，但依然还会有京东、拼多多等其他电商平台，而且它们都在分割、蚕食"老大"的蛋糕。

从市场细分的传统领域分析，微信功能和覆盖人群已经如此全面，你能细分出什么市场呢？有哪类人群微信还没有覆盖到呢？淘宝网有超过1000万个商家在经营着自己的店铺，在法律允许的范围内销售着所有你能想象到的商品，你又如何在市场细分中找到它的缺失呢？

答案就是这些细分统统来自心智的细分，你可以一家独大，但心智的细分却有千万条。心智的细分，才是你成为"老大"的最佳路径。

如果不能成为第一，那我们就重新定义它。

心智的细分将会成为商品营销的突破口，从而帮助你的品牌进一步扩大和占领市场。如果我问："三只松鼠"是个什么品牌？你会想到坚果。

事实上三只松鼠这个品牌已经远不止在销售坚果，它还在销售素食小火锅、面包、牛肉干、鸭掌、曲奇、蜜饯、鱿鱼、豆制品等数十种零食。我们甚至没想到的是它还拍了《三只松鼠》的动画片，并在芜湖开发了一个占地247.5亩的三只松鼠主题乐园。

如果我问："当当网是卖什么的？"你会说："卖书。"

事实上当当网早已经是一家综合型电商平台，除了书籍外，还包含户外运动、家居、孕婴童、食品和电器等各大门类。

三只松鼠和当当网都是利用单一的品类作为突破口进行定位，再综合扩展品牌的辐射影响力。而在这些外延的品牌策略中，它们无非都是在利用心智细分，而不是采用市场细分的策略。

所以，对于这些现代企业来说，你并不需要过分在乎淘宝网的覆盖和市场细分是什么。你只要占据消费者的一个认知就可以了，比如坚果。这个分类在人们的心智当中，如果你去分析坚果的行业特征并去找坚果的市场细分，三只松鼠这个品牌也就不存在了。

重新定义第一往往是更聪明的做法，这不与行业"老大"发生正面冲突，不会受到挤压和市场竞争。因为你并没有参与到市场竞争当中，你只是对心智进行了分区细分，从而建立了连接。你和原有的"老大"不在一个空间，即便他挥舞拳头也打不到你。

2003 年，联想控股携巨资进军房地产住宅开发行业，先后在北京、天津、武汉、长沙、重庆、合肥等十余个城市进行全国战略布局。对于一家电脑品牌企业进军房地产，业界众说纷纭。姑且不去分析这种跨界策略是否正确，但联想公司的房地产行业定位存在着巨大缺陷。

潜在消费者对联想公司的印象将会形成两个方面的认知：

1. 联想是大企业，资金雄厚，具有投资房地产领域的实力；
2. 联想是一家高科技电脑品牌。

可联想公司（融科智地）并没有很好地应用自己的资源优势，而是将定位注意力集中在中高档精品住宅领域，但在地产行业这样定位的公司中联想不可能获得竞争优势，这个领域的消费者的心智中也找不到联想的影子。2016 年，联想控股和融创中国纷纷发布公告，融创将收购联想控股房地产项目权益，联想进军房地产的战略布局黯然退场。在中国近 20 年间的最大的红利房地产市场中，联想这家携巨资进驻的企业居然失败了。

这是联想地产定位缺陷造成的结果，实际上更聪明的办法是联想地产应该利用自身的科技优势，将软件开发、互联网应用与住宅结合起来，打造属于自己的智能住宅产品，未来住宅、科技住宅、数码住宅、智能住宅才该是联想地产的定位。如今最热门的智能家居系统和生态系统，联想公司完全有条件在十几年前就定位在自己的住宅开发理念中，这个定位直到现在都没有哪一家品牌进入房地产消费者的心智中。而联想地产居然放弃了自身这个天然的优势，硬生生地错过了占领用户心智的机会与这个未来的巨大风口，陷入房地产的精工、管理、规划、运营、销售这些自己完全不擅长的领域中。

看一下联想地产开发的住宅项目名称就知道问题所在了，融科·橄榄城、融科·香雪兰溪、融科·心贻湾……它们的定位与人们心智中的联想公司完全没有连接。

对于重新定义，最明显的案例莫过于史蒂芬·乔布斯推出的划时代 iPhone 手机，这款手机改写了智能手机的市场格局，被称为重新定义了的手机。乔布斯一定不是以定位理论和市场细分理论进行战略布局，也没有将竞争导向作为衡量标准，不然他推出的一定是一款诺基亚的升级版手机，类似于更符合人体工程学的东西。

当然还有特斯拉重新定义了新能源汽车、戴森重新定义了吸尘器与吹风机，这让人们一下子在心智当中找到了这些品牌，建立了连接。

要适应这样一个时代，定位理论孤掌难鸣。定位理论之所以变得不再灵验，是因为定位本身缺少了连接的动态思考。

第2节　再说定位

定位在市场应用中针对不同环境、不同文化、不同人效果是千差万别的。定位也绝对是一个严谨和对操作性要求极其严格的工作，我在多年的工作实践中，发现真正具备定位能力的策划人少之又少。

不过对于刚刚接触定位理论的人来说，似乎总有一种找到新大陆的感觉，仿佛这是一个品牌成功的灵丹妙药。于是开始试着去定位，但实际上太多的定位不过是想当然而已。即使有些企业找到了准确的定位，但因缺少心智中的价值连接，忽略了文化基因，最后仍然是一败涂地。

锐澳（RIO）鸡尾酒在中国市场销售曾红极一时，被誉为下一个百亿单品。2013 年中国鸡尾酒市场总规模仅有 10 亿元，2014 年 RIO 营收 9.87 亿元，2015 年上半年营收 16.17 亿元，但在 2015 年下半年开始下滑。2016 年 RIO 持续亏损，被相继曝出总裁离职、产品滞销、停产、裁员、欠费。2017 年 2 月 25 日，RIO 亏损 1.42 亿元。

大家开始关注为什么仅仅热销了两年的产品快速冷却了下来，很多人给出的答案是定位出了问题，认为 RIO 在饮料和啤酒两大领域之间受到夹击。其实 RIO 的市场产品定位非但没有出现问题，反而是非常成功的定位案例。

RIO 的失败是因为在准确的定位后，品牌没有与消费者进行深度情感沟通，缺少了品牌文化的连接和场景植入，营销只作为了一种叫卖式的宣传。消费者选择购买产品后，仅享用到了这瓶液体的使用功能。这时消费者忽然发现，在任何一个场合下，无论是夜宵大排档、酒吧、朋友聚会、独饮……拿出一瓶 RIO 都特别不伦不类。好看的瓶子和五颜六色的液体承载不了时间的流逝，只是一个阶段的流行时尚，因此 RIO 符合被流行时尚抛弃的市场规律。RIO 始终没有告诉消费者为什么要喝 RIO。

RIO 定位了鸡尾酒在消费者心智中已经存在的认知，却没有连接消费者渴望的文化、情调、场景……RIO 是定位准确、连接缺失的代表案例，我们要引以为戒。

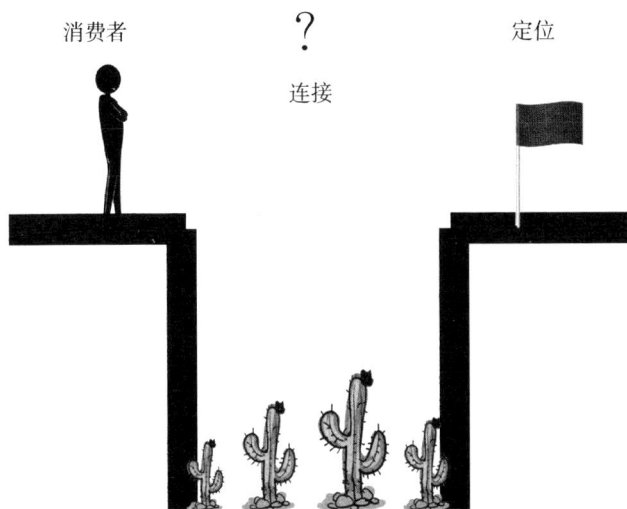

图 2-2　没有连接，消费者无法到达商品定位

有了定位这个清晰的目标后，建立消费者与定位的连接有三个终极问题需要解决：

1. 消费者到商品定位去的好处是什么？

2. 消费者到商品定位的方法是什么？

3. 消费者的心智和行为如何统一？

单纯依靠定位方法操作也容易出现问题，虽然在庞大的市场中看到了定位的价值闪光点，但其实定位本身也是一个庞大的系统。当你探究到定位系统边缘的时候就会出现一个弧度，再走下去就会发现自己绕了一个圈。因此定位也是一个特别圆满的解释系统，虽然特别专业、特别有用，但无论成功或失败你都可以用定位理论的正确结构，导出不同的结果。

我曾通过一个假设场景来阐述这个观点：

一天傍晚，艾·里斯和杰克·特劳特两位定位大师饭后一起散步，他们遇到一个非常开心的小伙子。小伙子因为每天给心仪的女生送 1 朵玫瑰花并坚持了一年，因而得到了女生的芳心，二人终成眷属。

两位大师用定位理论告诉了小伙子他为什么会成功。

因为追求女生的方法大部分都是吃饭、看电影或者送礼物，但这些是任何一个收入不错的男生都可以做到的。但送花的意义不同，送花代表你是一个浪漫的人，而且坚持送了一年说明你是一个长情的人，你跟其他对手最大的竞争优势是你用行为关联了浪漫。你是第一个在她心智中占据浪漫定位的人，这就是你收获心仪女生芳心的原因啊！

小伙子拜谢两位大师的指点。

艾·里斯和杰克·特劳特两位定位大师继续一起散步，他们遇到一个非常伤心的小伙子。小伙子每天给心仪的女生送 1 朵玫瑰花并坚持了一年，最终却被女生厌恶，正式提出分手。

两位大师用定位理论告诉了小伙子他为什么会失败。

因为你肯定不是这个女生生命中第一个送她玫瑰花的人，你并没有第一个进入她的潜在心智。而且别人送花都是送 999 朵，你每天才送 1 朵，全年不过才 365 朵，你显然和竞争对手不在一个级别，你自己不注意竞争策略，与巨头展开同领域正面竞争，定位严重不清晰，因此注定会失败。

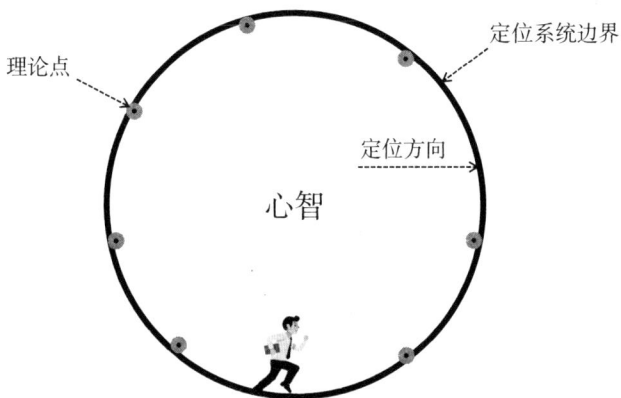

图 2-3 定位的圆满理论

其实定位理论从各个角度都可以同时进入，但从哪个方向并用什么方式进入定位系统，才是决定定位成败的最核心要素。换句话说：定位有了，可是通向定位的路不止一条，选择走哪一条路才是最终能否实现定位的关键。那条路就是连接的意义。

好多人在初次了解定位理论的时候都会简单理解为是在找市场空白点，或者说是抱着找市场空白点的观点来学习定位。这其实是错误的，因为空白点会让你无休止地陷进去，并且空白点不等于机会点，更不等于利润点。当你为发现一个市场空白点而感到兴奋的时候，请冷静分析一下行业特征和用户习惯，空白点很可能是个陷阱，至少也是个壁垒。

很多人不清楚电脑键盘的字母为什么不规则地排列，起因是当初机械工艺不够完善，键盘回弹速度较慢，经常有两个按键绞在一起的现象。后来便把常用的字母摆在了相对笨拙的左手指下，形成了现在的"QWERTY"组合键盘。随着生产工艺的提高，这样的键盘组合并不是最佳的字母排列方式。但当我们把真正符合人体工程学的字母键盘组合生产出来的时候，人们已经无法再重新开始，宁愿在"错误"的方式上继续走下去。

在市场营销中，当我们发现了一个"错误"并试图去改变它并建立新空间的时候，我们可能正在犯又一个"错误"。在定位工作中，我们只有两个选择：要么去升级一个产品，要么去开辟一个新的行业。

宜家家居是全球最大的家居集团，分布在全球 37 个国家和地区，这一国际化的布局程度甚至超过了沃尔玛和家乐福。除了快餐和饮料类，宜家家居可能是全球化发展最快的商业企业之一。我们细心研究宜家家居的经营特点就会发现几个现象：

1. 居家氛围的购物环境使消费者感到舒适；

2. 因为没有销售员，顾客感受不到紧迫感；

3. 提供便宜、新鲜、丰富的食物；

4. 以卖生活文化（理念、态度）作为核心竞争力（产品原创性）；

5. 强大的企业文化包容性。

我们可能会发现，宜家家居并没有占据什么独特的市场空白点，也没有过多的技术壁垒，但实际上这五点内容每一条都是宜家家居一次完美的定位。许多"宜家式"的卖场即使能提供其中一种定位的表现已经实属不易，但宜家将众多定位优势又进行了完美结合，形成了如今这个全球家居业的巨头。

你甚至可以在不同城市的宜家家居卖场看到具有当地特色的宣传语，比如在天津你会看到商品上方的标语写着："姐姐，介似嘛？"在上海则换成了："侬晓得伐？"而在东北则是："大兄 dei，这玩意儿能嘎哈？"

虽然说宜家家居通过上述五个方面建立了自己独有的定位特征，但我们更应该清楚地看到，通过这五个定位，宜家家居与消费者之间所建立的连接关系，却远远不止五个。这就是为什么说定位理论可以从各个角度同时进入，进入的过程就是连接。我们一起看一下宜家家居通过它的定位建立了哪些与消费者的连接：

它们分别是：温馨连接、舒适连接、家庭连接、想象连接、气味连接、自由连接、味觉连接、惊喜连接、文化连接、工艺连接、品质连接、设计师连接……实际上这些连接如果我们指向某个特定的潜在消费者，那么这名潜在的消费者就可以将自己感受到的连接部分再进行具体化、细节化地连接。

真正的策划并不是搞怪异、博眼球，而是实实在在地理解产品内涵与市场的关系，经过严谨的分析和梳理，导出一个有益于社会、有益于用户、有益于企业的商业模式。能够把这些最基本的定位逻辑解释清楚并深刻表现出来才是真正了不起的策划人。

我们总是看到那些成功的品牌或者企业，都是不露痕迹很简单的策划表现形式，让你觉得舒服，哪儿都很自然。海量的广告与其他的宣传形式，并不是让一家企业走向成功的原因，这取决于它表现的内容是否与消费者有连接。

在信息时代，重视营销是企业的明智选择，但在营销中重视连接才是更聪明的做法。只有重视与市场的沟通，建立与潜在消费者的认知连接，企业才对得起花出去的每一分营销费。

我们要学会灵活运用连接这根准绳，将其作为刻度测量，才能准确判断是否要在该领域进行投入。

所以如果我们的市场策划出发点是找市场空白点、发现新商机、创造更高利润的话，那就是误区。事实往往也证明在这些方面投入精力和财力收效甚微，甚至导致失败。当企业老板遇到这样的营销定位时要多加注意，因为这些出发点中描述的目的，没有一个是用户怎么样，没有一个是产品怎么样，只是想简简单单快速赚钱。听起来好像前途一片光明，可以进入一个没有竞争就能躺着赚钱的处女地，实际上大多数人赔钱都是这么赔的。

当我们看到天上掉馅饼的时候，一定要留意脚下是否还有一个陷阱。这就是一直被行业所诟病的"大忽悠"模式，甚至容易让企业陷入传销歧途。

当然，如果我们刻意去连接贪婪、坐享其成、自私、懒惰这些负面的，但却是每个人都被确认过的心智认知，并去操控它，企业也可以"成功"。但"发心"是黑暗的，最后企业也必将被这些所吞噬。

出发点才是所有定位策划的核心，所有不以用户感受为出发点并为之提供价值的定位策划，只是在浪费时间。

无论东方与西方的社会环境、文化氛围有多大差异，核心仍然是策划人对价值理解的格局问题，人性也总是存在诸多共通的部分。正如前文提到的宜家家居，我在它的官方网站首页最醒目的位置看到一句宣传语是："家，世界上最重要的避风港。"这是一句没有任何商业色彩的宣传语，却让我们有了产生消费的动力。这种动力不是为了让宜家家居更赚钱，而是为了让自己的家更美好。

看！这样的文化连接就具有极强的包容性，不分种族、不分国家、不分阶层，可以让更多的人认同。当企业与每个人的家进行连接的时候，消费者就会看到一个在为"家"的更美好而努力奋斗的企业，自然会对它情有独钟。没有什么能将他们分开。

也许有人会说，这样的句子我说过很多，甚至辞藻比这句更有冲击力，为什么我没有成功？两者最大的差异就在于你说的是广告语，而宜家家居说的是企业文化。你的句子是广告文案，而它的是经营理念。

无论是乔布斯、马云、巴菲特、比尔·盖茨、任正非、马斯克、拉里·佩奇、稻盛和夫还是杰克·韦尔奇，这些伟大的企业家因为原始的格局不同，因此建立起来的事业自然也与众不同。而很多普通人无论多努力，只要意识格局没有提升，就无法和他们站在一个维度。

中国很多年轻人创业时考虑的第一件事是如何赚取第一桶金，而西方很多伟大的企业在创立之初，年轻的创业者考虑的第一件事是如何改变这个世界。

技术与分析是定位的关键吗？其实并不是，格局才是企业与个人定位的关键。格局决定定位，定位决定连接，连接决定价值，价值决定结果。

定位既不是起点也不是终点，定位是看准方向以后的着力点。

在中国有谁在创业时考虑的第一件事是如何改变世界吗？

有的，马云就是其中一位。阿里巴巴企业的标语很明显地表达了这一理念，那就是那句著名的"让天下没有难做的生意"。它直接说明了马云并没有在考虑赚第一桶金的事，他的出发点就已经是天下了。

如果苹果公司的乔布斯、微软的比尔·盖茨的企业愿景是找到市场空白点、发现新商机、创造更高的利润，他们还会有今天的事业吗？也许我们根本不会有机会听到这两个人的名字。

那么巴菲特好像没搞什么，专心做了一个"嗜血的资本家"，是这样吗？这样理解问题出发点的格局就又回到了原点，这也是我们很多人一直不能成功的原因之一——陷入狭隘的认知误区。答案很简单，你想嗜血就能嗜血吗？恰恰是把有限的社会资本投入到了真正有意义、伟大的项目中，帮助这些有意义的企业或是行业成长，才成就了巴菲特以及他名字所代表的含义。那些想做嗜血企业家的投机者，不是都赔进去了吗？

所以，我们回过头思考一下：究竟什么是定位？

对于企业而言，定位最简单的价值表现就是：你能成就多少别人，就意味着你能成功多少。

第 3 节　定位与连接的威力

一个好的定位可以让产品直抵人心，产生快速的化学及物理反应，建立更高的认同感从而获得经济收益和品牌收益。前些年网络上流传了一张照片，我相信很多人都看到过，一个卖橘子的老太太在纸壳板上歪歪扭扭地写了四个字——"甜过初恋"。这张照片迅速风靡网络，被疯狂转发和留言。一个没有任何成本的四字广告语登上了各大专业媒体的头条。我不禁联想，这真会让那些 4A 广告公司的设计师泪流满面，广告界真正的大神总是就坐在不起眼的街边小板凳上，享受了无数广告人穷极一生也没有的高光时刻。

为什么会是这样？

在看到这四个字的一瞬间，你来不及启动心智防御系统判断这是广告营销，也没办法快速理性地分析这是在做营销类的定位划分。你本能地先调动起自己的娱乐精神，然后下意识地与自己的初恋进行连接。最后再看着这位老太太，会心一笑联想她有什么样的初恋，能让她在古稀之年依旧对那份感情念念不忘。

只用简短的四个字就唤醒并连接了每个人心中最美好的经历，真是让人忍不住想买几个橘子尝一尝，比较一下它们和自己的初恋到底哪个更甜。

从策划人的角度来观察，画面带给我们很强烈的真实感，没有经过任何的处理，这种本真、自然的表现更与我们的生活是零距离关系。朴实的生活、朴实的街道、朴实的老人、朴实的产品，哪有什么 AI？哪有什么滤镜？随手一拍，胜过无数个夜晚的抠图。这首先是真实带给我们的冲击力。

那并不突出却异常醒目的四个字"甜过初恋"惊爆了每个人的眼球。以前谁有过这样的比较？橘子和初恋居然是有连接的，并且仅用了四个字便建立了无比紧密的关系，并唤醒了每个人心中美好的回忆。

这是真正意义上的打破常规，将现实与回忆之间用橘子连接起来，从而产生了意想不到的效果。从广告学上来说，极简的广告语达到了极致的表现，不能再短，却寓意圆满。虽然写在了纸壳板上却非常朴实真挚，这种效果也胜过所有 LED 的彩色大屏。这种高级表达已经达到"跳出三界外，不在五行中"的草木皆剑、营销于无形的境界。要做到这一点，就是去建立准确的连接，如果被营销学、广告学和传播学的专业逻辑框架所限制，那么你就永远无法策划出这样一幅广告。

其次是叠加的方式，一名饱经风霜的老人与初恋之间形成了强烈的反差效果，很明显卖的是她身后的橘子，却让人有极强的信任感。老人、初恋、橘子三者之间的关联恰恰与每个人产生了连接关系。

广告是一种广而告之的传播手段，无论是广义还是狭义，无论是盈利还是非盈利，表现出具有连接的内容和传播价值才是核心。所以广告的实质是要具备传播属性，要发生传播就必须生产可以裂变的内容。

口碑就是主动传播，主动传播的时代已经到来，因为这是分享经济的时代。当你建立某种连接的时候就会产生更多的连接。市场上数以万计的策划人，不是谁都有机会去策划麦当劳、凯迪拉克、苹果手机或者脑白金，花上亿元的广告费"霸占"着各大主流媒体的版面，反复冲击市场的各种感官。大多数策划人手里的产品都是平淡无奇，或者不好推广的。这其实并不应该成为策划人纠结的所在，恰恰是考验策划人能力的所在。这个能力就是你是否可以超越传统的惯性思维。

很多企业会问：为什么我花这么多钱建立的宣传渠道，效果还不如抖音上众多粉丝对一条狗的关注？我们总是用惯性思维去宣传产品。了解了"甜过初恋"的案例后，我们终于知道真正利于传播的是某种心智的认知。

那些风靡网络的短视频，无非是在传播快乐、愚蠢、思想、技能、创意或者其他唤醒我们本有认知的内容，通过我们本有的认知连接，再反哺给发布者，发布者从而获得相应的价值收益。这种收益可能是金钱，也可能是知名度，也可能是其本有的分享快乐。

广告传播主要分为两种：

1. 主动传播、被动接受

手机 App 里的开屏广告、户外广告、电视广告、报纸广告、DM 广告都属于发布者的主动传播，潜在消费者是被动接受。大部分情况下它们都不具备裂变的内容基因，因此传播的效果基本取决于广告费的投入多少。

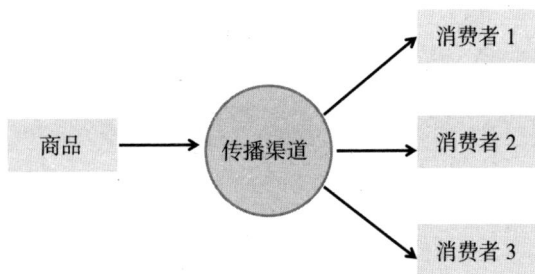

图 2-4　传统营销结构

2. 主动传播、主动接受

将品牌倡导的文化特征融入消费群体中，通过恰当方式的传播与消费者之间达成精神共识，因此具备了内容裂变的基因，成为一种消费者主动传播并表达自己的工具。我们看到苹果、耐克的很多广告，并非来自官方的广告宣传。当消费者主动去传播商品信息，那么究竟谁才是传播者的界限就变得模糊甚至重叠。

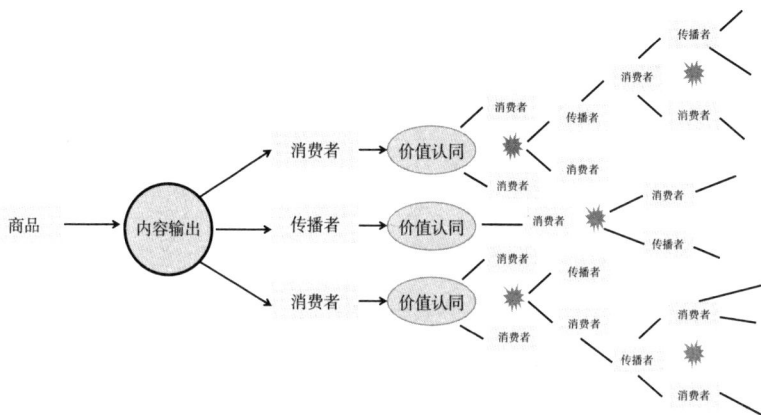

图 2-5 内容产生的裂变式营销

真正有意义的传播是主动传播与主动接受，这样的传播效果一定是几何式增长的。因此我们需要给消费者传递一个内容，让消费者与内容进行连接和分享，而不是传递给他们一个广告。毕竟谁愿意无缘无故地去转发一个广告呢？

当然，上述的内容只针对于广告的传播，而并非侧重商业模式所发生的裂变，被设计出来的商业模式裂变也同样具备这些功能特点。但从严格意义上讲，商业模式产生的营销裂变仍属于被动传播范畴，其归类的依据是传播并非具有主动性，而是被要求。

受众接触信息后，主动向外传播进行裂变，本身这一行为已经让营销符合区块链领域里的某些（去中心化）特征。因此策划人看待区块链并非数据存储属性，而是显现出来的效果特征。将区块链的理念注入营销系统，将会是区块链被应用在市场经济中的重要体现方式，也是营销行业未来的大趋势。

最常见的商业模式裂变就是社交平台里的"集赞"活动，或者电商平台里的"帮砍价"链接等。实际上消费者并未对内容产生精神认同，不属于主动接受。双方只建立了极短暂的连接关系，这些商业模式并未与消费者心智中的价值进行连接。消费者参与完活动后很快就会将这个商家彻底忘掉。

如果打开手机微信的小程序你就会发现，自己竟然不知不觉下载应用了这么多小程序，它们从哪儿来？是什么时候装进自己的手机的？当时为什么装这个程序可能都已经忘了，于是你可能要开始清除它们。

或者看看你的微信订阅号，那么多的订阅号中你真正喜欢的恐怕只有那么两三个，而其他大部分都是当时一时冲动关注的。你也可能要开始取消关注它们，即使这些小程序或是公众号只占用你手机里几百 KB 的内存，你也丝毫不会给它们留情面。

没有连接，留着干吗？

网友都是热心肠，找他们帮个忙

其实要与受众群体做到连接并非很难，方式也是多种多样的。只不过大部分企业对营销的管控很严格，而对营销的内容却非常缺失策划精神。不犯错的优先级总是高于对内容表现的要求。所以很多情况下这并非什么技术难题，而是心态问题。

网络上一直流传着一个"求大神帮 P 一下这张图"的帖子，

并提出一些具体的修改要求。这种要求总是在互联网上掀起"腥风血雨"，几乎是屡试不爽。各路 PS 高手大显神通，脑洞大开。致使当初提要求的网友看了几十甚至上百张被大家修改过的图片后发现，没有一张符合他当初提的要求。而"吃瓜群众"则特别乐于在这一过程中寻找乐趣，并主动分享。

如果这一部分人正是你的潜在消费者，你是否愿意放低身价，找他们帮你一个忙呢？求他们帮你做一张血脉偾张的图、帮你想一句一辈子忘不掉的广告语、提一个不可能完成的任务。只要你的产品形象符合潜在消费者心智中的娱乐精神，为什么不去尝试连接呢？然后再用很正式的方式给予这些"热心人"一个具有娱乐精神的奖励，连接就这么建立起来了。

即使是"恶搞"也是一种连接，品牌可以通过各种各样的形式，与目标群体之间建立起互信关系，完成一次品牌形象的转型。从此以后，你的品牌对于消费者来说，就是"自己人"了。

是时候思考一下：我们长期以来的营销究竟在连接消费者的什么？我们一直想要输出的内容，是否真的具备输出条件与价值？我们究竟在传播什么？

商品与传播的本质
所有的商品都不存在，那只是客户内心渴望的投影。
从商品市场的角度来说，"你有"和"我需要"之间隔了十万八千里。从"我需要"到"选择你"，也隔了十万八千里，因此所有营销中的定位都不是从商品的角度、不是从市场的角度、不是从竞争的角度，而是从心智的角度。

可能没有多少人能说得出苹果的仿生芯片是怎么制造出来的，也搞不明白触控电路与 OLED 面板直接集成的屏幕技术，甚至说不清手里这款苹果手机的机身是什么材质，但你只要认得出 iPhone 这个商标就够了，你不需要了解那些，甚至并不是在使用那些（因为你并不清楚手机里是怎么运作的），你只是在用苹果这个商品将自己与时尚、科技进行连接。

图 2-6 指向心智的营销

所以，你喝的江小白也不是酒，是在将自己的情怀与故事连接；你开的路虎也不是一辆汽车，是在连接内心狂野并想去征服的欲望；你在使用的微信，也不是一款编程软件，是你与世界建立连接的工具；你喷的香水也不是化学液体，是你在用气味连接品位、自信、优越感……你脚下的耐克鞋，是你对运动与自由精神的尊重；你买的房子更不是什么地段与钢筋水泥的结合体，是你对美好生活的向往……这些通通都不是产品本身，而是产品本身带给你的结果。消费者要的是感受，这非常重要，你的产品能给客户带来什么结果，他就用什么方式去连接你。

不然你猜想一下：站在超市的货架前左右手各拿着不同品牌的同类产品，在做艰难决策的消费者在干吗？

他们是在寻找连接。

这就是定位后的极致连接的价值。商品的品类是手机，但消费者的连接不是；商品的品类是汽车，但消费者的连接不是；商品的品类是软件，但消费者的连接不是；商品的品类是化妆品，但消费者的连接不是；商品的品类是鞋，但消费者的连接不是；商品的品类是房地产，但消费者的连接不是。

不过策划人必须尊重一个前提，虽然定位与连接都是站在心智的角度，但必须有一个强有力的产品支撑。如果缺少产品的支撑，就会变成"货不对版""夸大宣传"或者有诈骗嫌疑。产品不过硬，只会让企业做一场一夜暴富的春梦，忽略了产品本身去做定位和连接是严重的悖论，这相当于让千军万马在一座腐朽的独木桥上通行。

定位的前提首先是优秀的产品，然后才能进行相关连接，这种连接一旦启动就是真正的如虎添翼。

不过相信绝大多数策划人遇到的产品，肯定不是行业一线品牌的产品。这是否意味着不能进行连接呢？这也是一个悖论。

质量优质，但缺少明显特征（卖点）的产品反而是策划人的机会。对策划人而言，那些已经成为行业一线品牌的商品反而局限了策划思维。改变和提升消费者认知既要付出加倍的努力、加倍的财力投入，也要面对极大的市场风险。因此在那些品牌的策划工作中衡量标准永远是"不出错"胜过"更优秀"。

看似"普通"的商品，因为没有了限制，策划人反而可以从各个角度去重新思考，以求找到连接的方向。这些方向可以从外形、包装、适用场景、颜色、质量角度、原材料、企业文化、老板精神、价值追求……中去寻找。

我们前文中提到的"江小白"品牌就是这一特征下的典型代表，酒的品质在白酒行业中只能算是普通的中等水平，甚至在一些品酒专家的眼中这一款酒的味道并不出众。但江小白并没有把品酒专家当成它的客户，直接将客户锁定在了都市年轻人，甚至是平时不喝酒的年轻人。网络上有一种江小白客群的描述是"禁欲系闷骚文艺男青年"，非常具有都市感，一下子就连接到了它的目标群体。

白酒行业是中国竞争最激烈的行业之一，据不完全统计，纳入中国统计范畴的规模以上白酒企业就有接近1600家，而白酒企业超过4万家，还有一些地方的白酒作坊统计起来有十几万之多。江小白依靠它的准确定位和连接，依旧在"混战中"脱颖而出。

利用中国文化进行连接的小糊涂仙酒也是一个好的案例，"聪明难，糊涂更难"强调了一种精神境界，连接了人生哲学和处世之道，是中国人一种深层的文化心理，因此小糊涂仙将酒的精神文化再次拉升到一个新的维度。

难得糊涂是文化名人郑板桥的名句，包含了丰富的哲理，是处世警言。小糊涂仙酒将其引用作为自己的酒文化，并在广告中请来外国人来说这句中国哲理，给人留下的印象深刻。如今他们已经将标语修改为"小糊涂，大智慧"。

还有山东曲阜的孔府家酒，也是依托孔圣人的强大文化影响力，顺利"上位"。这样的例子举不胜举。

作为策划人，不要整天思考如何建立品牌并把商品卖出去，否则，你永远也无法成为一名优秀的策划人。你要用更多的时间去思考，你的商品要连接什么。

王老吉的"怕上火"定位产生了强烈的连接效果，是中国品牌经典的营销案例。2001年的时候，王老吉还只是东南一隅的小品牌，年销售额仅有一亿多元，此时的王老吉已经走过了百年的品牌进程。2002年加多宝接手运营后，用了10年时间将王老吉从地区性品牌做到全国性品牌。王老吉最高销售额曾突破240亿元，一举超过可口可乐在中国的销售额，成为凉茶第一品牌。

王老吉饮品与可口可乐在饮料市场的竞争只存在于中国市场，王老吉距离世界级饮料还有很长的路要走。不只是因为可口可乐在2019年财报显示全球销售额达到371亿美元，而王老吉同期只有其 3% 左右的销售额，更因为品牌在连接方面的障碍。

"成也萧何，败也萧何"，王老吉的"怕上火"定位在中国取得了极大的成功，但在国际市场推广将会遇到前所未有的文化障碍，因为外国人不明白什么是"上火"。这与可口可乐传递的"积极乐观、美好生活"这种全人类追求共知有很大差距。

海底捞定位在"场景服务"，脑白金定位在"农村礼品"……这些优秀的品牌案例都曾经是你以为的大多数普通产品，在面对残酷的同质化行业产品竞争的困境中，找到了自己独有的连接方式。

你正在策划的普通商品，是否也有机会成为下一个海底捞和脑白金？要如何连接让才能它们从此变得不普通呢？

所以，王老吉不宣传它的配方，海底捞不宣传它的味道，脑白金不宣传它的成分。这就是表象定位和深层连接的关系，一旦摸清这层关系，无限的价值大门将向我们打开。

第 4 节　定位从哪里来

前面谈到定位从心智中已存在的认知中来，那么认知又是什么？我的答案是：认知是一种被确认的感受。

但如何找到这种认知呢？我们心智中存在的认知（确认的感受）实在太多了，有些是正面的、有些是负面的，有些是善良的、有些是邪恶的，我们的产品如何与这些认知进行连接甚至为认知代言呢？

即便是用形容词来描述，这些认知也实在太多了。

花钱的满足感、爱情的甜蜜感、性爱的冲动与幻想、受人尊重的存在感、分享的快乐、收获的喜悦、失去的悲伤、不劳而获的想象、控制别人的欲望、亲情的珍贵、独有的优越感、对疼痛的恐惧、对爱的索取、对理想的执着、对安全的渴望、对自由的向往、对知识的渴求、对未知的疑惑、对选择的纠结、对完美的追求……各种感觉未必只来源于上述的前提条件，而各种前提条件也可以带来其他的感觉。

我只想说，认知对于我们来说实在太多。我们的大脑基本都被各种认知装满。我们还有各种情绪，喜、怒、哀、乐、悲、恐、惊……我们还要克服各种障碍，懒惰、自私、贪婪、欲望、犹豫、疑问……我们还追求健康、勤奋、才艺、爱好、赏识、传承……这些全都是认知，而且是被确认过的感受。

感受无限多，商品的定位空间也就无限多。

市场营销的核心功能之一是把信息传递出去，因此我们要找到接收信息的连接点，这样才可以更进一步、更深一步地去探索发现商品价值与用户心智价值的关系，直到我们有机会触碰到客户心智中真正的认知定位，也就是那个被确认的感受。

策划人应以感受被连接的方式去判断营销效果。

"八问一不问"的黄金法则

有一种简单有效的方法适合刚做策划工作不久的新人，那就是我们要给自己训练一整套完整的策划逻辑思维，从问"为什么"开始。

当我们前期准备做定位连接的时候，有一种方法就是不断问"为什么"，自己提问自己回答，直到自己真正回答了自己的问题。这种自洽逻辑似乎显得有点笨拙，但这可能是最快建立该产品系统策划思维的方法之一。

自问自答是一个严谨的思维逻辑，切记不要自己天马行空地想当然。我们的每一个提问、每一个回答都是有逻辑依据的。对于每一个答案，你是在猜客户会这样，还是你深刻研究了客户后知道他必然会这样，这是两种境界和水平。

我梳理出了"八问一不问"的黄金法则，希望从事策划工作的朋友可以严格遵循，这是所有定位、策划、营销工作的金钥匙，所有的容易与困难都从这里开始。八问分别是：

1. 客户为什么要买你的产品？

2. 客户为什么不买你的产品？

3. 客户为什么会买别人的产品？

4. 客户为什么不买别人的产品？

5. 客户相信你吗？

6. 客户相信谁？

7. 客户买这个产品是为了什么？

8. 客户没有这个产品会怎么样？

这就是黄金法则中的八问，也是所有策划内容的起点。无论是企业家还是策划人，都应在产品推向市场之初认真对待并解答这八个问题。如果能回答这八个问题，所有的营销通路都会被打开。你所有的理想、目标也都会随之得到实现，并有机会建立一家伟大的企业。

遗憾的是，大部分的企业家和策划人并不认真研究这八个问题，而在思考另一个问题。在阅读这八个问题的过程中，你也许始终在搜索有没有自己一直在思考的问题。或许你发现并没有，于是你很有可能正在提问第九个问题——实际上唯一不能提出的问题。你会因为这个问题被"囚禁"在一个不着边际、毫无意义的困惑中，而提出这个问题，便是所有市场营销困难的开始。

请大家记住，唯一不能问的问题就是：

我要如何把产品卖给客户呢？

很多人确实从一开始就在思考这个唯一不能问的问题，直到他的企业倒闭他仍在思考这个问题。这个看似极为关键的问题实则是个营销陷阱，这让很多人在步入营销殿堂的第一步就遇到了阻碍，以致使企业始终在困难和夹缝中生存，最后甚至关门。市场营销中的无可奈何都是从这个问题开始的，我也可以很明确地告诉大家：太多的营销书籍也都以这个问题作为营销系统出发点，误导了一批又一批的企业家和策划人。这种误导甚至影响了市场经济本应有的进程。

很多人把能解决这个问题的人称为营销大师，并对他们顶礼膜拜。实际上营销大师分为两种：一种是他成功地把他的产品卖给了你，而你则无法把你的产品卖给客户；另一种是他通过回答前面的八个问题，最终找到这个不能问的问题的答案。

不能问的第九个问题，答案就在前八个问题当中。你根本不需要问出第九个问题，你只需要找到前八个问题的答案，自然会发现第九个问题根本无法成为一个问题。

我们发现很多企业的 HR 或者老板在给营销经理面试的时候都会下意识地提出这个问题："你有什么办法能把产品卖出去呢？"

而面试者大部分也会下意识地根据以往的经验回答这个问题，最终企业换了一任又一任营销经理，业绩还是搞不上去，老板气得直拍桌子，大骂搞营销的都是骗子。其实不是这些人水平有问题，是很多时候大家都陷入惯性思维的怪圈里，是意识层面的出发点有问题。

那么，这个问题和前面的问题有什么不一样呢？答案就是前面所有的问题都是站在消费者（市场）的角度提问，而最后这个问题是站在自己的立场上提问。一个是解决消费者的问题，一个是解决自己的问题。

请记住：消费者永远没有任何理由要自掏腰包去满足一家与自己毫不相关的企业。

消费者从不会阻止企业赚钱，甚至会帮企业赚钱，但前提是你必须满足了他们。这就是为什么早些年甚至出现就算借高利贷、卖肾也要买一部苹果手机的现象，即便我们都已经知道苹果公司是全世界最赚钱的公司之一。

所以，所有定位连接的出发点都应站在消费者的立场上提出，并进行解答。一个产品的最终价值，永远是以能够成就多少人、解决多大的问题作为判断依据。我们可以在脑海中思考一下微软、苹果、阿里巴巴、滴滴打车、美团外卖……它们是不是都是这样的企业特征。这个"为什么"就是所有营销的出发点，与我前文提到的"发心"是一个标准。

发心不同，方式不同，结果自然不同。

从感受中来

要找到感受中的定位，如果我们没有太多条件去做大规模的用户调研，那么最好的方法就是像电影里的刑侦高手一样，由策划人自己来做场景模拟。

这种场景并非针对产品在使用过程中的感受，而是在不同环境下使用产品的感受。要学会综合利用场景切换，比如白天、黑夜、冬天、夏天、室内、室外等，根据产品可能产生的使用场景进行模拟。在模拟过程中发现产品优势与劣势、发现用户感受、发现提升空间和改造空间。我们需要注意每一个细节，一个小小的细节极有可能会成为产品最大的核心竞争力。

因为那些细节的改变可能会解决我们曾经的痛点，即使那些痛点用户已经习以为常，并不觉得它们是痛点。但也正因如此，策划人的功力才能在此时得到体现，那就是在平凡中发现价值并表现价值的能力。

对于一名策划工作者来说，对细节的敏感度至关重要，以至于很多从事策划工作若干年后的朋友，都会或多或少地有一些"强迫症"。

很多年前，就有人提出"以人为本"的概念，无论是在管理还是在设计等各个领域，我甚至已经找不到这四个字最早的出处。我们可以看到并且感受到"以人为本"带来了超乎我们想象的服务和商业世界的改变。

作为策划人应当知道，这是一个几乎可以无限应用下去的理念，生活中的点点滴滴都是巨大的商机。

淘宝网的商家们在这一方面就表现得非常突出，我们总能在淘宝网上看到稀奇古怪的产品功能，无论你对商品有什么样的"非传统"需求，似乎总能找到相应的答案。遗憾的是电商平台始终被人们当成一种购物的工具，而运营者似乎也缺乏群体用户的维护意识，至少这些电商平台没有提供这方面的肥沃土壤。因此我们看到十几年高速发展的电商平台，真正能脱颖而出的品牌少之又少。

对于产品的生产者而言，本身也应具备策划人的视角。让产品在使用中哪怕有一点点的改善，手感、大小、颜色、形状、功能都可以和用户产生紧密的连接，同时让你明显区别于竞争对手。具备了这样的基础条件后，再通过文化内涵的连接传递给消费者，品牌才更容易建立和维护。

对于当代的创业者来说，他们是非常幸运的，在这个时代几乎所有的创业项目都是在解决痛点，也有太多的痛点需要去解决。只是这些痛点的解决有大有小，我们有的可以接受，有的可以忍受，所以才有不同的结果。企业的成败就在于能否解决痛点，那些我们不能忍受的痛点。生活在这个时代的每一个人也是幸运的，因为有太多人在为你服务，细心观察你的需求，并为你提供解决方案。（本书第三章专门介绍痛点）

第5节　定位的误区

作为策划人，研究定位这件事仅仅是个开始，即使你好不容易找到的定位是正确的，也很可能意味着你会干错了。因为这里有一个误区。

有个朋友问我如何做一个"诗路"项目的定位策划，因为当地政府想修建一条具有旅游文化功能的景观公路，主题定义为诗。他说自己研究了好久还是没找到感觉。我当即就告诉他，诗路的主题很好，但你不要去研究诗。

按照惯性思考方式，项目主题确认后我们要挖掘区域的地域文化，找出代表性强、流传广、知名度高的诗句和诗人，然后按照诗句里的美妙意境打造景观规划，形成一幅移步易景的产品特征，这条路才会变得特别有诗意有文化。再配合上类似央视《诗词大会》的节目形式搞一些活动宣传，还有特别的地方要作为网红的拍照打卡地……

其实他只告诉了我"诗路"两个字，后面的"套路"我已经清晰了。所以，我也知道他遇到的问题在哪儿。

因为他研究了诗、研究了意境、研究了文化、研究了规划……所有美的东西他都研究了，却唯独没有研究人。

我们来看一下定位的误区究竟容易出现在什么地方。

诗路的定位 IP 不在诗、不在学术、不在历史、不在文化，而在于客户心智。也就是说他们喜欢诗、喜欢学术、喜欢历史、喜欢文化只是表象，他们为什么喜欢、喜欢这些能给他们带来什么乐趣才是研究的核心价值。这才是策划人的思考模式和领域，真正的价值总是隐藏在逻辑背后的逻辑中。

策划人研究诗，没办法超过文学家；策划人研究景观花草，也没办法培育出世界上独一无二的园林。策划人不是这些领域的专家。策划人首先要明确的是自己的定位，并始终遵循核心的工作指导，那就是发现价值和表现价值。策划人最重要的是知道自己要干什么，然后去找相关领域的专家去验证并实践你要干的事。

策划人要满足潜在消费者充分的购买理由，甚至是不可拒绝的理由，项目才有机会获得成功。例如诗路项目，诗对这个社会有什么影响？对孩子有什么影响？对青年男女有什么影响？对中老年人有什么影响？对政府官员有什么影响？对做生意的人有什么影响？对外国人有什么影响？……解释这些问题，才是策划人首先要干的事。不然花上亿元修建出来的一条路，几年后可能只是一条被尘封的微信订阅号推送而已。没有内容，连接什么？谁来传播呢？

记住，不要在商品里找定位。

有了问题的准确答案和自信，我们才能进入第二个环节，那就是如何表现。

第6节 表现的误区

我们可以用中国文化的表现与解读来说明一下表现方式容易出现的误区，并提出一些相应的思考。那就是我们如何用新颖的模式来展现传统文化，并与参与者建立深刻的连接关系，如何用满足用户心智的手法去设计建立连接关系的营销和运营，这是策划人需要解决的一系列问题。在表现方面，我觉得是时候升级一下了，这个升级是指意识升级。

虽然说策划人的营销渠道已经从过去的日报、晚报升级为互联网，甚至已经学会并熟练应用了自媒体传播，但很遗憾，这属于渠道升级，不是意识升级。大多数人仍旧只是换了一个平台，用新的游戏规则在继续复制陈旧的意识。

在众多表现中国文化的地方都有一个明显的方式，这种方式几乎趋近于全国的同质化，那就是要上墙。从某种角度来说，中国文化成了"墙上文化"。我们的书法、字画、诗歌都要挂在墙上，我们的图腾龙、孔子像也都挂在墙上。仿佛文化不在墙上就不是正统文化。而来访的人看到这些都要顶礼膜拜，体会到什么叫文明古国，什么叫光辉灿烂。

而大部分人体会完转身就走了，尤其在信息时代的年轻人们，他们每天接触大量、快速、高效的信息，这些墙上的文化能和他们建立什么样的连接？对传播和继承文化的实际作用到底有多少呢？

因为我们知道孔子是谁，我们知道龙是我们的图腾，我们知道墙上写的"精气神""道法自然""上善若水""宁静致远""厚德载物""大巧若拙"……书法字体真是精妙，我们知道这牡丹画得艳丽、这鱼画得灵动、这马画得有气势，但是和客户有什么关系？

我想这就是我们的理念需要升级的地方，我们的表现手法总是过于单一，而且时至今日始终是这么单一。我们会着重表现文化、精神，却不直截了当；我们会赞美、弘扬，却不说这就是我们自己。我们在文化的表现方面过于注重了东方文明的含蓄与中庸，玄之又玄、不接地气，而西方现代文明在市场经济的指挥棒下则更贴近生活、更实用、更易于接受、更易于理解。这或许也是为什么两千多年来我们的孔孟之学在国际社会上几乎鲜有声音，而仅仅改革开放了几十年，我们的大街小巷就充斥着以美国为代表的西方文化。

不是文化的问题，是表现的问题。

我们会经常看到有人在麦当劳门口的椅子上和小丑一起合影，看到孩子们穿着蜘蛛侠的衣服、戴着钢铁侠的手套、手里拿着星球大战的激光剑，狮子王辛巴不就是我们内心的自己吗？还有丑小鸭、美国队长，甚至功夫熊猫，我们还可以和白雪公主一起跳舞、和 ET 拥抱。这些文化形象我们都能在自己的身上找到深刻的认同感。所以，这不是西洋文化、不是美国文化，是全人类共知并能产生认同连接的文化。好莱坞只不过是把"之乎者也"式的说教，换了一种形式来表达便被全人类所接受，而我们则一直忙着把"之乎者也"刻在墙上，几千年来从未停止。

所以，并不是文化的问题，也不是这些 IP 知识产权的问题，更不是时间的问题，只是意识的问题。

作为策划人，我们应认真思考如何把我们的文化精神内涵表现出来，用什么方式让更多的人接受、喜欢、愿意传播。虽然说传播的途径和方法日新月异，但其实对于人们的心智来说没有任何本质上的改变，人们只会换一种方式选择他们更喜欢的而已。

文化要具有商业价值，才是文化能传承发展下去最有效的保证。

我的儿子今年 9 岁，非常活泼而且喜欢漫威的英雄。平时教育的缘故，他也会四书五经上的一些基本内容，但他平时总是和漫威的英雄们在一起。孔子的《论语》则印刻在他学习桌旁边的戒尺上面。一个是精神追求，一个是精神戒律，人们更爱哪一个？

　　既然这些虚拟的英雄人物同样是在传播正能量，我又为什么要去阻止他学习和了解呢？

　　迪士尼公司用了百年的时间，在商业行为设计上缔造了辉煌。目前迪士尼公司市值约合 1.48 万亿元人民币，这得益于它打造的一系列经典形象。如果说中国缺少这样的经典形象是完全不准确的。中华文明浩浩荡荡数千年，中国可能是全世界最不缺 IP 的国家。只是我们的文化变现能力弱，在表现方式上没有符合这个时代人们心智的需要。

　　对于策划人来说，这个时代正是我们在文化和商业结合表现形式上大展拳脚的历史机遇，中国正在史无前例地重视文化自信，这是中国文化得以生存、发展和延续的重要历史阶段。

　　我们的文化 IP 不涉及版权之争，甚至不涉及素材和内容的缺乏。每个人都可以使用一条龙而不需要支付版税，但可惜大多数人仍旧只会把龙画在墙上或者做个雕塑造型，将注意力集中在这条龙的颜色、眼神、大小、胡须、龙爪力度、气势、美观上，却总忽略龙的精神代表着什么，和我们的精神追求有什么关系，怎么样才能让龙从我们心里飞跃出来，为什么孩子们宁愿当奥特曼也没人想变成一条龙。

　　关于形象逼真的表述，中国文化中有一个成语叫"栩栩如生"，但栩栩如生意味着这件物品是死的。

　　翻开《山海经》，数百个 IP，策划人们展开想象力尽情使用吧，因为没有版权费。

美国文化已经用了我们的熊猫、花木兰，甚至孙悟空，而我们则仍然忙着把文化刻在墙上。没有什么人想与墙上的一首诗合影，即使这首诗出自李白、杜甫。如果潜在消费者连掏手机拍照的欲望都没有，我们指望谁来为之付费呢？

第7节 表现的境界

在市场营销的行为中，有一种方法可以尽快拉近你与目标客户之间的关系并建立连接，那就是"停止思考，开始感受"。感受就是连接。越来越多的营销行为正在向这个方面高速聚拢。他们不向你推销品牌，也不和你介绍功能，而总是迫不及待地让你先体验一下。

在超市里各种各样的免费试吃摆在那里，还有各种奶制品、新饮料的促销等，至于品牌、价格、成分这些内容你不需要了解，你只要知道这个是免费让你品尝就行了。因为商家们迫不及待地希望你停止思考，开始感受。

因为，只要你让客户开始感受，你便是在建立连接。

这种感受型的消费对女性尤其有效，因为女性通常更依靠感受进行选择。当你进入一家化妆品店的时候，销售员不会和你介绍说这款化妆品有什么成分，而是立刻注意到你的肌肤特质，然后一边闲聊一边拿出一款化妆品，她会在自己或者你的肌肤上涂抹起来。你在进店之前可能只是想买一瓶500元的护肤霜，这是你的思考。但销售员的行为总是妨碍你的思考，在进入感受状态以后你根本没工夫去想预算这种"不靠谱"的事情。当你从化妆品店出来的时候，你可能已经花了2000元，买了日霜、晚霜、祛痘霜和一支口红。是的，营销表现的境界就是"停止思考，开始感受（建立连接）"。

男性进了4S店去买车也是一样，汽车销售员不会介绍这款车有什么马力、扭矩、功率，这些数字和你无法建立任何连接。他只会热情地邀请你到心仪的车里先感受一下。这种情况下，你只感受到了喜爱，而停止了思考。

服装店的店员也会告诉你："喜欢就先试，买不买没关系。试衣间在后面。"

如果你不是视频网站的收费会员也没关系，你可以先试看5分钟；

网络游戏也总是先给你试用装备一下，当你发觉确实比以前的旧装备更容易过关时，游戏会提示你这套装备正在限时特价；

房地产商会打造出精致的样板间邀请你去参观。

当然也有一些更为极端的情况，这种感受的连接不但让我们没感受到惊喜反而感受到惊悚。比如你在停车场刚刚停好车就会遇到陌生人跑过来给你擦车，而你完全不认识他们，他们只是想卖给你汽车清洁剂；或者你站在路边等人时，突然有人跑过来蹲在地上给你擦鞋，而他们只是卖鞋油的。这些极端的情况通常会吓我们一跳，因为这些连接是被动（强制）连接，而非我们主观的意愿连接。

这些被动连接通常很难与消费者之间建立美好的感受，也并非品牌建立的有效方式。不过这与化妆品、汽车 4S 店以及视频网站的营销表现目的一样：停止思考，开始感受。

每次乘坐飞机，起飞前乘客总是要等待乘务员把冗长的安全须知朗读完，这是一个无聊的时刻，但每个人都必须接受。美国西南航空利用了这一点，仅仅是将安全须知改成幽默的俏皮话，乘客就立刻感受到惊喜与不同。仅因此一个改变，每年就为西南航空创造了 1.4 亿美元的利润，成本仅仅是几个笑话。我们来快速浏览几个：

（飞机刚刚滑行至航站楼处，安全带指示灯还未熄灭，人们就开始起身拿自己的行李，就在这时）"女士们先生们，我们需要大家帮助清理厕所，如果您想帮忙请起立。"这样一来，几乎所有人都坐了下来。

"出现紧急情况氧气面罩会脱落，请牢记一定要先给自己佩戴氧气面罩，然后再去帮助自己身边的孩子。如果你带了不止一个孩子，请先帮您认为将来最有出息的那个孩子戴上。"

"当我们滑至起飞区后，希望坐在飞机右侧的乘客把自己的脸紧贴在窗户上……我们想让其他航空公司看看一架满载乘客的飞机是什么样。"

西南航空让如此沉闷的飞行变得有趣，更重要的是它不仅仅提供硬件上的个人影音娱乐，而是缓解了所有乘客可能对飞行安全以及陌生人环境中产生的紧张焦虑，让全体乘客都变得轻松愉悦。

如果在购买机票时，对比其他航空公司的条件都差不多，消费者为什么不选择西南航空公司呢？至少消费者会期待这趟飞行可能变得很有趣。

通过表现建立连接的方式也是多种多样的。我曾受邀为一座城市的新区做定位策划，那是一个连概念性规划都没有的空白新区，属于人口大量外流型四线城市，在人们的心智中认为这里的经济和产业都处于衰退期，很难复苏。要发展又没有重大利好条件，怎么开始呢？

区域的生产与技术型产业竞争力已经基本完全丧失，经过严谨的调研和分析，我利用地理条件和区位优势，提出以文化和旅游产业为主的新区定位策略。我认为核心的文化表现特征才是重新吸引市场关注、吸引人流、引领产业经济的最佳方式。

在我讲解方案时，政府大楼会议室里领导班子成员悉数到场，他们一边在笔记本上做记录，一边盯着我投影的PPT方案在各自脑海中分析着。在方案介绍完1/3部分，也就是描述完主题定位后，我对大家说："有一首脍炙人口的流行歌曲，意境非常丰富，描述的场景正是这个主题，现在请大家感受一下。"于是我打开音响，安静、严肃的市政府会议室顿时里飘荡起那首著名歌星演唱的流行歌曲，会场气氛立刻变得不同。

半曲过后，我关掉音响说道："这位歌星不正是我们最好的代言人吗？他的形象和这首已经深入人心的歌曲，已经为我们打下了宣传的基础。接下来我来介绍一下具体操作……"

我记得那次会议是很成功的。我想，会议中穿插的那首歌曲起到了不小的作用（当然整个区域策略并不只是靠一首歌，还有对标城市和资源导入的其他内容）。它帮助在场所有的人启动了自己的思维，在各自的意识里搭建了最美的场景。

最美的部分始终是存在于每个人的脑海、意识里，现实再美也不及我们用想象力搭建的场景。这是一个信号的连接，生成在用户的心智中。无论是产品、人生规划、爱情还是定位营销，我们需要做的只是将这些唤醒并建立连接。

在准确定位之后，我们居然可以通过流行歌曲来与市场客群建立连接。你甚至还可以从一只宠物、一朵花、一本书中找到认同感并去连接。这取决于策划人是否始终保持着一个随时准备连接的意识，只有这样你才能认真地在生活中体悟并得到你想要的答案。

据说耐克公司"Just do it."的标语灵感是源自一个即将被执行死刑的杀人犯，这是他临死前说的最后一句话。很少有人知道这个故事，但完全不妨碍耐克公司通过这句话传递出超越自我的品牌精神内涵，并与它的客户之间建立起连接。

在市政府办公大楼的会议室里，策划的方案通过一首歌曲代替了枯燥的数据和文字描述，与受众者建立了更形象的连接。

策划工作总是这么神奇。

大多数情况下，消费者只是接受了现实，而最好的却始终在他脑海的想象中。作为策划人，不管你是要说服甲方领导，还是要说服市场用户，拼命地展现价值都不是聪明的办法。更有效的方法不是把价值展现出来，而是把价值从用户心智中引导出来，让用户自己感受到这个价值可以带来的美好感受。

讲到这里，我想起前些年我受邀作为一个大型房地产项目顾问时的经历，开发商对销售进度很不满意，销售部门也尽了力。开发商认为市场潜在客户并不了解项目的品质，不清楚相比其他楼盘卖得贵的真正原因。于是他们在广告宣传方面一直在着重介绍规划理念、建筑结构、施工工艺、园林展示、户型解析、配套标准这些主题，但是收效甚微。

其实，这样的情况在地产行业屡见不鲜，那么深层原因在哪里呢？

很多的营销人用的是传教士视角，你不懂我就给你讲，讲到你懂或者讲到你烦为止。其实客户从来不需要我们替他设计某种投资或生活，就像我们也不喜欢别人插手我们的生活一样。营销需要做的所有工作，都是引导客户让他自己产生想象空间。如果你的营销（广告）不能撬动客户的想象力，所有的营销就都是浪费。

高手的营销如果用宗教传播的语境介绍，也可以称为：点化。

当我们用连接系统的观点来审视营销策略的时候，其实成了判断营销执行策略最好的标尺。那就是营销策略里无论提到了什么内容和新颖的模式，你只需要反问一句："这与我们的潜在客户建立了什么连接？"

如果你的营销经理回答这个问题很不得要领，那你就应该立即终止这个营销提案，避免产生经济损失。如果市场操盘人自己都很难说清他的提案与潜在消费者之间的关系，那么方案里所有提及的创意、资源、商业模型、数据分析都没有任何价值。再说一遍：你应当立即终止这样的提案。

在信息时代，消费者没有一秒钟会留给无用的营销行为，也不会浪费一颗脑细胞去理解你想传递的信息。

认为可以通过策划行为操控市场的想法，本身就是愚蠢的。偶尔的"成功"不过是碰巧建立了连接，这很容易让营销经理产生错觉，以为是自己的本事。

什么是成功的营销经理？是可以为消费者提供价值满足的营销经理。优秀的营销经理应该将自己定位为消费者中的一员，如果自己作为消费者，购买的主动性与被动性存在于哪些地方？应当思考我们如何升级、表现与改善。

"讨好"老板最好的方式，就是讨好消费者。

一个不尊重消费者、不提供价值，却只想获取利益的策划出发点，本身就是一切策划难题的开始。

第三章

发现价值、连接与策划人

策划人不创造任何价值，"创造"这个词是属于神的。策划人的工作是发现和应用价值，策划人是神的执行者。

很多营销大师都在提出创造价值、创造利润、创造经营模式、创造全新的客户关系、创造更大的市场空间等理论，我本人也非常钦佩和敬仰他们，但在长期的工作实践中我仍有着不同的感悟与理解。我总是非常慎重地提及"创造"一词，即便我提出的方案之前从未有人提出过，我也只会说："很高兴，我发现了一个新的市场空间。"在我看来一切本都存在，只是应用了不同的排列组合方式。

这样的说法并非我个人的咬文嚼字，而是对事物有着不同的解读。"创造"一词实在是伟大与动听，也正因为如此，一名策划人经常运用"创造"一词会很容易让自己迷失方向，让自己从市场执行者的身份被误解为市场救世主的身份。而"创造"一词说多了，就会容易产生太多的主观态度，从而失去客观判断力。为了让自己始终保持对自然、行业和他人的敬畏与自省，我提出策划人不创造价值，而是发现和应用价值这一观点。

"创造"与"发现"是对价值截然不同的两种理解，策划人如果突出"创造价值"的理念，是在强调策划人本身的作用大于项目本身，在工作中实际收到的效果往往适得其反。虽然摆在眼前的都是相同的东西，但其实每一位真正的策划人都对项目（产品）有不同的理解。就好像面对同一名女生，不同的男生会看到她不同的优点和缺点，并结合自身的特征用不同的方法与她相处。如果她想"结婚"，我们觉得女生会选一个懂得发现和欣赏她的美的男生，还是会选一个强调可以创造她的美的男生呢？

尊重你的客户和产品，就像尊重你爱的人一样，要体谅她、激发她，而不是控制她。

谈到价值，那么价值在哪里呢？如果你了解过亚马逊商城的创始人兼首席执行官杰夫·贝佐斯这位2019年福布斯排行榜上坐拥1310亿美元的世界首富以及他企业的成功秘诀，你就会惊奇地发现，他成功的秘诀并不是什么机密，居然如此简单：彻底为顾客痴迷。

贝佐斯极其"溺爱"他的用户，于是有人称他是在客户体验领域"走火入魔"的CEO。在亚马逊公司内部的重要会议上，贝佐斯都会在会议桌旁摆上一把"空椅子"，所有参会的人都知道其中的含义。那就是在这把椅子上象征性地坐着本次会议最重要的决策人：消费者。各个部门的负责人提出的建议都要指向这把空椅子，这种无形的决策力就是："与会的诸位，你们觉得空椅子上的消费者会同意你的建议吗？"

大家明白了吧！价值不只是源于市场空位，更多的是来源于你关注的方向。

消费者不正是价值来源的基本方向吗？太多的市场理论和新名词，经常让我们忘记了初衷，最显而易见的价值常常被忽视。我们必须解读消费者、感受他们的行为习惯，并最终理解他们为什么有这样的行为习惯，从而去发现那些消费者自己可能都没有意识到的问题，并给他们提供惊喜和满意。

这种发现的价值就是意义、机遇、商机，就这么简单。

商业社会的核心一旦连接到人们心智中的诉求点，就会体现可观的市场前景。非转基因、无添加剂、有机、天然、有氧运动、减脂、冥想、环保、除甲醛、低胆固醇……这些词语越来越受到市场的关注。提供相应内容的企业和产品也取得了可观的市场成绩。就连一直普遍被市场诟病制造"垃圾食品"的肯德基也在不断推出它的健康理念，并强调营养摄入的均衡性。这不但没有让肯德基在追求健康饮食的市场觉醒中沦陷，反而塑造了新的企业形象。

这样做广告是有效果的，因为连我也经常情愿相信吃一个汉堡包加一杯可乐是很"健康"的。

所以，当策划人去寻找价值的时候，首先要清楚什么是价值。很多人把它和"价格"一词混淆，不是有意识，而是无意识地混淆。有些策划人在价格问题上总要找各种理由来支撑，其实最后会发现：**如果你的"理由"是解释价格而不是解决价值的话，产品根本支撑不了价格。**

第1节　商品价值首先是和客户有连接

在很多的产品广告中我们都能经常发现那些在解释价格的广告，广告主一定已经陷入一种被动的市场压力中，有时候只看广告我都能感受到这家企业的生存压力。老板就想拼命向市场展示产品是多么实用、性价比是多么高、价格是多么合理，营销部的负责人也在拼命通过各种形式来表现支撑这个售价，老板和营销经理一起感叹市场太难做了！

为什么会这样呢？

有个妈妈在超市门口拉着你滔滔不绝夸自己的孩子聪明、可爱、懂事、听话、才艺多……你会礼貌地对她说："你家孩子真棒！"转过头心里却嘟囔一句"跟我有什么关系？"，然后强迫自己忘掉刚才那一幕。

客户会下意识屏蔽掉你的广告，即使你是强制性植入的广告，客户看了也会无感，因为你的好和他真的没有一毛钱关系。

很多时候，我们只是以为自己在做营销，其实只是在公开场合自言自语而已。我们也不能指望客户会喜欢我们的产品，因为如果你的产品和他没有连接，他连看一眼的欲望都没有，何来的喜欢呢？你不能指望客户和你"先结婚后恋爱"。

所以我们必须通过营销与客户的痛点和诉求进行连接，而不是"老王卖瓜"。另一方面，这除了是营销经理的责任外，更是企业老板的责任。因为营销学的结构流程大致相同，而营销效果的千差万别与不同的企业文化因素密不可分。当你的企业文化目标定在"成为行业领先、世界一流的×××"的时候，你的营销风格就很难不做到自卖自夸。如果你的企业目标就制定得与消费者没有连接，营销上又怎么可能贴近消费者呢？

对于消费者而言，你的企业是不是要成为行业领先、世界一流，或者凝聚了什么力量跟他一点关系也没有。因此不是客户要判断自己是否喜欢你的问题，而是客户根本无感。

谈到这里，不禁让我想起了世界上最伟大的商业模式，只有两个字：利他。

第2节 客户不需要你，只需要他自己

这个逻辑放到任何场景中几乎都适用，无论是商品买卖、谈恋爱、雇主关系，甚至国家之间的同盟。在商业社会不是尽情表现商品有多好，而是商品能够给别人带来什么才是表达重点。如果我们上街随便拿回100张广告，铺开来看你就会发现其中绝大部分的广告内容跟你没有任何关系，那是只有广告设计师和老板才看得懂并且自我欣赏的广告，我一直管这样的广告叫"自言自语"。

　　纠结在这个领域的营销经理实在太多了，有时候这些营销经理甚至会亲自上阵，以便做到接触一线市场，亲自感受"民情"。他们脑海里对自己的产品热爱到了痴迷的程度，始终回荡着一个不容辩驳的逻辑跟客户讲解："首先你并没有多花钱，其次还享受到功能，甚至还有机会赚钱（例如房地产），为什么不买呢？"

　　这个逻辑我可以用一句话来反驳一下："营销经理们，你们是否已经把市面上所有保险公司的产品都买了一份？如果没有，请收回你的逻辑。"

　　除了一些中老年客户，数字和社交时代的市场环境下大多数客户都会拒绝你对他的热情销售。可供客户选择的越来越多，客户也变得越来越挑剔、越来越任性、越来越随心所欲。消费者只关心自己的感受是什么，并不关心企业的商业逻辑是什么。甚至只要客户感受好，价格与利润根本不是问题，这就是企业产品梦寐以求的商品附加值。

　　请问 iPhone 手机和海尔洗衣机有什么不同？

　　请问 iPhone 手机和杨国福麻辣烫有什么不同？

　　请问 iPhone 手机和恒大矿泉水有什么不同？

　　上述三个问题看似是风马牛不相及的提问，因为完全是不同的产品和领域，似乎根本无法比较所谓的不同点。但是作为一名策划人，思维方式绝对不应只在品类上，我们要清楚所有的比较当中有一项是最重要的，那就是和其他商品相比，iPhone 无可替代。

海尔洗衣机可以被任何一台洗衣机替代，杨国福麻辣烫可以被任何一家麻辣烫替代，恒大矿泉水也可以被任何一瓶矿泉水替代。

如果我们还要较真说这是行业领域的问题，家电行业、餐饮行业、饮用水行业不同于手机行业，所以性质不同替代的标准也不同，那就又陷入我上一章内容中分享的"惯性思维"模式当中了，在这里我就不再赘述。建议有这样思考的策划人进行逻辑重组训练，不然很容易局限在有限认知的圈子里难以突破，最终让自己变成一个执行策划者，而不是职业的策划人。

所以策划人要很深刻地理解：什么叫 iPhone 重新定义了手机？为什么可口可乐与百事可乐在可乐界的双雄不能被取代？

品牌工作者管这叫"品牌忠诚度"，实际上我仍然认为这样的解释过于肤浅。如果还停留在强化关注、强化品牌意识、强化品牌文化的层面，无疑就是在多花广告费。其最终的结果很可能是杀敌一千，自损一亿（本书后文会有品牌的重新解读和定位内容）。

我们不妨看一下那些大品牌的市场形象。它们都在展示什么呢？是它们的工艺流程？配方？安全性？材质？性价比？还是其他什么呢？它们统统都不说这些。

虽然广告的表现只是营销体系中的一种手法，但很多人会认为做广告、搞活动、搭建自媒体等这些营销方式都是为了拉动销售。但是作为策划人我们要很清楚地知道一点：成交是企业的目的，而企业的目的和客户一点关系都没有。所以，所有的营销形式的推出都只有一个目的：**与目标客户建立连接。**

只有连接才可能成交。

为什么房地产楼盘的房产推销员要叫自己置业顾问？因为你对一名推销员天然没有连接，而感觉一个叫置业顾问的人对自己则有几分作用，这也是你迟迟没有在微信好友里删除他的原因；一名叫"××化妆品代理"的微商申请添加你为微信好友时，你可能不会通过。不过如果换个名字叫"闪电美白小博士"，你通过的概率就会大很多。

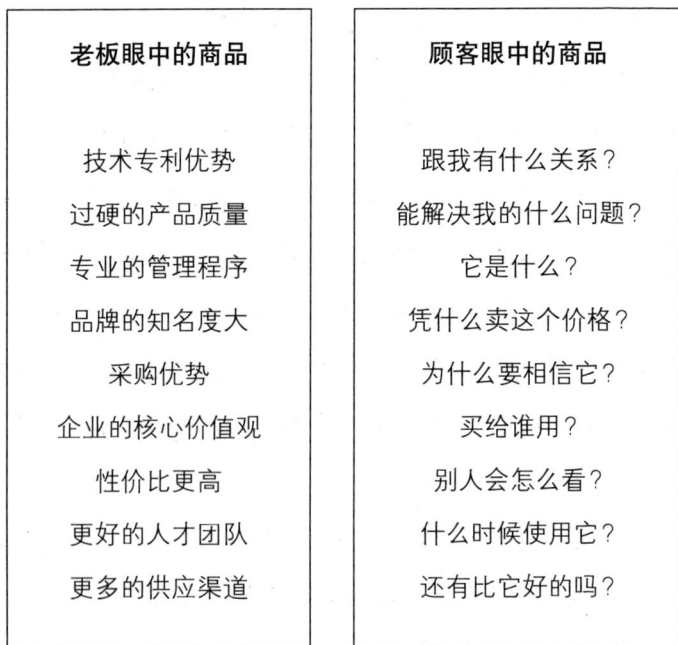

老板眼中的商品	顾客眼中的商品
技术专利优势	跟我有什么关系？
过硬的产品质量	能解决我的什么问题？
专业的管理程序	它是什么？
品牌的知名度大	凭什么卖这个价格？
采购优势	为什么要相信它？
企业的核心价值观	买给谁用？
性价比更高	别人会怎么看？
更好的人才团队	什么时候使用它？
更多的供应渠道	还有比它好的吗？

图 3-1　老板和顾客眼中的商品

我们要记住，客户不在乎你有多好，客户只会判断你对他有什么用。在商品营销中，营销经理要代表客户去发声、去为他呐喊、为他代言、成为他、用他的视角去感受、去表达。

各位营销经理，我们究竟在做老板眼中的内容，还是客户眼中的内容呢？

第 3 节　营销上的连接

我们与客户的连接有多深，就决定我们的销售力有多强。

耐克的广告语是 Just Do It！（只管去做），麦当劳的广告语是 I'm lovin' it（我就喜欢），你也许会从中发现，这些优秀的商家一个是在鼓励你的梦想，一个是以你的口吻来确认你的感受。而它们本身，最终都变成按照你的梦想和你的喜好去努力的公司，在营销形象上和你建立了无缝的连接。

当然，营销工作绝不仅仅是编出一句口号就大功告成，市场也不可能因此而买单，你必须强化你的连接。这让营销工作变得非常系统，因为实际上只要我们再用心解读一下这两句广告语就会发现，自己对耐克和麦当劳的广告语理解是一种先入为主的判断。我们并不是因为广告语而关注了这家企业，相反是因为这家企业而关注了这条广告语。所以，究竟是谁的成功呢？

营销工作的系统就在于完成商品定位和形象后，要进行一系列复杂的操作才能逐渐形成品牌影响力，这就需要我们对连接有更深的解读和思考，以便更好地去执行它。

我们依然以耐克和麦当劳两家企业的广告语作为分析的起点，你就会发现单纯从这两句话上来看其实是不知所谓的。一个说"只管去做"，那么做什么？为什么要做？另一个说"我就喜欢"，那么我喜欢什么？我为什么要喜欢？

如果从这个角度来分析，你或许会重新发现，这两句世界知名的广告语似乎一无是处，根本不可能对企业形象和产品销售产生任何帮助。这就是因为我们狭隘地认为广告语就是营销本身，也是营销工作的复杂性和系统性的专业价值展现。你必须为你的形象买单，客户才会为你买单。单靠一句话、一个好看的标识就想成交，门也没有。

实际上耐克和麦当劳公司都花了数亿美元来强调它们各自那几个字的广告语，它们必须明确指示出"只管去做"是做什么？"我就喜欢"是喜欢什么？这才是营销上的连接。

我们通过深层的解读后会发现，"只管去做"是让客户去遵循自己内心的声音，用运动折射出不屈不挠的精神去成就自己的梦想；而"我就喜欢"是用愉悦的空间和快捷的美食来为用户带来简单的快乐。所以，品牌一定要指向一个第三方。所有的营销工作都在为第三方努力，以最终让自己的品牌可以代表这个第三方。因为消费者根本不会为任何品牌买单，他们只会为热爱的第三方买单。这个逻辑关系我们可以用简单的公式来参考理解。

如果说商品是 A，客户是 B，我们在营销工作进行连接的时候，是无法将 A 直接连接到 B 的，双方必须同时指向第三方 C。这个第三方既可以是现实的需求也可以是虚拟的追求。我们可以简单地把 C 理解为欲望。

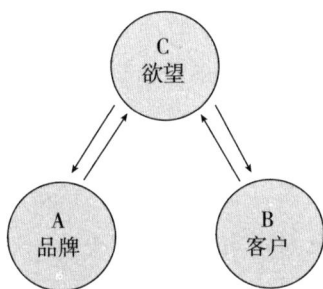

图 3-2 品牌、客户及欲望之间的指向关系

在客户心智的决策过程中，并不是两点一线的关系，而是一个三角关系，这种感觉也许客户自己也没有意识到。客户购买的根本不是品牌，而是自己的欲望。这就是《定位》一书为什么要将定位定义在去操控心智中已经存在的认知。

在前期工作中，用品牌连接欲望的第一步，便是定位。我们必须赋予商品 A 一个意义，而这个意义与客户 B 内心的欲望进行认知同频，只有这样才具备产生神奇市场结果的可能性。然后在营销工作中，我们将品牌（商品）与欲望通过一系列的营销手法进行本体连接。当客户产生欲望时，通过自己的欲望直接反射为商品品牌，便形成了品牌指向，也是品牌价值真正的闭环。只有这样才能真正产生经济行为，发挥品牌作用。所有的商业购买行为，都是通过欲望完成的。

要完成这个欲望的连接可不是容易的事，策划人需要在定位之后通过产品设计、产品质量、市场形象、营销模式和售后服务这五大部分共同协作来形成品牌体系。除了需要一个强有力的团队外，还需要企业的负责人意识到营销工作的重要性，同时最好先行调整企业策略，优化市场营销的执行结构。

准确定位的效果是"直指人心"，这是所有营销行为中的核心。问题只存在于你对这个定位有多大的信心和执行表现力，而这个信心来自你的认知、格局、经验、专业、投入精力和把控能力。

设想一下，如果你是一家福建的制鞋工厂老板，而耐克公司也从未推出过那句"只管去做"的广告语。这时，你的营销经理跑过来告诉你："老板，我想到了一句我们工厂的广告语，叫'只管去做'。"

你是否会同意这句广告语？或许很多人反而会评价这名营销经理的广告语简直是驴唇不对马嘴。

即使你同意，你的企业又将用什么方式去营销这句话呢？你能把自己的品牌打造成什么形象呢？

第 4 节　连接什么

要找到那个欲望并进行定位和营销连接，你必须发现现有痛点或者使用空间。如果无法发现这些必要的潜在条件，你所有的连接都有可能失败。策划人很重要的一项工作便是场景模拟，从而发现这些潜在条件。场景模拟不是情景营销，而是企业内部制定营销策略前的关键一环，从中发现各项可能产生的情况，并对缺点进行弥补、对优点进行扩大。

痛点查找是在场景模拟中的重要一环，这一个小小细节的突破，很可能会成为企业在市场营销中的"定海神针"。

还记得营销界那个著名的比喻吗？一个人有再大的力气，也无法推动一头大象，但如果有一根针，我能让大象跳起来。

这是一个很经典的比喻方式，很好诠释了定位与痛点的重要性。但我要表达一个观点，就是"痛点≠痛苦"。很多人会认为痛点就是客户感到痛或者不舒服的地方，是不好的感受，然后帮客户去解决就成了定位。其实痛点更是个中性词，它既不完全代表痛，也不完全代表舒服。痛点还可以是初恋的甜蜜、亲情的温暖、童年的美好、兄弟的情谊、分享的喜悦、丰收的满足、愿望的实现等这些美好的追求。我们把这些痛点进行表达，同样是不同商品形象的连接。

连接到了痛点，就连接到了价值。

现在我们面临的问题就是如何找到痛点并进行表达连接。

作为一名策划人，对生活和工作中给予我们的提示应该很敏感，这种职业训练最终会变成一种逻辑思考方式，让生活变得有趣。如果策划人有时间谈恋爱，但他并不够浪漫，那他一定不是优秀的策划人。因为策划人首先靠的不是智商，是情商。

策划人要用理性确认感性，用理性塑造感性，最终感性成就理性。

这些痛点隐藏在我们身边，甚至我们每天生活在无数个痛点里，直到这个痛点被厉害的人解决，你才获得解脱，并获得收益。有人发明了香水，有人发明了空调，还有人发明了扫地机器人和外卖送餐。

这么说吧，你身边所有的东西，之所以被你买回来都是因为它们将解决你的一个个痛点，包括你手机里的每一个 App 程序。既然痛点是无处不在的，那么商机也就无处不在。

图 3-3 是一瓶普通的啤酒，是我们在大排档夜市或者餐厅里经常会接触到的。每当服务员给你送来一瓶啤酒然后转身离开时，你都会喊一句："给我拿个瓶起子！"或许你也曾经在家中想喝一瓶啤酒，却因为找不到瓶起子，而在厨房和客厅之间转来转去。

啤酒盖和瓶起子是天生一对，它们分开了，就是我们的痛点。但正是因为我们的认知中它们是天生一对，因此我们并没有感觉有什么不对。

图 3-3 普通啤酒

图 3-4 乐堡啤酒

直到有一天乐堡啤酒的专利出现，这个痛点的解决让即使一名小女生，一只手也可以轻易地打开啤酒瓶。轻轻"砰"的一声，就好像一个新的开始，一切都那么自然。这样的设计除了方便，还更加安全。

　　乐堡啤酒发现了这个伴随在几亿人身边的痛点，并用一项专利技术解决了它。这一技术带给乐堡啤酒的是丰厚的利润回报、更多的市场空间和更好的品牌形象。因为在啤酒这个领域，能有一项专利实在太难得。所以策划人的工作并不只是在广告和市场营销上下功夫，那只是其中一项工作而已。策划人还应发现痛点，并通过技术（至少是思考和组织技术）的方法去实现他的发现。

　　乐堡啤酒的案例很生动地展现出痛点就在我们身边，它可以提供新的价值、新的形象和新的商机。如果我们再来看看第一张啤酒瓶的图片，会有什么感想？难道只有啤酒盖一个痛点需要解决吗？

　　玻璃啤酒瓶易碎、不便于物流与搬运、冰镇后瓶子拿起来容易滑、啤酒盖容易刮伤人、啤酒瓶不便于回收、开啤酒盖时容易出现碎玻璃、酒瓶不便于摆放与存放……或许你还可以发现更多。

　　生活中的每一次触碰、每一个眼神的停驻、每一次失误、每一次成功、每一次喜悦、每一次失落、每一个拥抱、每一声感叹、每一次疼痛都是策划人要认真感受的。我们从中发现问题、思考问题、反馈问题，最终找到答案并解决问题。而解决问题没有最好，只有更好，而且请相信：一定有更好。

第5节　如何表达

　　表达就与营销相通了，实际上表达高于营销。营销是基于市场经济让消费者了解该产品进而购买该产品的过程。而表达则是人与人之间的连接方式，因此对方接受的方式不一定是购买，也可以是一种理念、一个目标、一个认可或者一个拒绝……

所以，在营销工作中，首先要学会"说人话"。我们看到太多的广告宣传，极其注重辞藻的华丽和境界的描述，虽然产品、功能、人群特征、场景不同，但是过分修饰只能让客户看后无感，还会让他确信你是在做广告忽悠他。我经常看到有些广告文案使用生僻字，以显得自己有文化。这只会减弱你的广告力度，除此之外没有任何好处，因为客户并不想认识这位喜欢卖弄自己有文化的广告文案。

不喜欢"说人话"的广告经常出现在房地产行业的广告中，例如"欧式贵族，尊崇人生""湖畔公馆，尽享奢华""极致高贵，享悦生活"这样的文案看似高端，实际上你的内心不曾掀起一丝波澜。这些文字似乎最大的作用就是让广告画面看起来更协调一些，这样的广告策划总是一不小心把自己做成与商业营销毫无关系的"路人甲"。而这样的广告出街效果，我个人判断不会比一个30元钱的喇叭效果更好。

表达可以非常直接、非常有力度，同时也可以非常含蓄、非常有意境，但其实都可以非常简单，而不是复杂和粗糙。

有一次我的车在行驶途中突然爆胎，于是我停到安全地带换好备胎直接开去维修店补胎。修车师傅找到了破损位置后跟我说，这个洞比较大，并建议我直接换一个新轮胎，但是新轮胎不便宜，大概要2000元。我从一个几十元钱补胎的心理预期，一下子被拉升到近百倍，一时之间有些难以接受，非常犹豫。

修车师傅给我讲解轮胎的受力、看轮胎里的铜丝断裂、讲蘑菇钉的原理以及可能出现的安全隐患。我虽然知道他说得非常专业而且有道理，但就是觉得一个没用多久的轮胎这样换掉还是太可惜。

正在我犹豫的时候，维修店的经理过来询问了一下情况，然后他二话不说掏出自己的手机给我看了一段一辆汽车在高速上爆胎后翻车的短视频，只有十几秒钟，然后收起手机望着我说："你自己决定。"

"换！"

30分钟后，我开着新换了轮胎的汽车上路，心里一直在想：我遇见了一位营销高手。但我一点也不怨他，甚至还在感谢他。

推广产品的广告表现方法有很多，我粗略统计了一下，有几十种。因为这并不是一本讲广告学的书，所以我们必须遵守关于价值和连接这个主题。但作为策划人，我们必须学会在营销工作中去打动客户，用我们能想到的方式去表述客户的心理活动。把心理活动表现出来，才是广告的表达境界。

广告的形式非常多，但在书籍这种载体下更直观的表述就是平面广告了。我们可以对比一下不同的策划人所表现出来的平面广告效果，并应用到我们其他营销的行为中去。下一节我们看一下如何通过平面广告去做连接，唤醒消费者对品牌的心智确认。

第6节 平面广告

平面广告是我们最常见到的广告，无论翻开报纸杂志或是打开电脑网页，无论开车行驶在公路上还是被塞到你手里的宣传单。通常你都很难记住它们，或许98%都被你抛在脑后，你唯一记下的2%只存在两种可能：要么特别感动你，要么特别低级。

不知道是谁提出的"眼球经济"概念，让一部分策划人和广告人看到了"曙光"，他们不顾一切去博眼球，甚至应用那些无底线的低级趣味。为了广告而做广告，以为这是一种职业技能而沾沾自喜。实际上，一家企业如果允许营销部门采用低级趣味的广告，足以证明这家企业的文化基因不够严谨、不够负责，消费者很难相信它的产品品质。这样的广告只会与消费者之间建立一种负面的连接。

太多的策划人和广告人占用着公共社会资源，却制造着视觉污染。他们缺少一份公德心，不在乎世界是否因他们而变得丑陋、不在乎别人的感受，更没有用自己的知识和力量让世界变得更美的愿望。

亲爱的年轻策划人和广告人，千万不要没有底线地去做策划，不要认为博眼球是重中之重。请心存敬畏之心，尊重你的客户、尊重你的产品、尊重你的老板、尊重你自己。你要博的不是消费者的眼球，而是消费者的心。

广告是广而告之，是向社会广大公众告知某种事物。不可否认广告在市场经济中起着极为重要的作用，但我们同样也沉浸在视觉垃圾的环境中，不懂得美、不会表达、低级趣味的广告充斥着整座城市和我们的生活。我们每一名策划人都应知道，虽然我们花钱买下了广告发布权，但广告实际上属于一种公共资源，是我们一个城市和国家的形象窗口。请慎用社会赋予的这份权利，并坚守自己的责任担当。近年来，我们很高兴地看到国家出台了一系列的广告法进行约束管理，这是一件好事，从立法层面要求每一名发布者。

在多年的行业工作中，房地产楼盘表达自己的主题格调方式有很多，完全看操盘人的水平和能力。他们都想把楼盘表现得高贵一些，卖个好价钱，但营销却让我们根本记不住是哪一个楼盘，被用烂了的词语，重复出现在中国大地成千上万的楼盘广告上：尊贵、荣耀、典藏、巅峰、领地、传世、府邸、独享、与世界同步、尽显华贵、繁华核心……发展商投了大量的广告费，营销部年复一年、日复一日地重复这些词做广告。我经常非常感慨，难道除了这些词就没有别的什么可说了吗？

其实不会说可以不说，广告从来不是必须靠语言和文字。策划人要明确你的目的是与潜在消费者建立连接，这种连接不一定要你去咬文嚼字。

同样是在说高端，我们一起来看一下房地产以外其他行业是如何表现的。其实水平也并没有表现出太大差异，这是整体策划和广告行业需要重视的问题。

前些年恒大冰泉的广告铺天盖地，这样的广告营销显示出了恒大冰泉这个品牌在饮用水领域虎视眈眈的市场野心。而它的水源地长白山的确是中国难得的高标准矿泉水产地，有了水源保证、有了营销上充足的资金保证，最后却落了个割肉转让、草草收场的结果。我们在这里就从广告的角度来对恒大冰泉做一个解读，看看它在广告上是如何败下阵来的。

"高档的水当然是高档的人喝，高档的人都认可，那么普通人也会信任并跟着趋之若鹜，而高档群体中明星的示范作用肯定是最大的，他们有自己庞大的粉丝群体，所以请大明星做广告对自己的品牌建立非常有帮助。"以上估计就是恒大冰泉市场形象推广的定位逻辑。

恒大冰泉在 3 年的时间里共计投入了约 60 亿的天价广告费。明星代言的阵容很霸道，都是当红的一线大明星。通过明星告诉消费者，恒大冰泉除了用来喝，还可以用来泡茶和做饭，这样无形之中会加大市场需求量。用一小瓶的市场售价 5 ~ 6 元的水泡茶和做饭，的确让普通消费者感到有一些奢侈。虽然出货量远不及他们的预期，但也确实卖出去一部分。

如果此时的你是一家老牌矿泉水品牌的策划，而你的老板面对如此强大的对手却不拨广告费、不请明星、不做活动，还要你去迎战，你肯定说老板疯了。

但这时如果策划人想象一下依云矿泉水的形象，或许你就对这个问题清晰了。这瓶来自法国、背靠阿尔卑斯山脉的矿泉水，同样容量的一瓶水售价是恒大冰泉的 4~5 倍。它们却在广告中很少使用文字，也几乎不请大牌明星，有时甚至连 LOGO 都不表现出来，消费者们却对依云印象深刻。它们始终在告诉消费者什么叫艺术、什么叫品味，于是成就了自己的品牌。如果恒大冰泉有这样的营销水平，也不至于最后被贱卖。

当然，除了这种不喜欢用文字却用视觉表达调性的广告外，会使用文字则更技高一筹。文字的力量强过视觉的力量，这是广告界的共识。因为视觉更多是感受的冲击，而文字则直抵心灵。无数的广告人和策划人都拼命地码字，很多都把自己码成诗人了，市场上还是难得有一句让人记得住的话。

文字广告的冲击力高手，要数芝华士品牌那总是石破天惊的显现。芝华士广告的文字仿佛一只强有力的手，紧紧推着你向前，让你动弹不得，却又目瞪口呆、无可奈何。直接用文字，为品牌树立了一个登峰造极的市场形象。

某年某月的某一天，当地报纸突然出现了一个整版（图3-5），只有上面几行内容。除了白底黑字以外没有其他颜色，没有标识、没有画面、没有联系方式，只有那么几行干巴巴的字却充满了神奇的力量。看似是写给非芝华士的消费人群，实则大大称赞了芝华士用户，用几行字就树立了高端品牌的形象，连接了上流社会和商品的定位。更为重要的是，那些被"鄙视"的人群无处撒气，让那些没喝过芝华士的男士无论如何也要想办法买上一瓶，以体验一把当那些脑满肥肠的资本家是什么感觉。

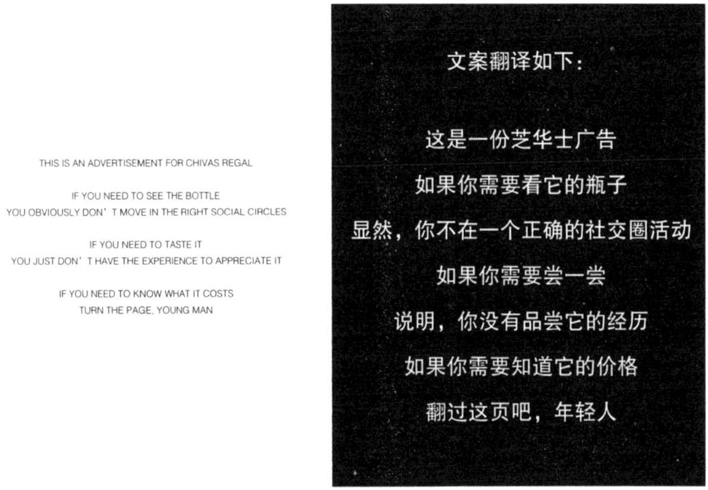

THIS IS AN ADVERTISEMENT FOR CHIVAS REGAL

IF YOU NEED TO SEE THE BOTTLE
YOU OBVIOUSLY DON'T MOVE IN THE RIGHT SOCIAL CIRCLES

IF YOU NEED TO TASTE IT
YOU JUST DON'T HAVE THE EXPERIENCE TO APPRECIATE IT

IF YOU NEED TO KNOW WHAT IT COSTS
TURN THE PAGE, YOUNG MAN

文案翻译如下：

这是一份芝华士广告

如果你需要看它的瓶子

显然，你不在一个正确的社交圈活动

如果你需要尝一尝

说明，你没有品尝它的经历

如果你需要知道它的价格

翻过这页吧，年轻人

图 3-5 芝华士广告

此外，这样的广告还储备了年轻人客户群体，为他们建立了一个明确的人生标杆：将来成功了，就喝芝华士。因此这样的广告连接方式不但当时有效，还埋下了种子，跨越了时空。

看到这样的广告文字，我们所感受到的力量是强大的。不得不说，作为一个不喝酒的人，我都买了好几瓶芝华士摆在那里用来招待朋友。我想，这也算是我对文案大师的尊重吧！谢谢他给予我美好的感受，我愿意买单。

第 7 节　如何做到发现价值

策划人想要发现价值的第一个前提是提升自己的思维格局，

从大到小，有的放矢。如果你从眼前、表面的事物里寻找价值，那么你将会进行表面的策划，结果只能是直接面对残酷的市场竞争。如果想在市场竞争中脱颖而出，商品营销更聪明的办法并不只是去加大广告投放力度和渠道资源，而是提高自己的商品价值维度。

高级的策划人总是能够控制自己的思想宽度，这样才能发现心智中更有价值的领域，然后再集中思想的深度，用高维意识对市场竞争进行"降维打击"，让同类竞争的品牌商品对你无处着力。

洋河白酒推出的"蓝色经典"系列、小米公司的发烧定位、云南白药牙膏、李宁的国潮系列、白加黑感冒药、农夫山泉的"甜"、金龙鱼的"1：1：1"都属于开创性地将商品功能镶嵌在消费者另一个认知领域，并进行了更简单和稳固的连接。

如果策划人不具备高维意识，就会带领商品陷入扁平化市场的混乱中而不知所措。更关键的是，在平面市场中你的客户看不到你，你也找不到他，你们之间并不知道从什么地方进行连接。商家只能举着喇叭对本来已经被噪声覆盖的人群继续大喊大叫，在广告的世界已经让商家们力不从心，在信息时代这会让他们筋疲力尽。

策划大师并不是因为手里喇叭的声音更大，而仅仅是因为他们站得更高，人们自然就看到他们了，于是他们形成了指引、变成了目标，让人们在混乱的平面市场中找到了方向。这个方向可能是大师本人、大师的理论或是大师的作品。

当你想要突围的时候，不要只是横冲直撞地向前看，而应该向上看。你可能会说："上面什么也没有啊。"

"是的，上面什么也没有。但当你从上往下看的时候，就有了。"

初入策划一行的朋友可能会发现，策划工作并没有像自己当初想象的那样精彩。你可能每天马不停蹄地处理各种供方关系、查找各种数据和竞争对手的资料、通宵达旦地写着各种策划方案、在策划会议上自己人微言轻、好不容易做出来的内容还被人评头论足，还要面对各种突发事件，如果出了问题，自己还是那个最大的"背锅"人。

策划工作在前期很长一段时间都会这样度过，这可能会让你非常苦恼，但这是我们给自己设定职业目标所付出的基本代价。无论哪一个行业或是岗位，都有自己需要"熬"过去的艰苦岁月，最终才能在大浪淘沙中脱颖而出。

或许是幸运也或许是不幸，以后的日子也不会发生多大的改变，区别在于前期的你还不习惯，后期的你已经适应。

一些策划界的朋友问我："老师，我做策划两年了，发现自己找不到方向了。"

我会微微一笑告诉他："别急，我做策划十年的时候还没找到方向呢！"

在工作经验不断积累和思想意识逐渐扩大的时候，我们终于认识到什么才是策划工作最重要的核心方向，策划工作只有连接了价值才是方向。回想自己当初的工作，从未有要连接价值的意识认知，总是在忙于处理各种工作流程，认为眼前的工作才是工作。当我做了十年的策划之后，猛然回头发现自己居然一直在做同一件事，这还是策划人吗？太恐怖了。

实际上这并不是策划人，只是在做一份策划的工作而已。策划人需要在挑战面前表现出兴趣，只有这样才能成为真正的策划人，因为他做的每一件事都不一样。

策划人必须学会如何连接到价值。那么去发现价值，就是一个正确的开始。因为如果我们无法让自己站得更高，就永远无法摆脱循环做同一件事的命运。

我们需要新的维度。

任何事物存在于这个星球上都有它的合理性，因此可以说每一个事物都有它的价值，无论是一棵海藻，或是一颗人造卫星。对于自然界来说，一棵海藻可能比人造卫星更有用，因为人造卫星对于自然界来说真的没什么用处，它只对人类有用。

问题在于人们总是用金钱来衡量自然价值，想把这些价值变成对人类社会有用的功能，从而获取经济利益。而经济规律的发展告诉我们，只有对人类有价值的东西才有价格，才能产生交易，策划人要让价值对人类有用才行。人类这样做的最终目的是什么呢？是可以像一棵海藻一样自由自在地活着。

大道至简，价值一直都在那里。所有商业行为的支撑理由都是：让使用者自由自在地活着。

这就是所有商业行为的终极目的。或许你觉得这个答案对你的工作没有实际帮助，但你却必须深刻地理解它。你的定位、产品、营销、售后要为客户提供那种轻松就能获得快乐的内容，从而让客户感到舒服，让他以为自己在自由自在地活着，这才是价值。策划人策划出来的商业逻辑和定位，无论细分在哪个领域，这都是判断是否具有价值的标准。

消费者并不关心复杂的过程，他只想要一个简单的答案。他甚至连这个简单的答案都懒得去想，他只愿意凭空掉下来一个答案，然后发现："太棒了，我正好需要这个。"实际上全人类的商业社会发展几乎一直如此。

在商品被发明之前，你如果做一项全人类的市场调研，问道："你最想获得的特异功能是什么？"得到的大部分答案可能是"我想飞"，但你不可能调研出"我需要一架飞机"这个答案。所有商品的价值、品牌、竞争力的答案并不在市场经济的数据中，而在人们最原始的意识中，这是最高的逻辑，也是最基础的逻辑，被深深印刻在了每一个人的DNA序列中。

市场营销的价值发现，就是找到这些DNA序列，然后表现出来。我们要发现价值，就必须把意识角度拉升一个维度，这样我们才知道自己正在做什么。

我们将这个答案进行简单拆分就会发现，它裂变在两个领域，分别是实际功能和内在感受。如果我们将这两个领域的答案再进行拆分，就形成了各行各业的市场细分，庞大的商业社会就建立了起来。

实际功能

消费者并不需要知道一台冰箱是如何制造出来的，只要知道冰箱可以储存食物就好了；大部分的人也对微软 Microsoft 的后台那庞大的系统的编程不感兴趣，只需要知道用一些简单的操作就可以完成工作任务就好了……这些就是商品的实际功能。发明家在发明产品之前，他的世界和你的是一样的，他只是看到了你没有看到的内容价值。策划人或许不是发明家，但他也要像发明家一样善于去洞察每一个人，包括自己的行为动机，并从中看到商机。

你可能不清楚一部手机是如何造出来的，可能也画不出家里墙上挂着的那幅艺术品，但它们给你带来你所需要的实际功能就可以了。策划人在商品实际功能的表现力价值发现上，必须以使用者的身份，而不是制造者的身份。当发现了这个"秘密"之后，你要让自己变得复杂起来。因为所有的复杂都是为了支撑那个简单的理由，每一个复杂的设计都为简单的答案提供支撑点。

消费者喜欢简单的答案，但人们普遍认为复杂的东西才会贵一些。如果你只给他提供一个一目了然的答案，消费者们也通常认为这不值什么钱，实际上他们的认知也是正确的，缺少了支撑点的答案确实不值什么钱。策划人的工作往往也是如此，一本上百页的策划报告实际上可能只为说清楚一句话。

这种复杂不单是指产品功能和设计，还是整个营销过程中品牌文化厚重的基础。用一个复杂的系统来支撑消费者进行简单的使用，他就开心了。或许我正在需要一台智能的电冰箱，至于是什么智能，让他们来帮我想吧！因为我懒得想。

市场营销的核心目的，不是排挤掉竞争对手，而是在不断叠加自己的价值。

内在感受

我们经常可以在网络或柜台上看见有"山寨"苹果手机在销售，不但外形很难区分，连功能也是一应俱全，而这些手机的售价可能只有苹果手机的 1/10。

当然，真正的"果粉"绝对不屑于购买这类手机，因为这种手机让他自己的内在感受实在太不好了，无论这种手机的实际功能是否强大，他可能连看一眼的念头都没有。但存在即合理，仍有一部分人会购买这类手机。因为花了很少的钱，却让自己看起来和真正 iPhone 手机用户是一样的身份，对于他们来说这种内在感受真是太好了。

这些山寨手机生产商就是发现了 iPhone 手机所提供的内在感受价值，而这又是一个社会普遍认可的价值，于是他们锁定了买不起 iPhone 手机的用户。这是一种"投机取巧"的商业行为，所以注定打造不出品牌，但他们却可能因此而获得利润，当然也面临巨大的经济和法律风险。

商品社会的竞争，实际上并不是商品实际功能的竞争，而是内在感受的竞争，这也是品牌的意义。无论是有形的商品还是无形的商品，消费者都必须有良好的内在感受。不然他们就会退货、投诉或者用尽一切办法来抵制。策划人在商品定位上，倾向于让客户获得哪种内在感受并充分表现出这种感受，这是策划工作的必修课。

发现价值

先看一则房地产领域的小故事。2012 年，天津市土地交易中心迎来了一场火爆的土地竞拍会。经过了 75 轮的激烈争夺后，中海地产拔得头筹，以 29.7 亿元的价格摘得位于天津市中心的师范大学原八里台校区土地用于建设开发。这是一块位于城市中心、极为稀缺的土地资源，而且有大量的居住建设指标。项目经过了两年左右的持续开发，终于正式亮相。这宗原天津师范大学的土地，被打造成了法式建筑高档社区，我受邀对该项目进行了参观考察。

在考察过后的茶话会上，项目的领导想知道我们一行人的参观感受，我在回答他的问题前先进行了反问，我说道："刚刚在售楼处我询问了销售人员，你们的项目是否保留了原师范大学的一些历史痕迹，他回答我并没有保存任何痕迹。我有一些疑问，请您先帮我确认一下。"

领导微微一笑回答道："这名销售人员说的并不准确，实际上我们还保留了两样。"

一听这话，我感到非常兴奋，便继续追问他是哪两样。

他答道："首先我们保留了原师范大学的一些树木，然后我们还按照原图纸用 1∶1 比例重建了师范大学的校门。"

我："没有其他的了？"

他："没有了。"

对这个答案我只能一声长叹，这已经是一个木已成舟的项目，我担心接下来的语言可能刺激到他，于是尽可能平缓地跟他说道："首先保留部分树木这一点我并不想多说什么，我觉得似乎不需要感谢你们没有把师范大学'斩草除根'。另外你们重建了师范大学的校门，请问校门上面的字写的是'天津师范大学'，还是你们的项目名称？"

他："当然要写我们的项目名称。"

我："是啊，那跟天津师范大学的校门有什么关系呢？你们付大门设计费了吗？"

他尴尬地笑了笑。

我诚恳地对他说道："我走在你们这个高档的法式建筑和园林项目中，看着豪华的装修和踩着南非运来的大理石，我感到非常遗憾。因为你们的项目没有表现出价值，只在表现价格。"

他示意我继续说。于是我继续说道："天津师范大学有太多的价值可以叠加在这个楼盘上，可是你们居然毫无察觉也毫不保留，这已经无力回天了……

比如我随便举一个例子，就像我们现在脚下的地砖。如果你们把原天津师范大学的地砖切割下来，重新铺在楼盘当中，然后叫作师范路或者学苑路，会发生什么呢？你可以想象在某个初夏的夜晚，你们的业主，一位爸爸和妈妈领着可爱的女儿在园区里散步。爸爸可能会对女儿说："宝贝你知道吗？当年我和妈妈就是在这片土地上求学，我们在这条路上相识和相爱，现在有了可爱的你，这条路是我们一家人的见证。'多么美妙的画面，而现在呢？你们把地砖当作建筑垃圾处理了，然后重新花巨资铺上了南非运来的大理石，我脚下踩的再也不是青春、美好、回忆和热爱，我踩的是冰冷的石头。你们为什么要干这种事？"

这位领导听完我说的一拍大腿，"唉"地长叹了一口气，我都能感受到他强烈的悔恨。他说道："这个……确实没办法了，还有什么其他的我们能连接上价值的吗？"

我告诉他："我参观完你们的售楼中心，发现你们布置了很多法国艺术作品，还有拿破仑主题的油画。可是拿破仑的画像挂在那里，和前来看房的购房者有什么连接呢？你们既然是天津师范大学的土地，几十年来从这片土地上走出过哪些名人？那些为新中国做出突出贡献的，那些教育家、思想家、工程院院士、科学家都是谁？应该把他们的画像摆在你们的沙盘旁边，让每一个来访的人都能知道，哦！原来这么多了不起的人都是从这片土地上走出去的，这才是对你们项目有价值并可以进行连接的信息。"

这位项目领导听完我的建议告诉我："这个建议好，我现在就开始落实。"

价值存在吗？当然存在，一直都存在，就静静地摆在那里。只是我们很多人看不到它。即便是一块小小的地砖，它也能发挥出无限的文化力量从而与人们进行连接，失去了连接（文化），再豪华的表现也只是浮夸。那些莘莘学子，那些从这里走出去的伟人就不存在了吗？他们依然存在，但我们看到他们了吗？即便是一块黑板、一根旗杆、一本课堂笔记……留下来的文化价值也会成为每一名客户的连接系统，这些价值是用钱换不回来的。只有那些再也买不到的东西，才是每一个人心底最珍贵的。人们总是愿意付出很多很多，只愿保留那一份只有自己才懂的记忆，就像是你的青春、你的梦想、你的爱情和妈妈为你织的一件毛衣……

在房地产领域，尤其是近几年的文旅地产类别，我总感觉有很大的遗憾，太多的前期定位人员总是忽略文化价值，也不会表现文化价值。没有文化怎么能叫文旅呢？他们只能看到土地价格以及市场的平均房价，然后简单计算一下中间的成本差价和风险。这样的策划人在中国成千上万，他们把价值与连接全都埋在脚下，然后用同质化的产品加入到残酷的市场战争中去，"绞尽脑汁""强词夺理"地在营销中宣称我们和别人相比有那么一点点的不同。

我从不反对房地产卖房子赚钱的逻辑，只是对没有文化输出力、缺少核心竞争力、利润很低、市场风险大的现象表示深深的遗憾。

庆幸的是，在中国这片历史悠久的土地上，我们从不缺少文化。或许我们还有机会去挽救那些被忽略的文化，并把它们的价值表现出来，融入到市场经济当中去。

对策划人更高的要求，不是看到了再去评价，而是没有的时候你能看到什么。这只在于你在商品定位上，倾向于满足哪一部分客户的内在感受，而这种内在感受又划分了若干个层次、若干个领域，你的策划内容又占领了这个内在感受心智中哪个空间，并如何通过发现价值和表现价值去与客户进行连接。

有时一些朋友问我："我们项目什么资源都没有，找不出任何卖点，我该怎么营销呢？"我想说，在1958年《人民日报》发表了一篇署名文章，其中有一段文字："一张白纸，没有负担，好写最新最美的文字，好画最新最美的图画——毛泽东"。

面对一无所有的现状规划未来，并不是一种盲目乐观，而是有这样的格局和思维意识便是策划人的最高境界。

所以策划人的能力并不只在于技术操作的应用，更多是思维方式的分类。这时我们就可以更清楚地了解营销经理和策划人的区别了。

米开朗基罗说他看到大卫像就在石头里，并把多余的部分去掉，把大卫像"解救"出来。我们看到的决定我们成就的，策划人理当如此。当一片荒凉摆在眼前时，策划人看到的究竟是什么？

作为策划工作者，当你掌握了技术上的操作能力之后，想要继续提升自己的能力，就必须在意识、理解和认知方面进行严格的训练。我认识一名建筑大师，他的特殊并不是因为他对于建筑结构的理论基础，因为这只是建筑师的基本功，而是因为他每年都会拿出若干时间在世界各地走访，去寻找各个时代、各种风格的建筑大师的作品，去参观、研究和与它们对话。我的一名画家朋友也对我说，之所以现在她的作品很受拍卖行的欢迎，是因为她从小是在艺术馆、画廊里长大，而不是对着画册练习。这些文化的信号是完全不同的。

策划工作者同样需要多走多看，我遇到过做策划的年轻人问我应该看什么书提升自己，并请我推荐给他。我总是告诉对方："最好的那本书在你自己身上，就是你的双腿。"这或许该成为你读完这本书后为自己设定的第一个职业计划，策划人只有更多地去感受自己的思维才不会被局限，才有更大的格局。而这种"看"的过程，何尝不是一名策划人去连接的过程呢？我把这种"看"的过程理解为寻找，寻找你喜欢、别人也喜欢的地方，让自己学会去发现美，然后思考是不是可以放大，还有没有其他表达方法。

如果你觉得进行全国各地，甚至世界各地的考察学习，自己目前无法实现这个计划，那观察身边的事物又何尝不是一种学习呢？无论是你在上班的路上、公园里、商场里、图书馆里……他们为什么这样设计？为什么要这样表达？为什么要用这种颜色？你是如何在整条商业街区里发现那家招牌的？一张广告中哪里最吸引你？你和哪些广告、形象感受到了连接？如果是你来操作，你会如何表达？

外面的世界是一面镜子，策划人在寻求价值的时候，自己的内心要有一个对应的价值，不然你看不到。

第8节　冷静的热情

有一些情况下，当策划人拿不准究竟要如何定位一个项目的时候，不是我们的专业出了问题，而是我们的连接出了问题。我们需要静下来，静静地调整自己的情绪，然后用开放的心态去感受商品（项目）的内涵。

这种状况下我通常会一个人静静地看着眼前要策划的商品，用平静的心态去感受它，去理解眼前的它要向我传递什么。在房地产项目中，我也会一个人来到那块土地上，静静地站在那里或找个地方坐下。也许是半个小时，也许是一整天。有时我会默默地抓起一把土看着它从指间散落，或者抚摸着烂尾楼裸露在外的钢筋水泥，感受这块土地要传递给我的信息。我们要抱着求教的心态，而不是指导的心态，只有这样才能获得准确的答案。

这种描述好像听起来有点"玄"，但实际上对我的帮助很大，我想这是一名策划人对产品应有的态度。策划的答案在产品信息里，你不热爱、不尊重产品，抽多少烟也没用。不管是策划一支铅笔，还是策划一座城市新区，我们如果不去感受它，只是坐在空调房里找几个类似的方案东拼西凑，那只是想象中的策划人，而不是真正的策划人。这样拼凑的方案拿到会议桌上如果被驳回，那不应该有怨言。

要用谈恋爱的心态去热爱这份工作，爱才是最好的传递，最好的连接。每一项策划内容、每一个产品都有它的价值。对于大自然来说，万事万物都没有高低贵贱，只是人类将这些分成了三六九等。策划方案里的 SWOT 分析也并不是什么优劣势和机遇风险的分析，只是分析人员根据自己的能力评估出来的操作难易差别而已。在传统定位思路里，劣势就是劣势，优势就是优势。但如果突破思想维度限制有更高的定位水准，劣势可能恰恰是优势。有些劣势可以人为改变，当然也有些只能等待。这取决于一个策划人看到了什么。

荣格曾说："不是歌德成就了浮士德，而是浮士德成就了歌德。"

策划人是产品的工具，而非反之。

心智与文化趋同的细分

我们要让产品"利用"策划人来传递信息，而不是策划人高高在上指挥自己的欲望。只有热爱才会发自内心地去感受，只有感受才能够理解，只有理解才能够领悟，只有领悟才能够连接。

假如遇到一支普通的铅笔，我们要如何发现并赋予它价值呢？很多时候这并不取决于你看到了什么，而是通过上述这个流程推导演化出来。策划人要先知道连接什么，然后再从市场中去做细分来找表现方法。这个时候你找到的细分，已经不是行业的细分，而是心智上的细分、文化趋同上的细分。

我用举例的方式来说明如何通过对一支铅笔的感受、理解、领悟来找到连接的方向。在举例之前我要说明一下，流程是标准化的，但流程中每一个节点的认知感受则是不尽相同的，因此这个过程只能作为一种参考。

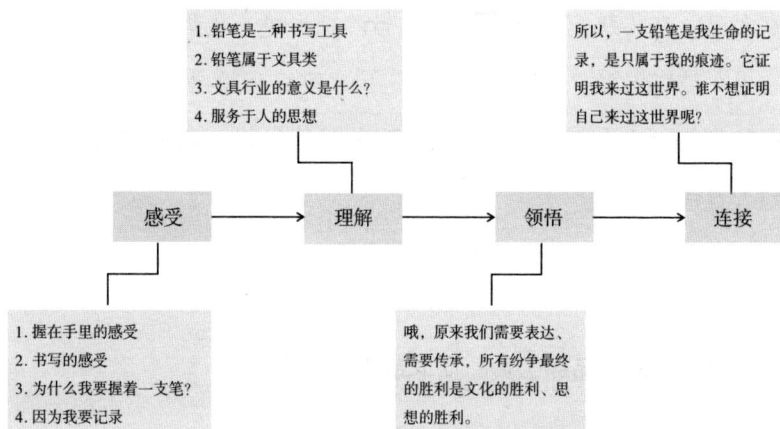

1. 铅笔是一种书写工具
2. 铅笔属于文具类
3. 文具行业的意义是什么？
4. 服务于人的思想

所以，一支铅笔是我生命的记录，是只属于我的痕迹。它证明我来过这世界。谁不想证明自己来过这世界呢？

感受 → 理解 → 领悟 → 连接

1. 握在手里的感受
2. 书写的感受
3. 为什么我要握着一支笔？
4. 因为我要记录

哦，原来我们需要表达、需要传承，所有纷争最终的胜利是文化的胜利、思想的胜利。

图3-6 一支铅笔的赋能策划流程

当然这只是对一支铅笔前期定位理解的一个环节，并不是一项策划工作的开始，而只是策划工作开始之前的部分。在有不断地认知升级之后，我们才可能有定位和连接的方向。这个过程将帮助我们最终明确一支铅笔的意义，而不仅仅是它的功能。所有人都知道商品功能，而那个满足了心智的意义才是连接。

心智的理解有大有小，意义有深有浅，所以也决定了商品市场覆盖率有大有小，品牌影响力有深有浅，但并不意味着某些行业或是商品不能触碰，更聪明的方式是我们可以赋予这个品牌的使用者一种精神，那样便会趋于精神层面的共同认知，我们便可以有机会去操控心智中已经存在的认知，去重组已存在的关联认知。

图 3-6 的策划流程结构图只是导出了一支铅笔的其中一种心智和文化趋同方面的认知，我们会不会导出另外一种或者几种呢？当然会。只要仔细感受和理解，你或许还会发现铅笔和其他笔类之间有一个明显的不同，我们仍然可以利用这个不同点进行连接：

人生就像是一支铅笔，

开始的时候毫无用处，

我们不断地修剪让自己变得很尖锐，

但经历得多了就会变得圆滑，

偶尔承受不住的时候也会断掉。

但只要我们爱惜自己，重新开始，

终究能绘出美丽的风景，

因为这是我们的使命。

我们都是一支笔直的铅笔。

这就是利用铅笔的产品特征进行与其他笔类的区分，这与碳素笔、圆珠笔或是毛笔都是不同的。我们将这种特征进行精神层面的升级，最终达成拟人化描述特征，建立了连接。如果这支铅笔有品牌，策划人就将这种特征注入品牌基因中去，并通过一系列的设计升级和营销表现，去塑造这种精神。只有先确定这些定位的方向和主题，后面的营销设计才有意义。

我们仍以铅笔这件普通的小商品举例。如果你最终细分出一个儿童彩色铅笔的市场，那你就错了。这样的细分定位只会让你陷入市场竞争，对你的品牌发展没有任何益处。因为"儿童彩色铅笔"这个细分不是心智和文化趋同上的细分，只是行业品类别上的细分。产品的行业类别细分在市场操作中体现的作用微乎其微，以致于很容易让营销工作者跑错了方向。

为什么大家都喜欢类别细分呢？其实是因为只有这样细分才有数据做支撑，才显得这个分析结论非常专业。一旦用心智和文化趋同这两个方面进行细分，没有了数据支撑，好像不那么专业。但其实如果我们换一个维度进行思考就会发现，那些顶级的策划大师洞察出的定位从来都是在这两个领域，而且无一例外。他们并不是有更强的数据分析能力，而是有更强的洞察能力。

我们要先定位心智和文化趋同上的细分，然后再反过来策划产品褪去品牌和文化标识后，在同类产品中的形象识别度，也就是产品设计。

儿童彩色铅笔在心智和文化趋同上的细分是人们关于记录成长、描绘梦想、表达情绪和关于爱的需求。没有父母会随便丢弃孩子努力后的绘画作品，因为那太珍贵了，这就是生活中的洞察。所以父母有必要选择一支好一些的彩色铅笔把这份珍贵的时光记录下来，因为梦想和爱要更纯粹、更永恒，而且不会被轻易折断。

所以，如果你的彩色铅笔是"可以穿越时空的色彩"或者"更纯粹的梦想与爱"的形象定位，是不是更容易去建立品牌信誉度与文化呢？在这个主题下再去进行工作者、艺术家、儿童等不同使用人群的应用场景和效果描述，表现出色彩的纯度与爱的流畅，将品牌商对于爱的理解注入品牌基因中去并不断强化，营销工作者也知道该如何去做了，不至于陷入与其他儿童彩色铅笔的行业竞争中去。因为我们是专注于更纯粹的梦想与爱的企业，所以我们的产品卖得稍微贵一点点，你是否愿意多付出一点代价来换取呢？

在这样的前提下，品牌文化的雏形才有可能拉开序幕，我们才开始有了后续的营销操作。如何表达你的彩色铅笔是关于记录成长、描绘梦想、表达情绪和关于爱，是一个非常系统的全盘操作计划。因为太过复杂，本章节无法完全表达出来。并且每一名策划人的表达手法都大相径庭，因为策划工作没有标准答案。但我们可以通过对心智和文化趋同两个部分的起点，来勾勒出市场营销流程的大致框架结构，如图 3-7。

如图 3-7 所述，我们只有确立了心智和文化上的细分，才有可能穿透市场上的竞争性拦截，建立属于自己的品牌。营销上的真正胜利，一定是属于心智和文化趋同上的细分并准确进行连接的胜利。

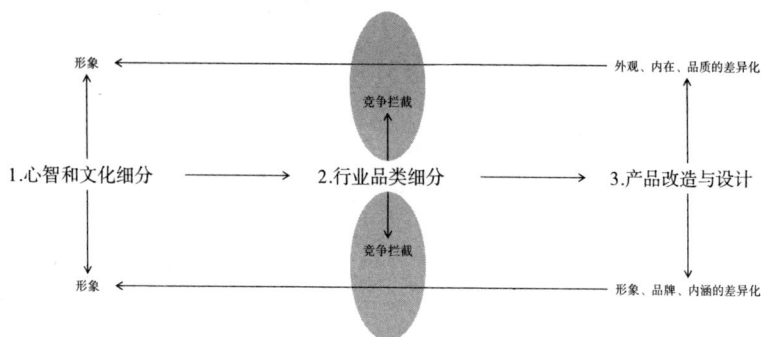

图 3-7　策划与营销的结构框架

立体思维

策划工作虽然是专业性很强的工作，但市场经济是一个极其复杂的系统环境，而且这个系统极其不稳定。虽然很多经济学家从中发现并总结了市场规律，但其仅对宏观市场有效，对局部或是微观市场则很难发挥作用。就像爱因斯坦的相对论在宏观物理环境下有效，但到了微观或量子物理环境下则几乎完全失效一样。尤其是在新兴市场领域，市场变化的速度实际上远超过经济学家们研究并总结出的速度。

因此策划人的思维方式需要以心智定位为核心，同时进行立体化思考。这需要策划人兼具不同的身份，在不同的领域努力进行平衡推动，同时需要保持极度的敏感和冷静的判断。总的来说，这份工作很酷。

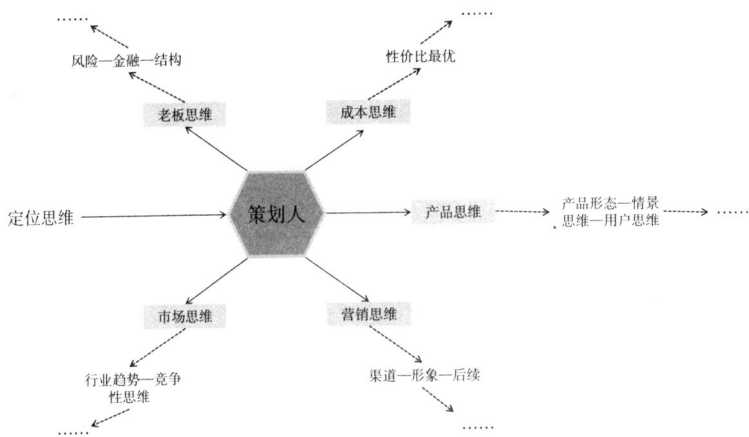

图3-8 策划人的立体思维

图3-8中的五个方面在策划工作中都必不可少，每一个环节出现问题都将是市场化操作的灾难。所以，虽然市场化运作是策划人的工作方向，但绝不是策划人单一的工作轨迹。这需要从事策划工作的人有敏锐的头脑、判断力、把控力和执行力。

除了在每个项目的策划工作中都需要几乎同时保持上述五个方面的思考外，策划人还需要在平时勤于丰富自己的涉猎，关注最新的宏观市场走势、微观市场变化、大数据分析、品牌文化、政治方向、地域特征、金融动态、心理研究等多个方面。在这些领域中，并不需要策划人对每一项都进行专业的分析与解读，但策划人却需要始终保持洞察与思考，以在千变万化的市场环境中找到方向并随时能够处理危机公关。

只有具备了这样立体思维的能力，策划人才能看懂什么是对市场显性的价值、什么是隐性的价值、什么是长期的价值、什么是短期的价值、什么不是价值。其中最大的障碍就是惯性思维方式，这几乎等同于愚蠢的复制。

只有脱离惯性的思考方式，策划人才能提出新的、有价值的操作思路。

有两个人比赛骑马，但他们比的是谁的马跑得更慢。于是两个人骑在马背上都磨磨蹭蹭，谁也不愿意快走。一位老者走上前，在他们的耳边说了一句话，他们两个人便骑着马一溜烟地跑开了。

惯性思维是两个人骑着各自的马，让对方的马先到终点自己便获胜。老人不过是在他们耳边说了一句："你们把马调换一下。"

在面对策划的项目时，我们的心智能不能进行调换呢？将原来的行业分类调整为心智分类。那么在面对已经成熟的品牌时，你就需要增加品牌的深度，在面对新兴的品牌时，你就需要增加品牌的广度，这才是价值连接的基本方向。不要只是简单地分析那些人人都能看到的价值。

比如有一宗位于市中心的土地，策划人不要总是强调位置好，要把位置好这个优势通过更有深度的方法表现出来，在价值最大化的同时融化它的缺点，同时还要看得到其他价值。如果你只是通过分析地铁、商场、学校、医院来证明地段的优势，这些分析的过程无论在方案中显得多么专业，对于结论而言就连街边卖冰棍的老太太也知道，这种论证出来的地段数据几乎等同于无用。

除非你能告诉投资人地铁数据有什么用、商场数据有什么用、学校数据有什么用、医院数据有什么用。记住：分析的价值是这些数据有什么用，如何通过这些数据对项目哪个方面的价值进行连接，方式是什么，而不是"地段好"这种荒谬的结论。

同理，如果是位于郊区的土地，也就不要总强调配套差。

如果不是策划专业的人，分析出的结论都跟你的一样，那你为什么是策划人呢？你的利润可能是来自你用惯性思维的判断，但你的价值一定来自立体思维。不要以利润判定市场导向，而要以你能够为市场提供多少价值连接为导向。利润的逐渐失去就是亏损的前提，拯救利润的是价值，因为价值可以持续叠加，而利润不可以。

这样做的好处就是，当别人的商品卖 100 元的时候，你可以清晰地知道如何打造出 120 元甚至更高的市场售价并让消费者趋之若鹜。这并不是你的营销广告做得好，而是在同等条件下你的产品仍然可以为客户多提供超过 20 元的价值，因为你更清楚他们的需求。

无论你的商品想卖多少钱，都不需要解释你的价格。你唯一需要做的就是展现你的价值。营销是一种共赢，而不是一种伤害。

离开我们的惯性思维吧，除了真理。

第四章

策划人的职能与连接

策划工作是一份很有前景并且值得认真对待的工作，我也时常因为自己是一名职业策划人而感到存在的价值。

策划人不是一类行业的划分，本质上是一种思维方式的划分。

你要如何卖掉一瓶跑了汽的常温啤酒呢？其实我们只要想象一下那味道都觉得难以下咽。但我们似乎忘了，这才是啤酒真实的一面。策划工作就像是往一瓶啤酒里注入二氧化碳这种气体，于是啤酒变得很爽口。策划这份工作在产品属性中就像二氧化碳一样看不见摸不着，但汽量饱满才是你选择购买啤酒不可或缺的原因之一。而这份工作到了营销经理的手里，他们会再添上一道工序，把这瓶啤酒冷藏一下。这时再看到这瓶啤酒，你恐怕已经忍不住想喝上几口了。但我们都知道，二氧化碳和冷藏都不是啤酒产品本身，你却会因为啤酒叠加了这两个元素而购买啤酒，这就是策划人和营销经理们为商品提供的价值，也是他们自己存在的价值。

如果你的商品在市场上滞销，那它可能正像是一瓶跑了气的常温啤酒，需要好好策划一下。策划人可以让产品变得更好，也可以让产品变得更差，但我希望是前者。

通过上面的比喻，你或许会发现我并不是在介绍策划人的工作系统，而是在谈策划人看待事物的角度以及在这种角度下的思维方式。策划行业本身就是一种思维方式的划分，经过长期不断的训练，建立具有逻辑性的立体思维模式。思维就像是一把刀，在对待要着手策划的内容时可以看清本质、厘清脉络，如庖丁解牛一般。然后通过相关资源的重组设计，最终建立市场架构的策略。

谈及一名策划人的成长过程，我们可以借鉴宋代禅宗大师青原行思提出的参禅三重境界作为参考：

参禅之初，看山是山，看水是水；

禅有悟时，看山不是山，看水不是水；

禅中彻悟，看山仍是山，看水仍是水。

提到禅宗并不是策划人在故弄玄虚，而是在实际工作中的成长阶段确实属于这三重境界。

策划之初，看山是山，看水是水。策划人并不理解策划的核心是什么，也无法有效去运用策划的力量。策划工作者会将策划看成一份流程性的工作，照着模板写策划方案。当然这并不是什么问题，反而是策划之初最正确的一种进步方式。因为模板本身就是具备系统性思维的产物，建立系统性、流程性思维是一名策划人的基础功课。如果策划之初连模板都不用，只是天马行空地拍脑门瞎指挥，那并不是策划人。只能说年轻人涉世未深，会被人笑话的。

而在表现方面，面对策划的商品，策划之初的工作者会认为只要想办法说它好总不会错，于是想尽办法包装和赞美商品。这就是策划人只看到了山、只看到了水。山和水好美，所以你要去宣传它。

若干年后，也就是到了一万小时定律前后的一段时间，策划人会进入第二重境界：看山不是山，看水不是水。这时的策划人已经基本不需要再依靠模板进行策划了，相反自己可以主动去综合甚至设计策划流程。当他再看到策划的商品时，已经主动、下意识地进行了趋势判断、可行性分析、卖点提炼……能够有效地提出营销策划方案，并包含可执行的市场竞争策略和发展战略。对销售、广告、客户心理有一定的理解和认知，懂得如何去利用和调配资源。

他会觉得资源、渠道、平台、形象这些才是最重要的。至于产品，只要没有致命的缺陷，只要有上述这些资源通通不是问题，自信心非常强烈。这就是看山不是山，看水不是水。山和水再美，也要有人懂得欣赏才行啊！

或许又过了若干年，当这名策划人被市场无情"教训"过后，当他意识到了曾经的自信其实只是自大以后，他又会回到本质，看山仍是山，看水仍是水。这时的他已经是一名标准的策划人了，学会了洞察事物的本质，无论是产品还是人心。他从做加法的状态，逐渐变成开始做减法，让市场营销复杂的系统理论变得越来越简单透明。

山和水本来就在那里，他思考的是山为什么会成为山，水为什么会成为水，山和水的本质是什么，为什么人们喜欢山和水。把这些思考通透了，所有策划工作已成。

策划人是个没有标准答案的行业，这不仅仅是三个字的名词解释填空，然后等着阅卷老师给我们一个大大的对钩。策划人的工作与生活是一路的风景旅程，不断感受、吸收、酝酿、升级、表达、连接，而永远都有更好的表达和连接方式的呈现，这或许也是从事这项工作最有乐趣的原因之一。因为任何一个高度、大师、作品、品牌都不是策划的顶峰。

所以，策划的工作没有终点，所谓"最好的策划方案"只是自己针对自己能力和认知的总结。策划工作需要调动极大的专注，并在市场基础和人性之间找到一条连接的通路。所以我从不会担心这份工作未来有一天会被人工智能取代，因为策划工作首先是要有情感、有温度、有生命的，有了这些以后，我们再来谈专业。

还记得李连杰在电影《倚天屠龙记之魔教教主》中饰演的张无忌吗？他最后用太极拳打败了玄冥二老，是因为他忘记了所有武功的招数。太极拳只重其意，不重其招，忘记所有的招式就练成太极拳了。策划人这一职业也是如此，真正的策划人没有固定的操作方式，他们随机应变、直击要害。花心思用小伎俩的策划终究成就不了大品牌，这也是市场上邪不压正的道理。

策划工作与打太极拳的道理也是极为相似的，策划人要懂得规律，运用自然的力量，同时心存正念。打压竞争对手并不是策划工作的目的，竞争对手也并不是因为我们的打压而失败，而是因为消费者更喜欢我们的产品。策划工作要实现设定的目标，不能跑错方向，因此策划需要专注、纯粹。

很多时候并不是策划人的营销表达不被理解和接受，而是表达得不够纯粹。很多策划人在研究过市场和产品后，总是梳理出十几条甚至更多的卖点，他们想说的总是太多。虽然他们会阶段性地逐一发布这些卖点，以表现这是专业操作，但其实却是企业的表达节奏，而并非潜在消费者可以接受的节奏。

优秀的市场营销表现和品牌无外乎集中在"纯粹"二字上，这或许可以从被全世界广泛接受的苹果手机广告中得以体现。

在苹果公司看来，"纯粹"似乎成了品牌营销的核心理念。这种纯粹几乎重新定义了广告学。苹果公司用纯粹去建立连接，用纯粹去表达企业精神。你可以回想任何一幅你看到的苹果手机广告。印象中画面上有什么内容？你这时可能连这家全世界最大的科技公司的Slogan（标语）都想不起来。

运柔成刚、刚柔并济、劲发自如、无招胜有招正是这样一种描述。这不是让我们什么也不会就去打仗，武林高手的基础还是要从扎马步开始的，下盘都不稳的话，上了战场不用敌人出手自己都能摔跟头。顶级的策划人都是"意识成象",而初级的策划人则是"象成意识"。在这个没有硝烟的市场经济战场上,你若正,歪的人会对你心存敬意,市场会给你最大的尊重;你若歪,总会有人比你更歪,如此下去便堕入万劫不复之地。

策划行业和其他行业一样,底层逻辑都是相通的。如果想要获得成功,策划人必须尊重客户、尊重产品、尊重市场、尊重自己,还要向往正直、向往品德、向往勇敢、担当责任、相信努力、敬畏自然。这是策划人事业的底层逻辑,在这之上才是我们不同的分工内容。丢掉了底层逻辑,收获的不过是梦幻泡影。

2007年美国首先暴发了金融危机,随之而来的就是一场席卷全球的金融海啸。中国市场受到了严重的冲击,尤其房地产市场一片低迷,项目都遇到了销售压力。面对百年一遇的金融危机,如果不是刚需性自住购房,很少有人敢在这时候出手买房。

当时国内一家大型房地产集团开发的刚需楼盘面对危机,推出了一项"新颖"的营销活动,请买房的客户转动一下"幸运大轮盘",指针指向的格子里有不同的奖励,比如5平方米减免、3平方米减免、数码相机、电视、洗衣机。这项活动在当年还是很新颖的,有些媒体在当时也没什么事情做,跑过来采访我,问我这样的营销活动是不是可以刺激市场,拉动新的购买力。

我告诉那名记者,我不知道这项活动的策划是谁,他可能原来是在超市卖洗衣粉的。卖几块钱的洗衣粉让消费者寻开心一下挺好,上百万的房产,而且是刚需项目,你知道客户是谁吗?是那些为住房发愁的两代人，甚至三代人。他们省吃俭用攒下来的钱凑成的首付，然后全家人为这套房子背上几十年的贷款。他们对项目有多么大的信任，寄托了多大的感情与期待。项目难道不应该加倍拿出真诚去爱你的客户吗？

销售遇到难题，不降价也可以，但应该去深化产品、提高性价比、想办法提高业主福利。这些都不做，却在动歪脑筋搞"幸运大转盘"。把市场经济环境下本该降价让利的空间变成了拼业主的运气。这样的策划内容，显然是迷失在肤浅的认知表面了。

现在这种"幸运大转盘"的形式少了，其实并不是策划水平提高了多少，而是很多售楼处改成了"砸金蛋"的形式。

这是2003年中央电视台《非常6+1》节目策划的环节，随之被各行各业学会，尤其是地产行业，已经足足砸了17年。其实这些都属于组织活动，练习的是组织能力，不是策划能力。

我希望打算从事策划行业的朋友，先了解什么是策划，再了解自己的心智中是否接受策划人这样一种职业标签。

策划工作如同爬山，我们很辛苦地爬到山的一半，却发现旁边一座山有更美的风景，于是选择去爬另一座，却忘了你无论看到那座山有多美的风景，你都要从山脚下开始重新攀爬，而每一座山的地势都是不同的，在山脚下的你，未必找得到上山的路。而策划这座山，你爬得越高，眼界越开阔，所看到的风景也就越来越不同。

策划人不要沉浸在曾经积累的成绩、资源、人脉上，不然这些最终都会变成束缚你前进的负担。大自然已经创造了我们所需的一切，策划人不用再创造任何价值。如果我们通过学习有能力发现这些价值，并与需求进行连接，那么已经可以造福一方、无憾此生了。

大多数人关注的是行业本身的发展前景，而策划人关注的是人心内在的需求；大多数人在行业现状与结果中做判断，而策划人在心智诉求上找升级与连接。

第1节　五大核心内容

行业内的人习惯把策划工作分为前期策划和后期策划两类，口语总是说"前策"和"后策"。前期策划工作更倾向于研究、定位、品牌建立、市场策略、投资预算（概算）等方面；后期策划工作更倾向于广告、销售、媒体、制作、策略执行等方面的对接。

前期策划与后期策划不用咬文嚼字过多纠结，实际上它们最大的区别就在于是以哪一个系统为主。一个是以策划系统为主，另一个则是以营销系统为主。它们之间的关系可以用太极图来作为明确的表达。你中有我，我中有你。没有策划，哪来的营销呢？没有营销，哪来的策划呢？我个人的工作早期是以营销系统为主，近些年转型为以策划系统为主。

策划营销

策划

营销

营销策划

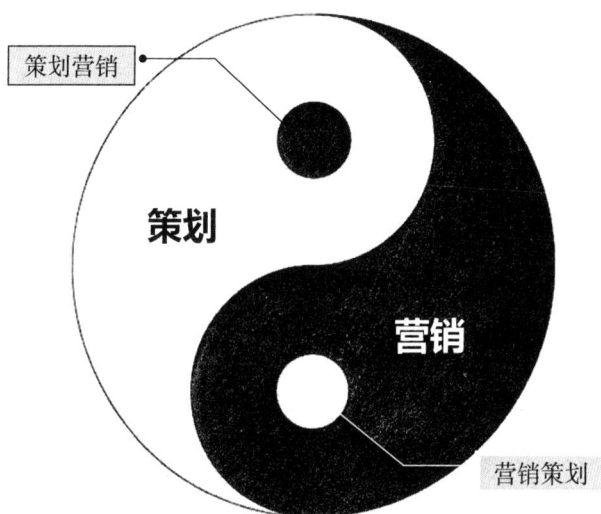

图 4-1　策划营销与营销策划

　　无论是策划系统还是营销系统，都有一个共同的考核标准，就是以向消费者提供价值为导向。有了这个导向，我们便有了通向这导向系统中的连接；有了连接，我们才能清楚自己的方向和进度，这便是策划与营销统一后的强大推动力。

　　在策划的系统方面，这份工作究竟专业在什么地方？有意思在什么地方？价值在什么地方？发展又在什么地方？

　　当我们掌握了这些内容，便可以在工作中自己展开策划人的职能作用了。

　　策划人需要在下面五个领域都能具备独立思考和完成的能力，这五个领域的顺序分别是：可行性研究、市场调研、产品策略策划、营销策划、运营管理策划。

虽然概括起来简单，但有两个方面值得我们特别注意。这两个方面分别是：1.这五个方面都围绕向消费者提供产品价值最大化的核心标准展开，以使得相互之间形成一个闭环；2.要形成产品在市场中的良性营销循环与发展，这个闭环必须反复从1–5进行流动，即到了运营管理策划的层面，我们又要重新开始可行性研究，并循环往复。只有让这个系统的"轮子"转起来，我们才能不断向前。

图4-2 策划流程主要板块

这五个部分如果展开来说系统非常庞大，每一个系统的理论说明和操作可能都会占满图书馆里的一整列书架，光听到这种描述，你可能已经想去睡觉了。

事实上你并不需要掌握那么多系统知识，只需要在思维方式上懂得程序步骤，并灵活运用这些系统框架就可以了。作为策划人，我们的核心工作是发现和表达价值，如果有系统公式可以通过加减乘除得出答案，那策划人早就被数学家所取代了。

策划人应该先学会提出自己的问题，有了准确的问题，答案就不远了。所有书籍、理论和学习的过程最终都只有一个目的：建立自己完整的认知系统。

最怕的是策划人没有问题。

可行性研究

策划人首先要有判断产品价值可行性的能力，这时候的产品可能还不是一个完整的产品，很可能只是一个想法、一个思路、一个框架、一个资源（机会）、一个模式……当然也可能是一个工厂、一项专利、一块土地、一条政策、一个好朋友……

这时候，策划人如何正确看待项目价值和隐性风险尤为重要，因为我们最终要得到一个 Yes 或 No 的决定确认，这就是可行性研究的目的。

优势分析、前景分析、利润分析可能很重要，很多人也在可行性研究中用了大量的篇幅，系统、全面、深入地进行说明并展示自己的专业性。不过最容易出现的风险描述部分往往总是一笔带过，或是仅做一些提示性的分析。其实投资人在做投资决策的时候，第一诉求并不是利润，而是风险的可控性。

而优势和机遇部分也同样不能流于表面，我们要分析出自己的优势和机遇是否也是竞争对手的优势和机遇。如果对手也同样具备这些特征，那自身的优势和机遇很可能在市场营销中被对冲掉。策划人要思考如何在优势和机遇这两个方面进行升级，并策划出升级的建议，这些才是真正有价值的分析过程。

2018 年年初，有媒体曝出唐山收费站采用 ETC 收费模式，收费人员集体下岗并抗议的新闻。事态后来波及全国，引起了广大网民的热议。

ETC 的销售在卖点罗列中可能会表述为一次性投入购买安装ETC 设备，可以减少收费站 24 小时岗位人员，可为高速路企业每年节省若干费用，提高高速收费利润、畅通效率等。

但高速路企业不会这么算账，它会算解雇这么多收费员需要赔偿多少钱、收费员被解雇会不会产生其他社会衍生问题、普及推广车主主动安装 ETC 设备的市场成本和时间是多少、如果 ETC 出现故障会损失多少钱等。

策划人在面对一个新理念（事物）推出的时候，除了要看清本身行业的前景和价值，还要向后看，看看这个新理念（事物）究竟动了谁的奶酪。这必须成为一名职业策划人潜意识中始终保持的思考，只有这样才不会局限在自己的意识判断中。策划人才能更宏观、更客观地提升策划能力，也只有这样才能看清真正的风险来自什么方向。

我早些年做过很多项目策划的工作，自己甚至认为某些策划的内容非常优秀，我的企业雇主们也都对我方案中指出的内容非常肯定。可是在实际执行当中，我总是遇到各种各样的困难，而这些困难往往都来自雇主公司内部。

开始的时候我并未察觉，认为这是与我对接的人职业道德有问题，是个别现象。后来我才逐渐领悟，这些问题不来自别人，反而是来自我自己。

因为企业雇主的诉求是让企业获得更大的发展，因此他支持我的计划，而企业员工的诉求是保住自己的饭碗和现有权利，这与雇主的目标是不同的。如果按照我的策划内容执行，他就会失去自己在企业中的价值。如果我的计划成功了，就意味着他原来的计划是失败的。因此他必须想尽办法让我的计划无法实施，以证明他自己并没有做错。

这是人性的基本面，站在他的角度这样思考是正确的。而作为策划人，你则必须使得自己的意识格局变得更高，以减少这些可能产生的影响。

很多时候，我们不能只盯着产品与市场的解决方案，要考虑更多，既需要为企业提供一个优质的策划内容，又需要为那些因为进步而"受到伤害"的人提供一次全新的机遇，只有这样你才会被支持，你的策划才有价值表现的机会，真正优秀的策划不是以伤害别人为代价的。这与优胜劣汰的市场竞争无关，只与我们的策划水平有关。

如果我们发现确实动了别人的奶酪，又没有新奶酪的补偿方案，项目负责人和策划人就要一起反思了，这才是一个项目可行性与否的实际判断。策划人就是要不断扩大自己的认知边界，才有可能分析出更多潜在的风险。你判断的可行性结论才更有意义。

市场调研

市场调研是从事策划行业的基础工作，也是策划人必须掌握的基本技能。脱离了市场调研的环节，策划的所有工作都是空中楼阁、水中捞月。同时，市场调研也是一项很辛苦的工作，很多策划工作者并不愿意参与这个过程。他们会进行业务委托或向数据公司购买数据，但如果励志成为一名职业策划人，调研技能的重要性就像是吃饭要学会用筷子一样重要。

参与到产品项目的市场调研中是策划人基本的职业素养和职业要求，也是策划人有机会发现价值的最有效途径。通过第三方反馈的信息只能够作为策划人参考的指标之一，绝不能成为全部的决策依据。

市场调研包含了信息收集和数据分析两个重要部分。当我们可行性研究结果没问题的时候，市场调研就应该开始启动。并且实际上市场调研不只是一次性的摸底调查，还应成为一项长期贯彻始终的市场监控制度。

随着互联网发展、大数据系统的建立、信息披露渠道的增多，各种数据和分析层出不穷，这是一个非常便捷的时代，我们对数据的要求也越来越精细。

但除了数据的收集以外，调研的方式方法还是很多的，我们主要可以通过观察、模拟、询问、推测、问卷这几种方式来获得答案。通常来说这些不同的方法应用在不同的行业领域和调研目的方面。

我们要认真统计并分析这些调研成果，为将来的营销工作建立执行依据。因为市场营销当中很多的执行依据，都将来自市场调研的结果。

· 观察法

观察法是指调查人员根据调查对象，用眼睛、耳朵等信息渠道收集信息。这种方法很常用，大部分被用于非公开目的的调研场合与环境。通过路人之间随意谈话、交通的环境观察等方法获得答案。实际上作为策划人，我们要善于观察周围的事物，掌握行为消费的规律并不断积累。养成这样的习惯后，学习会在我们的意识形态中自我成长与提升。

观察调研的方法有很多种分类和渠道，我们要选择适合自己项目的方法。例如你准备开一家临街的母婴用品商店，那么就有非常多的内容可以用到观察法。例如：以你商铺为中心的辐射范围内，有多少人？他们的年龄结构是什么？消费特征是什么？消费地点是什么？出行的规律是什么？文化理念是什么？交通动向是什么？同品类的商家经营特征是什么？经营效果是什么？他们客群的特征和痛点是什么？……

另外，在临街的这条道路上，在不同的时间节点，人流量分布特征是什么？车行、步行、骑行、公交、地铁、出租车、顺流与逆流的交通关系，这些出行方式与你的商铺之间构成怎样的关系？你要如何利用周边这些有利条件进行营销？又该如何规避不利因素的冲击？……这些都是在观察当中的总结与思考，从而洞察出一个优质的结论。

有了这些调研的结论，你可以自信地设计自己的商铺。在装修风格、昭示性、品类设置、商品摆放、促销等方面建立自己的竞争优势。

在观察法应用中，我们必须明确的内容是：首先这些信息必须通过观察并从观察结果中推断出来；其次观察的行为必须是重复的、可预测的。

需要注意的是，当人们知道自己被观察时，他们的行为方式可能会有所不同，这将直接影响调研的结果。因此调研工作应尽量避免这种情况的产生。

另外，在例如人流量的统计观察上，很多电子设备或利用移动互联网已经完全可以替代人工统计，数据更加精准。但人工观察不可取代，这是我们从人的视角来与客户进行连接的必要方式。因为他们行为背后的逻辑、情绪并非完全可以用数据反映出来。

在观察调研的过程中，我们要尽可能多方面、多角度、多层次地进行观察，同时密切注意各种细节。细节的发现往往会成为后期营销内容的核心竞争力，如果只是走马观花地观察一下，你很可能在这一过程中失去巨大商机。

过程中观察者要提前做好分类，并及时做好观察记录。因为在观察过程中会有非常多的现象和信息进入我们的脑中，稍一转移视线就可能将非常重要的信息遗漏。只有记录下来的信息才可以作为后期分析的依据，不然你结论的依据很可能是主观感受而非客观分析。

·模拟法（或称实验法）

实验和模拟调研都具备大致相同的特征，我们日常感觉应用实验调研的方法已经越来越少，但如今的实验调研方法更加先进。我们总是在不知不觉的体验中成为企业完成实验调研的对象，很多市场营销行为中的试用、试吃其实都是属于这种调研方法。他们利用免费或是极低的价格让潜在消费者参与到商品的使用过程，并从中获取市场反馈的数据。

目前很多网络平台都在进行商品众筹的活动，这些商品很多还在研发阶段并没有上市，但是已经开始利用网络平台进行"销售"。消费者可能只需要花上商品上市后一半甚至更低的价格，就可以等待拥有该商品。企业利用这种方式积累原始资金，同时也通过这种方式进行市场调研。

工业时代

生产 ——————→ 营销 ——————→ 消费者

售后 ←——————

信息时代

设计 ——————→ 营销 ——————→ 消费者

认可 ——————→ 生产

拒绝 ——————→ 止损

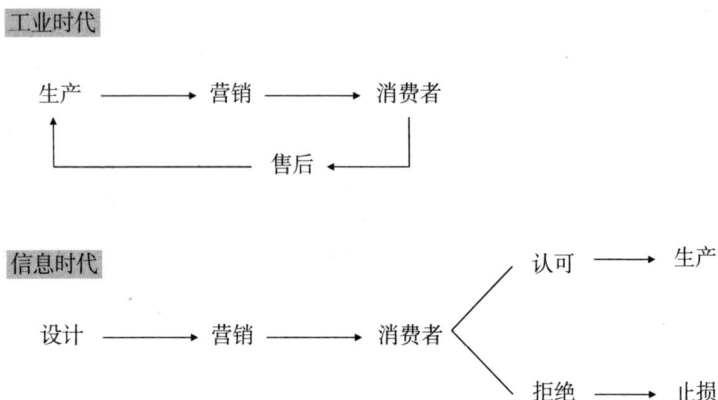

图4-3　工业时代与信息时代生产结构发生的变化

他们通过对商品的描述，解决人们的某些需求，通过网络平台展示出来后观察消费者的反应。这种方式极大地改观了传统调研方法，同时降低了企业的市场风险，是先进的模拟调研方法。

模拟调研法正在通过信息时代的架构得到更长足的发展，模拟调研的方法也将成为未来最有效的信息来源和风险控制的方法之一。

·询问法

询问法实际上属于深度访谈领域，是在你调研的目标客群中，选择最具代表性的"样本"进行对话。这不是为了获得信息，而是为了得到认知的确认。这种深度访谈将会进行较长时间的对话，以至于让受访者进入完全放松的状态，用潜意识来进行问题的表达，再通过调研人员的分析得到准确答案。这样做的原因是很多时候受访者的回答是经过包装的，未必真实去这样行动。比如你问他："你愿意尝试每天早起一小时去做健身，让身体变得更好吗？"他可能会说："是的，我愿意尝试。"实际上一年后他可能还是那个连上班都爱迟到的人。

当然，这样的询问法调研也可以更简单，它将针对不同的调研目标而定。调研对象可以是目标客户，也可以是行业专家，甚至是无关的人。比如："您今早出门的时候，注意到电梯间的广告换了吗？您还记得是什么广告吗？"

· **推测法**

推测法更多属于经验判断的类型，这需要策划人有很强的市场敏锐度和逻辑基础，需要经过长期的经验积累后才可以逐步表现出强大的现实作用。

在推测调研的过程中需要得到相对准确的答案，策划人既不能完全应用消费者视角，也不能完全应用营销系统分析，还应加入一些心理学的研究成分。

策划人可以通过参考别人的营销案例进行自我推测能力的提升，你可以在超市待上一整天，仔细观察一下不同品牌的促销方式与销售之间的关系，试着推测一下潜在消费者对营销方式和品牌的接受程度，或者观察一下商品包装对消费者的影响程度。这些做法都可以帮助自己提高在推测调研方面的能力，从而提高对商品包装的理解和把握能力。

· 问卷法

问卷法是传统且常见的调研方法之一，虽然大数据时代的来临极大地改善了问卷调研的环境和效率，但问卷的方式仍不能被大数据完全取代。虽然大数据时代只是数据时代的启蒙阶段，但升级到了人工智能时代，情况也未必会发生根本性改变。

比如总统大选，选民还是会拿到一张表格，在里面选出自己认为合适的总统候选人，人们是不能接受让人工智能大数据替国家选出总统的。而且人们很容易在决定的最后一刻发生改变，大数据不可能取代人类的思想，因此当今的问卷法实际上更倾向于针对消费者的心理调查。

问卷调研和询问法调研很相似，它们都是最简单的调研方式，也是最难的调研方式。问题在于，作为策划人或是调研人员，我们必须在意识和形式上对问卷调研进行精细设计，很多情况下你最想要的那个调研答案并不会出现在调研问卷上，而是通过其他答案进行综合分析来判断你需的那个答案。这样做的原因是当那个核心问题被提出时，往往不容易得到准确的回答。

这就意味着你要提出一系列高质量的问题，让被调研者感觉到简单容易、没有干扰因素、相对绝对、易于理解。

问卷调研的设计，对需要的市场信息导出的结果极为重要，这需要很高的技术含量，一份调研问卷并不是我们随随便便看到的几个问题，你要获得真正的结果并加以抉择，问卷设计绝对是个技术活儿。比如房地产领域的问卷问题：

①您喜欢有入户大堂吗？

☑喜欢　　　□不喜欢

②您能接受出房率低于 75% 吗？

□能接受　　　☑不能接受

如果你一不小心回收到这样的问卷，作为决策者，你要如何决策楼盘的这个入户大堂是做还是不做呢？

产品策略策划

市场调研结束后，我们清楚了市场现状，总结了市场规律，接下来要做的其实才是最重要的部分。很多策划人认为完成市场调研是一个节点，掌握了市场情况便可以投入到市场营销中，其实这是非常不准确的。

市场调研行为中最重要的部分不只是指导营销，而是建立我们的产品策略。策划人首先要通过调研的结果对产品进行策划，其次才是市场策划，而大多数人在工作中都忽略了这一点。

产品策略部分主要包括我们要向市场投放什么样的产品（产品竞争力特征描述）、投放的数量和比例是多少、对应什么样的潜在消费群体（文化特征、行为特征、营销策略）、价格策略（性价比的竞争力）、我们的产品壁垒是什么（核心竞争力），并在产品策略策划这一环节中将其准确描述出来。而这些内容都源自我们在调研的各个环节中收集到的具有参考性的数据和资料，策划人当加以认真分析、学习、利用并应用在能够使产品进行升级的策略建议中。

营销学中著名的 4P 组合说明了产品策略在营销中的作用，它们分别是：产品（product）、价格（price）、渠道（place）、促销（promotion）。

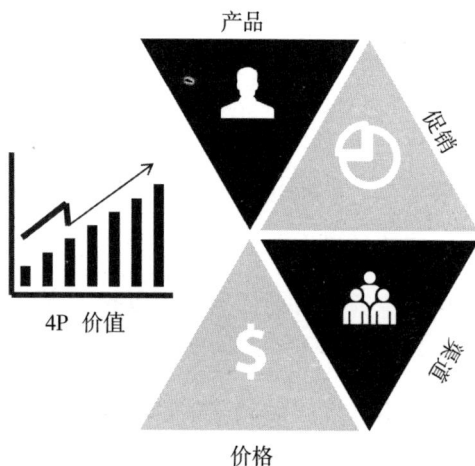

图 4-4　4P 营销组合

随着市场的复杂化与理论系统的不断丰富，当初的 4P 营销组合如今已经升级为 10P 甚至 11P。这些理论研究只是我们脑海中对于策划工作的基础骨架，不用过分地进行研究，包括这本书的内容也是如此。我力争简单，不去介绍分析那些冗长的营销模型也是出于这个原因。营销系统的理论结构过于庞大，从 4P 到 11P 的组合还仅是冰山一角。当我们把营销系统全都学习一遍后，恐怕策划工作就已经无从下手了。

产品是最好的营销，这个道理几乎是全世界营销大师的共识。那些把营销看作比产品本身更重要的人，一定不是真正的营销大师。他们大部分的能力体现在搞促销，而不是搞营销。作为策划人，我们不能把所有的精力都集中在广告与市场，所有可以建立连接并让连接更稳固的方面我们都要关注。产品策略便是建立与消费者连接的基石。

在传统行业中，如果策划人进行过产品策划工作，相对来说他已经比较全面接触了策划行业的全流程。运用产品策划指导设计及生产，将形成产品上市前的一个策划闭环。

如果我们将商场比喻成战场的话，这将是一支完整的具有战斗力的部队。产品是军队的武器，营销则是作战时的阵形和打法，缺一不可。

产品策划之所以未能引起营销工作者的重视，主要是因为人们仍没有从工业时代建立的思维模式中走出来。在工业时代，营销经理和生产经理的工作多半是没有交集的；而在信息时代，企业必须努力打破这种局面，先建立起企业内部生产与市场营销的连接，才有可能将产品与用户进行连接。

互联网与高科技企业成为世界步入信息时代的主角，是因为它们更关注大数据与用户的感受、尊重用户的行为习惯，它们有相对立体的市场理念和洞察力，这是很多传统行业思维转换困难的地方。因此这些行业更好地将营销与生产进行连接，赢得了这个时代。

大部分互联网与高科技企业将策划人这一环节的工作内容单独提炼出来，设置一个独立的岗位，甚至衍生了一个新行业。而这些被分离出的人的确策划出了更多、更好的用户体验和源源不断的经济价值，他们的岗位叫：产品经理。

策划人不是具体的产品经理岗位，但产品策划工作必不可少，而且策划人应该在产品研发和用户心智中找到连接的方式。

产品策划有时并非来自产品本身，还可能来自产品的延展功能或者其他方面，如客服、物流、售后这些不一样的体验连接。

如果你的产品足够好，似乎没有太多升级的空间，那你不妨策划一下产品的包装部分，星巴克就是这样一个例子。

星巴克的营销有很多神奇的内容，除了店面风格与文化输出外，最为"神秘"的可能就要数它的杯子。很多去星巴克消费的顾客都会被它的杯子型号搞糊涂，实际上星巴克的杯型按照分类分别是 Short、Tall、Grande 和 Venti，也就是说对应的是小杯、中杯、大杯和超大杯。答案是：星巴克竟然有小杯。

星巴克的小杯被誉为"咖啡界的百慕大"，有如人类认知的黑洞，像是金字塔或是 UFO 一般的神秘存在。

星巴克的店员总是告诉你"大杯是中杯，中杯是小杯"这种充满"禅机"的描述，消费者在星巴克的杯子面前世界观是被颠覆的。当你终于下定决心告诉店员你要一个中杯的时候，"可气"的星巴克店员还会立刻反问你一句："您确定吗？"这句话一出更是乾坤颠倒，你刚刚建立起的认知再一次崩塌。"大杯是中杯，中杯是小杯。天哪！我刚才点的是什么杯？"

实际上对于大多数星巴克店员来说，他们自己也不清楚公司为什么要这样设定杯型并要求他们这样解释。面对每天繁忙的工作，这种事情解释起来简直就是无聊透顶。

星巴克的这种杯型定义已经整整困扰了全世界的消费者40年，而星巴克公司并没有要改变的意思。

星巴克真正的小杯总是放在抽屉里，不做对外展示，菜单栏上也总是像电脑程序一样将小杯隐藏起来。只有当你强烈要求点小杯时，他们才从抽屉里拿出来给你看一看。而只要对比那些"大杯和中杯"，你最终也会放弃小杯的选择。毕竟各种杯型之间的差价只有3元钱，你并不想在星巴克店内举着小杯被"歧视"。

星巴克的杯型设定也属于它产品策略的一部分，而各种杯型之间的差价仅有3元钱，就是它的价格策略。你被它的杯子搞糊涂并在网上吐槽，而这并不是什么星巴克的劣势，却能够引起一片"哄堂大笑"，又反而成为星巴克的营销传播。星巴克人为地制造了一个"冲突"，便建立了一个传播的内容。

我们来看一下更为现实一些的案例。如果对比下面的两张房地产楼层平面设计图，你就能够清晰看出产品策略在市场营销中的重要性了。

在几乎相同的基底布局上，应用产品策划将会极大地增加产品的市场竞争力。感兴趣的朋友可以仔细地对比一下两张图，我相信你可以轻松找出图 4-7 强于图 4-6 设计的至少十个优势。

营销人员在面对图 4-7 的产品时，可以更大发挥营销想象空间。但营销人员如果拿到的是图 4-6 设计图中的产品，恐怕只有一声长叹了。如果图 4-6 和图 4-7 的产品在同样一个区域内展开竞争，那么图 4-6 营销的"最高境界"恐怕也只能是降价了。这就是产品策划所显现的优势，策划人要具备指导建议产品设计的能力。

图 4-6　户型图

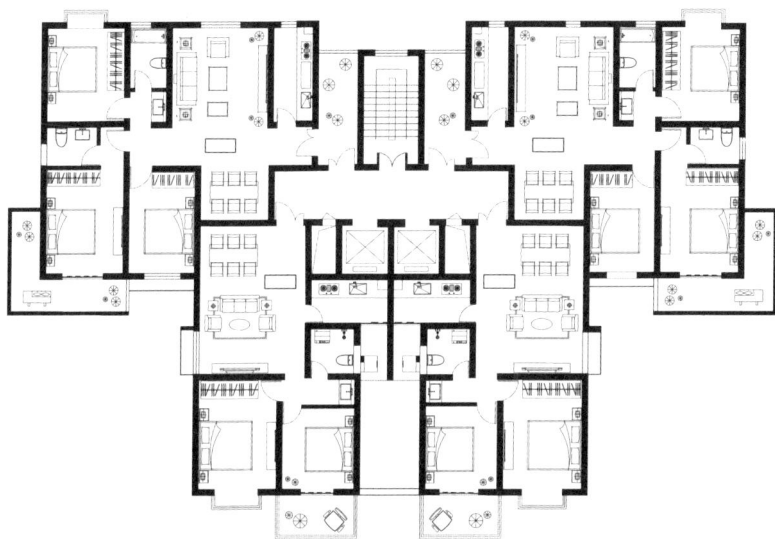

图 4-7　户型图

　　产品策略是各行各业都需要严谨对待的一项工作，这是生产与销售之间承上启下的关键环节。这不仅是面向大型企业的专业分工与系统营销，甚至也是创业型企业所应当具备的。因为这项工作甚至不需要花钱委托专业人士，只需要你自己具备营销意识就可以。

　　当然也有一些非常固执的人，他们拒绝营销，并总是抱着一种观念"我的产品这么好，我就不信卖不出去"！而最终的结果，往往是超过九成的概率他们真的卖不出去。营销并不是绝对的，但好的营销一定会增加你成功的概率。因此如果你的产品真的是一流品质，那么你应当给它配一个一流的营销团队。

大小生意都是如此，合理地利用营销可以将小生意做成大生意；而用错了营销，则可能将大生意做成小生意。

营销策划

前文已经谈到，策划的工作内容中包含了营销策划，这里就不再赘述。而单独进入营销系统后你或许就会发现，营销行业虽然是个单独的专业领域，但却不能真正独立出来。这个行业不能像艺术、考古、音乐、会计、医生甚至设计师一样相对独立在本领域。营销领域的人只要一开口说话，就是其他行业的内容，这是因为这个行业本身就是由诸多行业混合而成的。它包括经营管理学、销售学、统计学、经济学、社会学、广告学、所属行业信息（如家具、汽车、服装）、心理学、地理学等，甚至还包括文化和历史学。

正因如此，营销学的书籍可能也是图书行业中最庞大的书籍分类。营销专家并不是这些领域的专家，但他们却是对这些领域都有涉猎的杂家，因此成了营销领域的专家。

很多时候营销工作遇到的问题答案，并不在当下面对的环境里，可能是与之平行的另一条路。因此有经验的营销工作者眼睛通常前、后、左、右、上、下同时能够看到。他们对各个方面的信息进行过滤、沉淀、积累和总结，最终可以让自己在不同的行业甚至时空里进行跳跃连接，从而找到眼前问题的答案。

在本章中我会总结一些对营销工作的感悟，我并不会告诉大家要如何把这些"零件"组合成一辆车。那是因为你并不需要一辆车，你需要的只是感受驾驭、制造收益或是从 A 点到 B 点。汽车只是你进行连接的工具而已，汽车厂商在卖的其实也是这些。

我希望这些观点和思考能够对读者提供帮助，因为当我们完成项目的可行性、市场调研和产品策略三个部分后，到了这一步，就要开始直面市场了。

如果你认为找到客户是一件非常困难的事，那通常情况下是因为你还没有找到自己（商品个性）。在信息时代的市场环境下，更好的传播方法并不是铺天盖地地做广告，而是制造内容产生裂变，强调我（商品、企业本身）是谁。通过强化"我"的形象，从而吸引有相同文化背景和理念认知的人走到一起。所以这不是简单的功能诉求，而是精神诉求。这也是品牌结构建立的雏形。

一味地讨好客户可能并不是更聪明的营销方式，客户常年沉浸在这样的环境当中通常已经被"宠坏"。更聪明的方式或许是你需要去做一些客户做不到的事，让客户来热爱你。这种事情并非一定是那种可以纳入吉尼斯世界纪录的事，比如你只是做了一个纯粹、真实的自己，客户一样会热爱你。你可能会觉得这样的营销建议实在太普通了，但事实上，这样的建议非但不普通，反而比去做那些打破吉尼斯世界纪录的挑战更难。

关于真实的自己这件事，世界上绝大多数的人都做不到，客户也一样。所以我们一直在热爱着这样的人和这样的商品。

大家都知道褚橙，仅仅是这两个字呈现在大众面前就已经值得很多人肃然起敬。褚橙的品种是一种冰糖橙，因为褚时健在云南种植栽培了这种冰糖橙，被人称为褚橙。褚时健用自己的姓氏，重新定义了一个果类名称。从此，世界上有了两种冰糖橙，一种是普通的冰糖橙，另一种是褚橙。它们的味道没有什么区别，但吃到一颗褚橙是我们的荣幸。这时候你吃的还是橙子吗？

75岁的褚时健已经不再是当年的"中国烟草大王"，更不是红塔集团的董事长，当时他刚从监狱保外就医回到家乡，承包荒山种橙子。他每天穿梭在云南哀牢山上的橙园里细心培育着自己的果树，直到85岁褚时健的橙子终于进入北京市场开始销售。种植十载，不屈不挠，不仅褚橙的美味口感远近闻名，也让老人家从人生的谷底再次走上了人生的高峰。褚时健这位八旬老人成了励志故事的典范和榜样，而被人们津津乐道。也让普通的冰糖橙也被人们叫作"励志橙"。

一个橙子的含义居然可以如此厚重，并被赋予了励志这样的精神内涵，甚至是被消费者们主动赋予的。褚橙品牌建立的故事告诉了我们一个道理：消费者是如此可爱与善良，你不需要用太多的营销套路去"忽悠"他们，只要能够告诉他们什么是价值就已经足够。

如今的褚橙种植基地每年接待大量的考察团、游学团、企业家俱乐部成员，这些身价百万、千万、亿万的富豪从全国各地甚至世界各地纷至沓来，难道是去学习橙子种植技术的吗？

他们是被连接了，被精神、被信念、被毅力、被敬仰……这些心智当中已经存在的认知紧紧连接在一起，而褚时健与橙子则是连接他们的载体。

在市场营销中，强化自我形象的建立不意味着失去对客户的关注，而是可以让产品更好地从市场形象当中跳出来，快速建立连接。对于非广告和营销专业的潜在消费者而言，广告的出现总是令他们感到讨厌（即使是这两个行业的人，他们也一样讨厌那些突如其来且缺少美感的广告）。不管你的营销广告拍得多么五颜六色，对于客户而言，广告的出现是他们在去往另一个目的地的拦路虎。

我们看到，当李佳琦对着直播观众喊出"买它"的时候，大家就会下单。而你对着潜在消费者喊"买它"后得到的是冷冷清清的路人甲乙丙丁，这不免让人感到非常尴尬。所以并不是广告语的问题，而是李佳琦已经强化了自我形象。是自我形象的差别，不是产品与口号的差别。

强化自己，让客户在缤纷的营销广告中更好地分辨和识别你。营销工作应该尽量避免陷入海量的广告大战中，除非这有利于客户识别你。营销工作应主动树立价值标杆，才有机会与市场的潜在消费者进行连接。

其实"你是谁"消费者一点也不关心，你代表什么才是消费者关心的重点。你所代表的，与消费者的认知有没有连接？

陈欧的"我为自己代言"一度掀起了网络的关注热潮，为聚美优品网站吸引了无数流量，建立了极强的客户黏性。因为消费者发现陈欧的自我介绍，并没有说他是哪里人，从哪儿毕业，干了什么……陈欧说的不是他自己，而是在为 20 世纪 90 年代出生的所有人发声。于是那 147 个字的"散文诗"成为最长的广告语，与众多潜在消费者建立了连接，甚至让消费者成为粉丝。

你只闻到我的香水，却没看到我的汗水；你有你的规则，我有我的选择；你否定我的现在，我决定我的未来；你嘲笑我一无所有不配去爱，我可怜你总是等待。

你可以轻视我们的年轻，我们会证明这是谁的时代；梦想是注定孤独的旅行，路上少不了质疑和嘲笑，但那又怎样，哪怕遍体鳞伤，也要活得漂亮。

我是陈欧，我为自己代言。

虽然如今聚美优品的经营遇到了危机，但这又是另外一个话题了，很多人希望有一天它可以重新站起来。这是因为这段代言的文字依然深深地回响在受众者的脑中。这就是"我是谁"的影响力与连接。

强化自己形象的方式除了可以去为产品代言，你还可以解决潜在消费者的实际痛点，哪怕只是在广告里也能解决很大的用户痛点并引起共鸣。这种方式的营销案例我刚刚在前面的章节中已经进行了描述，就看我们作为策划人是否一直保持了敏锐的洞察力。答案往往就在我们的身边，我们却总是要不远万里去寻找。

是的，我刚刚在前面说了一句话："对于客户而言，广告的出现是他们去往另一个目的地的拦路虎"。

如果你不是视频网站的收费 VIP 会员，你就必须忍受视频播放前漫长且无聊的广告。如果你既不想成为视频网站的收费 VIP 会员，又不想观看那些广告该怎么办呢？这就是用户痛点。

"农夫山泉提示您：此广告可以免费关闭。"

这句话相信大家并不陌生。同样需要支付广告费给视频平台，农夫山泉为什么可以让用户免费跳过它的广告呢？难道农夫山泉傻了吗？当然不是。非但不傻，农夫山泉的营销水平还非常高明。首先，我们看到农夫山泉的广告画面非常精致，它们通过在大自然中讲故事的方式来向你传递信息，当那一股股的泉水出现在你的屏幕上，简直就是这混沌世界的一股清流。农夫山泉和那些喊"买买买"的广告不是一种风格，它更像是一个纪录片，让你用几十秒的片刻时间找回自己与自然的连接。农夫山泉的广告《等一只鹿》用 90 秒的时间讲述了一个故事，被誉为"史上最美的广告片"。如果连这你也不想看，那你就果断关闭它吧，享受一下农夫山泉给你的权利。记住，这不是你应有的权利，是农夫山泉给你的权利。

广告的背后是精细的设计与监控，农夫山泉通过后台统计到用户对于每一支广告的观看时长、跳过概率等数据。通过这些数据分析，农夫山泉可以确定新广告的内容以及投放时间等，更加精准出击，提高投入产出比。另一方面，这还涉及一个广告行业计费的方式，其实如果用户在 15 秒内关闭了广告，农夫山泉是不需要向视频平台支付费用的。因此这种广告投放方式并非不经济。

不管怎么样，只要你记住了"农夫山泉提示您：此广告可以免费关闭"这句话，它的广告目的就已经达到。因为只要你点了旁边的 ×，就意味着你欠了农夫山泉一个人情。

现在消费者知道农夫山泉是谁了吗？

营销策划有时可以让我们惊喜地发现，解决痛点未必和自己的产品有关，甚至可以通过另一种方式解决用户和其他商品之间的痛点。不管用什么方式，你只要正确地向用户传递"你是谁"并建立连接，达到这个目的就行了。

很多中小企业的老板同样在认真塑造"我是谁"这个营销的核心要素。于是我们总会在不经意间"惊喜"地看到一种类型的广告画面。广告中老板站在前排中心的位置，而员工们依次排开站在后排。广告语打上一段文字"×××总经理携全体员工，欢迎您的光临"。这显然是只强调了"我是谁"而忽略了连接在营销中起到的决定作用。

亲爱的读者朋友，如果你不是上文广告中描述的这位老板本尊，那么请闭一下眼睛，想象一下你曾经在众多场合下见过这种类型的广告画面，你能记得起一个总经理的名字，算我输。

当然，营销工作者也要知道，很多商业广告发布的目的并不是销售商品，它也包含很多其他目的，比如给投资人看、股票造势、强化品牌、排挤对手等，甚至就是因为这家企业今天上市，老板心情不错，昭告天下用的。如果内容足够优质，这也是不错的个性 IP 表达方式。

近几年还出现了新的广告形式内容，有很多城市出现的路牌广告，甚至把整架飞机广告包下来给某位只有十几岁我都不认识的明星庆生，"祝某某某生日快乐"，铺天盖地地刺激着我们的眼球和神经，经常会让我这样的老策划人迷醉很久，不忍直视。

运营管理

运营管理也的确是要策划人"操心"的，如果我们不了解、不掌握项目全流程设计能力，把产品都卖出去之后也根本没有考虑后续服务和运营，或者在经济测算和现实条件上根本没有运营的基础，那么这肯定不是一个好的策划提案，甚至是一个危险的策划提案。

即便如此，这些还算是好的，因为毕竟投资主体在承担主要后果，而那些因为自己的贪欲而让别人承担后果的，就真的很让人心痛。

我见过华北地区的一家养老机构，因为城市配套的费用问题，这家养老机构冬天竟然是没有供暖的。一屋子的老人围着两个"小太阳"在取暖，如果是自己的父母住在这样的楼房里，我们会是怎样一种感受呢？

某大型房企 2003 年在天津黄金地段建商城卖铺位，当时销售到 6 万元 / 平方米，打出的广告是"一铺养三代"。那个时候我还年轻，但看到这个价格后嘀咕了一句："三代养一铺还差不多。"后来怎么样呢？真的不幸被我一语成谶了。开发商把钱赚完了却没有运营保障，商场开业之后早上连大门都没有人开，扶梯、电梯都是没电的，经营者们哭天喊地。时至今日，过去了差不多17年，那个项目仍然绝大部分空在那里，二手房的价格不到3万元/平方米。

作为策划人，我们必须非常清楚运营在一个项目中的重要性，很多消费者认为策划、广告、销售都是骗子，就是因为他们最终拿到手里的产品"货不对版"。项目的运营策划，并不是在项目进入运营阶段才进行，而是在项目立项、定位阶段就要进行结构策划。项目运营策划介入项目的时间越早，对项目的实际帮助就会越大。

在写这本书的同时，我刚刚为一家大型国有企业投资建设的美丽乡村项目进行完前期定位策划工作。我们如果需要把策划的商业结构讲清楚，就必须把各个主体下的运营结构讲清楚。在设计运营体系构建的同时要融入多方的合作机制，建立新的管理、责任制度，要通过多方的确认共同监督与实施。这些都是难度相对比较高的运营体系设计。

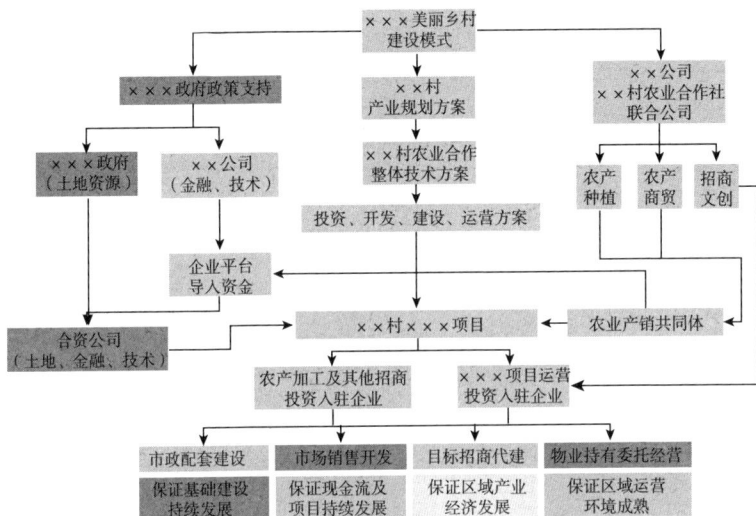

图 4-8 ×××美丽乡村运营结构策划模型

实际上图 4-8 中的每一个环节，我们都需要有详细的展开分析说明，以保证项目在政策、可行性、资金、责权确认、风险与收益、税收、就业等众多方面具备更多优势及可操作性，也只有这样才具备运营的基础。本书中插入该流程图仅作为说明，不展开介绍。

第 2 节　客户功能画像

在说策划人自己的功能画像之前，我想先说一说大家经常在工作中遇到的目标客户画像。虽然我们已经在市场调研阶段明确了目标客户，并在营销操作上针对这部分群体开展了工作，但就我个人的观察来看，客户画像在大部分策划领域的工作中缺失都尤为严重。所以反映到营销上的难题就是：

为什么成交转化率低？

为什么客户很难邀请？

为什么投诉比例降不下来？

其实归根结底这都是因为前期我们对客户画像的理解和描述不够深入。房地产行业是对营销要求比较系统的行业，毕竟轻则也是上亿的投资，甚至数十亿、上百亿的投入。但即便如此，在客户前期画像方面仍然很多时候存在简单粗暴的表达与理解方式。因此，还是要用房地产行业做一个隐喻，然后再折射到其他行业看看情况会怎样。

例如，很多项目的前期客户画像都是这样描述的：

·年龄 30 ～ 50 岁；

·大型企业中高层管理人员或政府公务员；

·家庭年收入 50 万元以上；

·三口及四口之家；

·主要来自 ×× 区域，目前居住环境为 80 平方米左右老旧住宅小区；

·有一定的经济基础，喜欢旅游、摄影等；

·对品牌有一定的认知和理解能力；

......

这些描述是不是看起来有些似曾相识呢？按照上面目标客户画像的叙述思路，我们来为一家餐厅的午餐供应做一个推演分析，我们截取三个主要特征：

1. 年龄 30 岁；

2. 月收入 1 万元；

3. 大学本科学历。

我们来模拟一下向同样具备这三个特征的人卖掉一份价值 30 元钱的午餐，会发生什么情况？

A 君：在北京国贸大厦当文员，他的午餐很可能是喝一杯咖啡＋几块曲奇饼干，价值 30 元。为什么会这样呢？因为他身边的文化就是这样，不太允许他在办公室里吃韭菜馅饺子。他必须尊重他的环境、文化与工作节奏。久而久之，这就是他的午餐习惯。

B 君：在北京中关村电脑城卖电脑，他的午餐大体上会是一份肯德基汉堡包＋大杯可乐，价值 30 元。为什么呢？因为他身边的文化就是这样，你很难想象这名电脑销售人员先喝了一碗开胃汤，然后慢条斯理地用叉子吃蔬菜沙拉。

C 君：在北京动物园服装批发市场管货运物流，他的午餐可能是一份旁边小餐馆的盖浇饭或者从家里带来的妈妈昨晚做的鸡腿饭，中午用微波炉加热一下，价值 30 元。为什么会这样呢？因为他的环境、文化、节奏就是这样，你也很难想象这名管物流货运的 C 君中午吃的是精致的三文鱼刺身蘸点酱油和芥末。

我们不要忘了，他们的年龄、收入、学历都是完全相同的，

A君、B君、C君可能来自同一所学校，甚至就是同一个人。只是工作地点发生了变化，前面所有的指标和描述都立刻变得没有了意义。人在不同的环境下，消费模式是截然不同的。

这个案例告诉我们每一名策划人，如果我们不认真去研究客户心理、文化、地域、背景、行业这些直接影响消费行为的条件，仅仅给他们贴上大标签，你可能连盒饭也卖不出去，何况是几百万、上千万的房产！这也是我们后期的营销活动和广告表现吸引不来客户的原因。

策划人的客户画像，需要非常清晰、细致。尤其在中国的市场环境下，文化认知和层级往往都是非常微妙的，即使相邻的两个村子只隔了一条马路，口音都会有所不同，何况是文化特征。

因此，给目标客户贴大标签的画像是没有用的。

策划人需要更为具体地掌握目标客户群体的特征，让他们的形象从纸面上"活"起来，甚至尝试用他们的思考方式去思考问题。

或许你觉得这样的要求不够具体，那么你谈过恋爱吗？如果你是男生，你怎么感受你女朋友的性格？如果你是女生，你又如何感受男朋友的性格？你知道什么事会让 TA 开心，什么事会让 TA 不开心吗？

对于目标客户群体，我们需要掌握他们的哪些细节特征，并更准确地进行客户画像呢？你只有更多地洞察和思考才能了解更多的细节。

比如：他们爱不爱喝酒？他们在哪儿喝酒？为什么在那儿喝酒？能喝多少酒？喝什么牌子的酒？晚饭一般吃什么？在哪儿吃？跟谁吃？娱乐活动是什么？几点回家？几点睡觉？几点起床？孩子几岁？学习好不好？男孩还是女孩？在哪儿买衣服？买什么衣服？为什么买这样的衣服？他们做的行业是什么？这些行业目前景气不景气？这些行业的发展和未来趋势是什么？喝茶吗？喝什么茶？开车吗？开什么车？度假吗？上哪儿度假？……

这些看似都是特别八卦、特别无聊的问题，但实际上却是策划人深入了解客户、掌握他们的特征、清楚他们的痛点、策划出符合他们需求特征的营销策略的基础。这是策划人了解和思考客户的过程，我们并不是要把上面这些问题都写在方案里，但我们必须了解他们，这才是客户画像的过程。

深入了解客户之后，我们再去设计产品，再去设计营销的主题，怎么可能邀请不来客户？

第 3 节　策划人的注意事项

策划是一份既充满挑战，又要求严谨的职业。这份工作可以让你收获极大的成就感，也可能让你面对质疑与指责。简单来说，策划本身就是一份让人品头论足的职业，你必须接受这一点。

有些时候，企业的老板会要求会议室里的管理者们对危机提出解决方案、对企业战略提出建议，而管理者们则面面相觑，拿不出好主意。不过只要策划人一张口发言，总是打破僵局的最好方法。会议室里的人顿时都变成了各个领域的专家，甚至是策划专家，口若悬河地对策划建议展开全方位讨论。

我相信这种情况在每一位策划人的职业生涯中都会经常遇到，这虽然并不让人感到舒服，但意味着你的策划建议必须经得住全方位的推敲，是严谨、可行的。害怕被批评的人无法成长为一名优秀的策划人，这样的场面需要策划人有更高的胸怀与"临危不乱"的自信，而这种自信只能来自你真正的专业，当然也包括一些技巧上的应用。

那些可能会保证策划方案通过的技巧其实并不值得一提，也无关什么策划的格局与思路，而且它与整本书的主题并不相符。不过或许有些人感兴趣，我就借此机会说上几句。但我要强调的是这些技巧都是因人而异，不同的人在使用后未必都会得到满意的结果。

如果我预感有很多人会因思路都不统一而对我提出的策划内容发生争论时，我会提前故意在策划建议里留下一个小破绽让大家发现并讨论。这样就保证了大家在方案讨论时的注意力可以统一，又不影响方案整体思想和指明的方向。同时，从人性基本面的角度考虑，策划人也不能过于完美地展示自己的思想，你需要留出策划的价值空间给其他参与此事的人。你需要让每一个能够参与讨论你策划内容的人，都可以在你的策划方案中找到属于自己的位置，毕竟每个人都需要他自己的价值存在感。另外，我也经常在策划方案中引用领导人、政府、大师的语录或观点，以暗示每一个聆听方案的人，在这些高度指引下的内容就不用讨论了。

除了注意别人的观点，策划人也要更加注意自己的观点。

我记得曾在一次大学的演讲中给学习营销的同学们分享完关于策划知识的要点后，我又补充了一句话，我向大家问道：

"你们知道策划人最重要的注意事项是什么吗？"

同学们摇摇头，我大声告诉他们，答案是：

"自己千万别信！"

我记得当时课堂里的同学听到这句话瞠目结舌，似乎台上站了一个在教他们行骗的人。这个辩证关系的直接感受就是：自己都不信的策划内容，怎么能卖给别人？

其实讲这句话是为了让大家对重点内容提高注意力，因为我后面要讲的内容的确非常重要。因为我的核心观点"自己千万别信"绝不是贬义词，更不是要去欺骗消费者，而是告诉每一名从事策划的工作者要冷静客观地看待自己策划的内容。强调观点客观才是最重要的，切勿主观判断。

尤其是在广告表现这一方面，消费者可比策划人冷静多了。因为一幅广告画面、一句广告语可能是这位策划人埋头苦干了一个星期的结果，他可能已经下意识地把这幅广告当成了自己的一部分。但对于消费者来说，这幅广告可能只是眼前的一瞬间，甚至视而不见。策划人和消费者相比，他自己的连接更深。

这种情况可能会导致一个严重的后果，那就是当营销出现问题的时候，策划人很难客观发现和处理问题。因为他相信了自己策划的内容后，并不知道问题在哪儿。一旦主观思想在指导着营销思路，他要如何才能调整策略呢？

我们来设想一下，写出"怕上火，喝王老吉"广告语的那位策划人，如果有一天他感觉到自己嗓子不舒服，猜一下他是会去药店买药，还是到便利店买罐王老吉回来喝？

"今年过节不收礼，收礼只收脑白金"的那位策划人，春节回家他真的也会买上几盒脑白金送给自己的父母亲人吗？

广告画面里那些露着大腿穿羽绒服的模特在冰天雪地里奔跑嬉戏，告诉消费者羽绒服真的很暖和。如果策划人自己也照样子去做一次，感冒了就怨不得别人。

策划人一旦自我沉浸在策划的内容里，通过自己编织的广告内容相信了自己的产品真如广告里所描述的一样，是非常危险的。策划人要始终站在客户的心智里去策划和看待问题，而不是自己的心智里，除非你真的可以代表客户。

第4节　策划人的前景

社会的经济发展会非常需要策划人，但是不缺策划。策划只是一份领工资的岗位，而策划人则是独立思考的掘金者。如果你相信中国会崛起，就应当相信策划工作是中国崛起在所有领域中必不可少的重要一环。

未来在以中国主导的世界经济格局中，中国制造、中国创造、中国品牌、中国影响力都需要更多策划人这样的岗位推波助澜。而每一个行业的美好未来都需要从业者认真负责地务实付出。

或许有些朋友会想："有些行业或产品已经不景气，就该淘汰掉，并不是每一个行业都有前景。"那我就要告诉你："你应该反思了，因为这并不是一名优秀策划人应该说的话。"

在很多"走向末路"的传统行业里，有认知基础、社会基础、产业基础、用户基础、人才基础、技术基础、文化基础，甚至有记忆基础，有这么多的优势基础不去研究与策划，一定要涉足什么基础也没有的全新领域，这无非是策划人的一种执念。

其实很多行业或商品只要在表现形式和价值导向上做一些调整，便可以散发出新的生命力。工业时代到来后，本该淘汰的传统行业至今到了信息时代我们依然能够在各种场合看到，比如马车、人力车、刺绣、铁匠等。甚至在互联网的信息时代，我们反而惊喜地看到，那些传统的服装行业变身成了更方便地定制生产，并有了新的生命标签：工业 4.0。

如果策划人只能看到所有人都能看得到的机遇，坚决地认为金融、互联网、人工智能、生态技术等领域才是发展路径，那也不错，不过那是个人选择的领域，不是策划人这个行业本身的职业特征。策划人会看到传统手艺人的新行业模式，会看到落后产能工艺带来的升级体验，会看到亲子教育与父母在职场压力下的矛盾，也会看到怎么把绿水青山变成金山银山……

第五章

品牌的建立与连接

有些人认为品牌的建立是让自己的商标不断被客户熟知的过程，其实这种观点是完全错误的。这样的品牌建设操作除了拉动广告业的发展以外，一无是处。任何的品牌（商标）都不可能单独和客户产生任何关系，品牌只是连接过程中最重要的通道之一。

客户对品牌所产生的欲望，才是品牌建立的基石。你以为的品牌不是品牌本身，欲望才是，也就是品牌所指向的标签。你的商标无论怎样反复出现在潜在消费者面前，如果不能指向一个标签进行连接，都不可能形成购买力这个结果。品牌的建立实际上就是连接的过程，你必须指向一个第三方。

通过这样的观察，我们也许会发现全世界所有的商业品牌本身都没有任何意义，品牌的意义全部是通过指向性连接完成的。如果没有指向性连接，品牌就只是一堆没有用的字符或者乱码。

"海澜之家"会让你产生购买欲望吗？完全不会。你对这四个字没有任何感觉。你之所以觉得这是一个品牌，并愿意产生消费是因为"男人的衣柜"。"海澜之家"只是把没有意义的文字组合连接到了"男人的衣柜"这个心智系统，于是你觉得这是一个有用的四个字组合。然后"海澜之家"在广告中不断确认自己的定位，逐步深入地告诉你"男人一年进两次海澜之家就够了"。于是你确认了"男人的衣柜"这个连接。

"法拉利"这三个字的品牌是众所周知的，但这三个字我们甚至无法从中文含义中找出任何解释的基础。你对这三个字本身同样没有任何欲望，但看到这三个字后瞬间连接到了速度与激情，你一下就兴奋了。同时它还连接了红色、跑车、昂贵、意大利、F1等标签，于是这三个字变得意义非凡。这完全是连接的作用，于是你会想象自己连接到了这些美好的感受之后所获得的满足感，从而对这个商标产生认同，于是才诞生了你认可的品牌。

耐克从中国制鞋厂花120元人民币买走的运动鞋，因为打上了"Nike"品牌，其售价一下子就翻了几倍；

纪梵希的一件衬衣卖到10800元；

爱马仕的一个钱包售价122700元；

都彭的一只打火机价格在6000元以上。

这些无一例外都是品牌的竞争力在起作用，消费者买的究竟是什么？

国内外那些知名的大品牌，可能每年花几千万甚至上亿美元的广告费，它们在做的其实只有一件事：让它们的品牌在你的心智中与"第三方认知"产生连接。对"第三方"连接得越准确、客户反应时间越短，品牌知名度和影响力就会越大，购买力就会越强。

品牌是连接的载体，品牌并不存在，只有价值认知才存在，所以你要去做连接。

品牌不是名词，品牌是心智不断被确认，建立认知连接的一个结果。

翻开"品牌"的名词解释，我们会发现它是这样被定义的：商品具有经济价值的无形资产。著名的营销专家菲利普·科特勒在《市场营销学》一书中对品牌的含义做了深度阐述，但作为一名策划人，如何去确认一个品牌的建立过程则是本章节要与大家分享的。

品牌的定义限制在人类社会结构领域，可以是有形的商品、机构或个人，也可以是某一种无形的理念。但品牌的核心诉求都具备三个主要特征：

· 经济价值

具有产生盈利以及可持续发展升级的条件与基础。

· 文化价值

与使用者之间具有精神层面的连接关系。

· 社会价值

具有明显的功能性特征和广泛应用的条件。

在策划、营销、广告领域，很多人拿到一个商品名称时总是要说："我们要把它塑造成一个品牌。"这仿佛是这些行业工作者必说的一句话，接下来便在所有的营销推广活动中多次强调这个商品名称。实际上大多数的结果往往只是暂时提高了这个商品在小范围领域的知名度，距离真正品牌的定义还相差很远。大部分的商业行为，其实也只是将目标定在短期内提高销售率、快速回笼资金，在策划初期就并没有按照品牌的规划路线去操作执行。能成为一个品牌，根本就是一种"意外收获"。

在本章节中，我将抽丝剥茧地来解读一个品牌建立的过程。一个商品名称，如果要通过营销行为在客户心智当中建立一个地位，达到品牌效果的呈现，我们就需要知道从心智到品牌之间究竟发生了什么关系，它们是如何连接的。

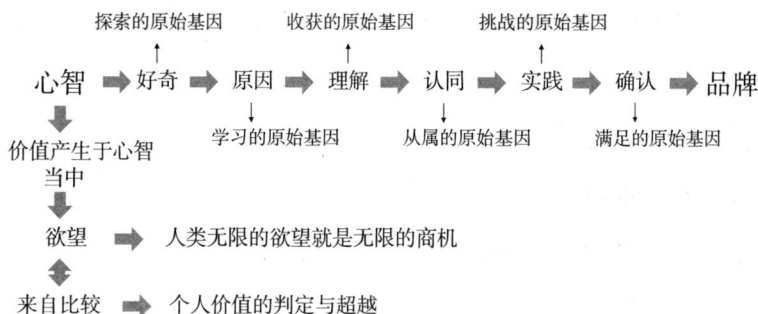

图 5-1　品牌建立的标准程序

心智是所有价值认可或不认可的判断来源，消费者在选择购买商品的时候无非是在遵循自己心智中的价值判断。基于这一点，我们很有必要深入了解并进入心智，看看人们（我们）心智中究竟是什么样子，究竟该如何占据心智中的一席之地，将这个商品名称与心智中的某一价值观念连接起来，形成品牌。

只有对心智进行掌握，我们才有可能建立、完善、巩固一个品牌。抛开心智的理解，一味地花钱做广告是不明智的，不管广告的渠道有多重要，广告设计多精彩。品牌是心智的深度，而不是感官的强度。

在消费者认知上，品牌等于特定价值，而特定价值基本等于支出强度，品牌的建立就是为了便于传播和减少支付时的心理障碍。同时我要强调并说明的是，在这一层面要很清楚地认知到价值来源于客户心智中，而不是来源于销售者的套路中。无论是航天飞机还是一支铅笔，销售者所代表的商品本身必须和客户心智中的价值融为一体，而不是设置陷阱。设置陷阱的人，也必陷入陷阱，切记！

第1节　心智

心智看似是一个整体，其实是"心"与"智"两者的结合表现，我们经常会陷入选择矛盾的状态就是因为"心"与"智"不统一。心是指心脏，是我们内在感受并控制情感的来源，也就是所谓的感性；智是指大脑，是进行思考、分析、判断的指挥中心，也就是所谓的理性。广义上来说也可以把二者理解为情商与智商。

我们感性与理性的冲突会造成选择性矛盾，比如你在蛋糕店看到一块蛋糕时总是犹豫，感性（心）告诉你这个肯定很好吃，然后帮助你想象品尝时的美妙感受；理性（智）则告诉你这个不但很贵而且热量很高，吃掉它你这一周的减肥计划和一整天的运动量可能就白费了！

女士们在珠宝店看中一款手镯，感性（心）告诉你它太漂亮了，戴上它可以迎来别人羡慕的目光。你甚至想象到很多细节，比如那个爱显摆的张太太，她以后再也不会在你面前故意露出那块翡翠吊坠，你在自己的生活圈中充满了骄傲；然而理性（智）告诉你这块手镯要花掉你 6 个月的工资，而你上个月的信用卡还没还，生活中又充满了悲凉的场景。这时感性又会冒出来告诉你还有几天你的一笔理财款就到期了，完全可以买得起这款手镯；理性又告诉你孩子这个月的私教课还要交钱，而自己还正想换一部手机……然后就如此反复下去。这样的矛盾就是心与智的不统一。

当策划人在做定位策划工作的时候，要尽量保证客户心智的统一，而这份工作中最重要的部分之一就是目标消费者群体定位。策划人在做客户画像的时候，不但要讲清楚他为什么有能力买这个，还要分析出什么是他生活中的痛点以及什么会造成他的选择障碍。

心与智的不统一就是这种障碍的来源，因此广告商们在广告表现方面几乎形成了统一的共识技巧，那就是将心与智在同一幅广告中同时表现出来，同时击破：

· 甄选来自原始森林的野生核桃，只需 9.9 元。

· ×× 扫地机器人——智商高、扫得快！前 200 名半价。

· 厂家直供、新款都市 SUV 下线！驾驭梦想只要 1.9 万元起。

·5.1 米大开间＋壮阔江景＋名校毗邻，首付仅需 38.8 万元起。

这些广告总是在前面的描述中引起消费者的心动，当理智想要出来捣乱的时候，发现价格不可思议，超出了"智"能够理解的层面，于是反馈给"心"，这是一种占便宜的行为，从而利用这种心理产生消费驱动。

虽然这样的广告总是忽略关键细节，比如 9.9 元是多少克？前 200 名半价究竟是多少钱？ 1.9 万元起的总价和月供是多少？ 38.8 万元是几成首付？单价是多少？但这些并不是主要问题。因为这些信息已经引起了潜在消费者的关注，只要他产生兴趣，便进入了你设计的品牌建立的下一个环节中。

不过策划人要清楚地知道，让潜在消费者产生兴趣的方法有很多，你未必需要将心与智的统一都放在一幅广告中，能够引起他某一方面的注意都是成功。而这一类广告类型更多使用在短期促销活动中，而并非品牌建立的行为中。在市场中建立品牌的目的是当品牌商标出现的时候，能够避免障碍、得到快速认可的销售，同时保证预期的利润回报。

品牌不是抢占区域市场的地盘，而是要抢占客户心智的地盘。

真正决定产品市场占有率的，不是花了多少广告费，也不是"干掉"了多少竞争对手，而是潜在消费者心智的占有率。

解决客户购买的选择问题，永远是产品在商业市场行为的核心，商品营销的唯一出路就是连接心智。

品牌的高附加值一定是用"心"引领"智"，从而为企业创造更高的利润。这时候消费者内心出现的关键词往往是快乐、幸福、唯一、面子、尊贵、放心、美好、自信、满足、出众、热情、信仰等，所以当潜在消费者看到 Hermes Louis（爱马仕）、Burberry（巴宝莉）、Rolls-Royce（劳斯莱斯）这些品牌商标出现的时候，首先会在内心关键词中找到对应的点，这时候的"智"往往是一种依附性的存在。

如果"智"引领了"心"，消费者的心中一样会出现很多关键词，比如"物超所值、可以、挺好、不错、值了、还行、太贵、用处不大、浪费"等。"智"是不需要品牌的，因为品牌是商品功能以外的附加支出，智只需要性价比高、物有所值、物美价廉，只有"心"才需要品牌。

如果你认为上面列举的品牌案例过于极端，我们不能用巴宝莉香水、劳斯莱斯汽车的品牌厚度去理解王守义十三香或者汰渍洗衣粉这些生活中的品牌，那就错了，其实是一样的。我们仍然可以在王守义十三香和汰渍洗衣粉的品牌中找到"心"的关键词，不信你去找找看。

正如巴宝莉香水比没有任何品牌概念的香水卖得贵一样，王守义十三香也比其他没有品牌的十三香卖得贵。

所以品牌是给心看的，不是给智看的。正因如此，即使那些商品看起来不"经济实惠"，人们一样趋之若鹜，甚至可以大胆地说，是先有了心的感应，才有了智的开启，人类的发展也是如此。

理性是平面比较的，感性是立体比较的。感性比理性多了一个维度。

你的营销如果是平面的认知，那或许你就知道为什么自己总是营销不成功。

好的品牌用心来驱动购买力，我们来看一组汽车品牌的广告，了解一下这些品牌是如何用心来驱动购买力的。

凯迪拉克：所有的伟大源于一个勇敢的开始。

福特：进无止境

丰田：车到山前必有路，有路必有丰田车

奔驰：心所向，驰以恒

路虎：像绅士一样去征服

Jeep：每个人心中都有一个Jeep

宝马：与坚持梦想者同行

长安汽车：为自由加冕

长城汽车：王者·驾临

比亚迪：驾驭都市自由

……

优秀的品牌首先是与客户的"心"进行连接，要想办法调动客户的心，聪明的办法不是强调自己的商品，而是激发潜在消费者内心中本有的认知，尤其是那些被压抑的认知，当一个认知被压抑得越久，被点燃时释放的能量才会越大。当品牌的理念与潜在消费者认知理念相符的时候，便有了品牌基础。

智，虽然也包含很多层面，如技术、设计、程序、管理、科技，甚至边际效益的对比等，但这些同样也属于心的范畴。心智无非是在做性价比的判断，一言以蔽之，智的层面仍是价格（代价）。

在市场经营层面，我们发现强调"心"满足的客户往往具有很强的消费能力，消费观念也很超前，而强调"智"满足的客户往往消费能力较弱，消费观念也很落伍。

成交是品牌的功能之一，但不是品牌的唯一功能。品牌的背后往往还隐藏着向往、安全、感受等文化基因。正如我的车库里没有停一辆劳斯莱斯，但不影响我欣赏这个品牌和产品，也正因为众多非劳斯莱斯车主了解了这个品牌，购买这辆车才变得有意义。

看！你们都认识这辆车，但是你们买不起，我买得起所以我很出众，我很满足。

这是品牌的另一个功能：排他性。

品牌之所以变得有意义，是因为品牌的特征就是人性的特征。人，既希望融入群体，又希望与众不同。品牌的所有特征都是和我们的心智相符的。

心智的底层逻辑是人性。

欲望

欲望是人性生存与发展的基本面，我们要塑造一个商品在客户心智中的价值和地位就必须了解欲望究竟是怎么回事，因为欲望是心智的 CPU。

欲望无分善与恶，也不是狭隘的贬义词，而是一个中性词。只要有自我意识的出现，就是欲望本身。欲望简单来说就是爱与不满足。

当有人问哪里有商机的时候，我总是回答他们：

人类无限的欲望就是无限的商机。

因为欲望是人类最原始的生存本能，因此当商品能够满足这种欲望时，商品便与它的使用者建立了连接。品牌的深层次作用是建立在欲望满足的充分程度和连接紧密度两个方面上的。

在当今的社会，全世界大部分国家和地区都已经物质极大丰富，人们不用再为生存欲望而感到焦虑，除了面临疾病、衰老与死亡这三道无法跨越的鸿沟。而在人类发展史上，疾病、衰老与死亡一直伴随着我们，虽然我们始终无法超越，但即便可以起到一点点延缓作用，便可以创造出数十万亿美元甚至更大的市场规模，这是深层的生存欲望产生的巨大市场需求。让我们回到日常生活中来看看，欲望仍时时刻刻伴随着我们。

因为欲望的不满足性，我们吃饱了还要吃、有衣服穿还要买、钱够花了还要挣、有汽车开还要换、有房子住还要更大的……重复的消费（欲望升级）是拉动经济增长和人类探索进步的基石。

所以我们有了更多的食品分类、选择和创新，还因此有了减肥市场；我们有了不同场合的穿衣要求，并升级为一种态度，从而生产各种类型的服装和配饰，还伴随着每年、每季、每月的流行发布……

都是欲望惹的"祸"，只要抓住欲望这个基本面，策划人就可以拓展出更大的市场，甚至开创一个新行业。策划人或者企业家都要知道，在市场经济环境下，我们的产品销售压力增大，竞争激烈、市场需求空间趋于饱和等因素只是第一层面。究其根本是在这个领域里欲望已经基本得到满足，实际上是人们对产品欲望想象的满意度降低了。只有提高潜在消费者的欲望满意度，销售量才会被重新激活，营销就不再是任何难题。

欲望就是市场空间，而这个空间我们可以理解为：空位。

很多人感觉很难发现还没有被满足的欲望，也就是说很难找到新的市场空位。这确实很难，所以才有策划人的出现。策划人会跳出原行业本有的认知，去感受行业内的态度，重新发现市场的欲望并通过手段来解决产品难题。

在共享单车出现以前，我们一定会觉得自行车厂是一个落后产能，九成以上的自行车厂毫无悬念地要被时代遗弃。直到共享单车理念的出现，不但濒临倒闭的自行车厂起死回生，甚至还诞生了一批新的自行车厂。如果在这之前你是一家自行车厂的厂长或者销售经理，是不是还一直在拿陈旧的品牌、质量、价格当卖点，然后感叹市场越来越难，只感觉得等厂子倒闭以后这块地皮还能卖几个钱。

共享单车拯救了自行车行业，很多人在这一过程中都受益匪浅。不过经过几年的发展，现在共享单车行业本身也遇到很多问题和瓶颈，大家又开始挠头了。如果这时候你是共享单车的厂长或者销售经理，是不是又要去想用更大的品牌、更好的质量、更低的价格去经营共享单车？然后感叹市场越来越难，就等着共享单车公司倒闭，这些囤积的单车当废铁还能卖几个钱。

如果我们能把自己当作一名策划人，而不是生产者或销售者的话，我们总是可以设计出新的市场空位需求。记住上文提到的那句话：人类无限的欲望就是无限的商机。

市场空位不是从商品的品类中去找，而是从心智中去找。

淘宝网是中国最大的电商平台，它几乎在销售法律所允许的各个行业的商品，而且行业认知基础极深，品牌影响力巨大。如果要做电商平台的生意，难道要去想办法排挤淘宝网才能腾出空位吗？京东是怎么找到空位的？拼多多、苏宁易购、唯品会是怎么找到空位的？

还记得你身边总是充斥着那些"先领券，再购物"的小程序和电商平台吗？它们因为找到了淘宝网推广费用太高，消费者不如先进入领券平台，再回到淘宝上去购物这个需求空位，很准确地找到了独立于淘宝网以外的空位。如今很多人在抖音上购买商品，则又是将电商带入到了新的情景生态环境中进行销售。用另一种方式激发出消费者的购买欲望，而不是产生购买欲望再去进行连接。

空位不是只有排挤掉对手，然后抢占它的位置，还有一种空位是发现。这就是策划人发现价值的一部分。

尤其对创业人群来说，做电商不用对标淘宝，做社交不用对标微信，它们看似无比强大，实际上这些大公司会像国足一样给你留下巨大的空位，等着你赢呢！

有了空位，就有了市场空间，有了市场空间就用欲望去填满它。

我曾认识一位私企老板，他从住了很多年的一个小区搬了出来。当时并不觉得搬家有什么问题，后来偶然情况下才知道真正促使他下定决心搬家的原因是他开了一辆宝马730Li的轿车，而他旁边的车位上始终停着一辆宝马750Li。

你可能会觉得这位老板有点小题大做，但你深入体会一下他每天回到家停车时的感受或许就能理解了，这其实是人性的基本面。如果你住在农村的平房，而你的邻居忽然有一天盖起了二层楼，你就能感受那种心情了。你只剩下三种选择：1.盖一栋超过他的；2.搬走；3.忍着。

欲望之所以能够产生行动和购买力，是因为比较。

骑自行车的羡慕骑电动车的，骑电动车的羡慕开汽车的，开汽车的羡慕开豪车的，开豪车的羡慕开游艇的，开游艇的羡慕有飞机的……全都在比较，只是比较的领域发生了变化。穷人想要有钱、有钱人想要安全，安全的人想要机会，有机会的人想要权利，有权利的人想要自我实现……虽然这中间的关联会有很多重叠，但这正是营销工作无限乐趣的所在。在不同环境和条件下，都有欲望这个痛点的存在。策划人的工作就是要找到这些能引起客群欲望的痛点，并利用它们。当然也可以用另一种听起来更舒服的说法，帮助客户解决痛点，让他们变得与众不同。

我们并不是因为上一代的苹果手机已经完全失去使用价值而去购买最新款，只是想与时尚、科技更近一步。而人性欲望的基本面，甚至仅仅是为了彰显短暂的区别，我们会彻夜排队或者花更高的价钱，只为早一天拥有，以彰显自己的不同。这就是欲望的不满足。和购物的体验感相比，满足自己的欲望显得更为重要，人们可以为了自己的欲望去做很多让自己感受到痛苦的事情。

与众不同是欲望的基本面，而与众不同则来自比较。因为要"与众"才能"不同"。

比较

融入社会并与众不同，这就是大部分市场行为中的个人目的。即使是极度自闭性格的人，在他内心自我的对话当中也会无数次地反问自己，只要有这种反问就意味着空位，也就是价值。他会反问什么呢？正如我们大多数人都认为自己其实应该很了不起一样：凭什么我不能拥有幸福？凭什么我不能有那么多钱？凭什么瞧不起我？凭什么我不能住大房子？凭什么我不能穿名牌？

每个人内心的"凭什么"是超越自己甚至推动时代进程的个

体行为动力，而这句"凭什么"就来自比较。

当然，这是一部讨论市场经济下策划价值的书，不是个人内在修行的意识形态说明。不然我一定告诉你忽略掉"凭什么"以及不要进行任何"比较"才是真正确定个人在自然界当中价值的基础认知，以至于只有这样才能活得幸福、活得通透、活得有意义。

但其实即使在"修行人"当中，也仍有很大一部分的人会经常反问自己"凭什么"，只有极少部分的人类才可以脱离这个问题。

之所以会问"凭什么"是因为他意识到了自己拥有以后，会达到某种认知的满足状态，因此这种反问是一种强大的行为动力。而实际上品牌商品为他提供的仅仅是工具而已。客户从来不需要任何产品，他需要的只是自己。所以所有市场工作都是为了让商品与客户有关，这便是连接。

策划人在市场上塑造这些强烈的对比冲击，以刺激潜在消费者心智当中的"比较"心理，是常见的营销手段，只是不同水平的策划人，表达出来的效果不同而已。在"比较"主题的广告宣传中，女性的受力强度实际上远高于男性。

例如我们最常见的减肥产品广告，总是会有一个身材婀娜的美女穿着性感的短裙，自信地吸引着路人的目光，而旁边喝着可乐受人冷落的"胖子"就是你。虽然我们都知道，广告中美女模特的好身材并不是因为使用了这款产品，但我们仍愿相信使用了这款产品会变得和她一样。护肤品的广告也是一样，大明星水嫩剔透的肌肤刺激着你的眼球，你多么想变得和她一样，这时候她会在广告中告诉你"你值得拥有"，或者"今年二十，明年十八"。你明知道你用了广告商品以后也不会变成大明星，更不可能明年小两岁，但你就是宁愿相信。

这不是广告的力量，是广告激发了你进行比较的力量，这种力量甚至会让我们无法认清事实。比较，是我们个人价值体系建立的衡量标准，既让我们认清了现实，也让我们强烈渴望突破现实的禁锢。

在这方面，很多非正规行业和渠道应用得更为夸张，比如传销领域，他们总是会告诉你，某某人原来和你一样，现在穿貂、买包、开豪车，而你实际上并不需要付出多大代价，只要照着做就行了。这会强烈拉动人们比较的心理，之所以这么低级的"洗脑"手段仍可以获得大量追随者，是因为它激发并连接了人性中不劳而获、惰性的一面。因为属于旁门左道，我就不过多分析它了。

在社会中工作和生活的人很难做到不比较，我们总是在一次次的比较中成长，也在一次次的比较中失意，然后不知疲倦地在潜意识中进行着下一次的比较。比较是人的天性，是不知不觉的意识形态，从孩子到老年，伴随我们的一生。品牌可以更高，也可以更低；可以更深，也可以更远。每当小伙伴有了新玩具、每当同桌考出了好成绩、每当同事发了高额奖金、每当朋友买了新房、每当身边开过豪车、每当路过头等舱走进经济舱……从商业角度来讲，这就是无数个商机，产品的阶层就是人们意识的阶层。

第2节　好奇

站在市场客户的角度，一个新品牌首先是建立在好奇（感兴趣）这个最初的基本点上。而这里提到的好奇是一个宽泛的形容，它还有另外一个形容词叫"吸引力"。我们会对感兴趣的东西产生好奇心理，这是我们人类最原始的一种探索基因，是每个人都天然存在的。品牌建立之初要产生具有吸引力的效果，这就是品牌最原始的阶段。换句话说，连关注都产生不了，哪里还会有后面的可能性呢？

这是不是让你联想到男女之间的关系发展，异性的吸引，首先要做的事情就是引起对方的注意。品牌的建立也是这样，只是这个时候的"品牌"还不能称为品牌，只是一种好奇的关注。

产生吸引的原则是同频共振、同质相吸。同样频率的东西会共振，同样性质的东西也会因为相互吸引而走到一起。人们总是对自己感兴趣的事物而多加用心和观察，对自己不感兴趣的事物则漠不关心。这是一句废话吗？当然不是，对于一个策划人而言，这句话至少会给我们三点启示：

1. 产品营销要做那些真正能引起目标客户兴趣的事；

2. 必须了解目标客户对什么感兴趣；

3. 你的产品、形象、文化必须和客户的兴趣建立连接。

这些看似废话，研究起来其实大有文章可做。比如你现在穿的衣服，肯定是因为你感兴趣又特别喜爱才买的。这会不会衍生一种新的商业机会？哪一种商品的精神内涵与你这件衣服相符，可以用什么样的方式让两者相互映衬，互相支撑品牌和文化的含金量呢？

这是一个很难思考的问题吗？很多人早已经这样做了，我只是在叙述一个陈旧的"历史"。一件童装夹克印上了蜘蛛侠，小朋友就会很喜欢，他也会觉得很酷并且充满了正义感；一件T恤衫印上乔丹的头像，穿上它的人感觉到自己仿佛都会打篮球；一个手机壳印上了财神爷仿佛真的能让机主发财。服装产业、漫画产业和篮球产业都不发生竞争关系，手机壳和财神爷更没有竞争关系，但各自都通过对方的商品形象提升了自己，达到了共赢。就连华为手机也和保时捷汽车产生关联，推出了华为保时捷版手机。

为什么我们还总是在各自的竞争领域苦苦挣扎，抱怨着生意不好做，却不愿意向两边去看看？

在策划人看来，拉动产品销量和营销结构的好奇心不是单一思维，潜在客户可能会对你的商品感兴趣，但不意味着他只对你的商品这一件事感兴趣，甚至他在其他领域的兴趣和你的商品之间可能还会产生矛盾。而很多销售者在这一过程中缺乏策划人思维，认为只要潜在客户感兴趣就在推销过程中不断加强产品优势，认定只要努力必然成交。然后销售员特别辛苦，但转化率总是达不到理想值。

如果你的商品优势能够和他更大的潜在兴趣连接在一起，销售起来才会真正得心应手、事半功倍。作为市场营销负责人，要深刻理解他的兴趣不在任何一项产品类别的功能中，而是在他自己的心智中，所有的商品只是他心智的投影。潜在客户为什么会对商品好奇？要知道好奇是一种注意力，注意力是一种兴趣，兴趣是一种意识，意识是一种逻辑，逻辑是一种行为，行为是一种动力。策划人要深刻理解并掌握这一过程，才有可能在产品最初的功能定位和市场策略中取胜。

就像现在我面前摆放的一个茶杯一样，之所以这个茶杯会出现在我面前，是因为我心智当中需要一个这样的茶杯，而不是因为厂商生产了茶杯。厂商生产的茶杯必须在造型、材质、颜色、大小、功能、价格等多个方面符合我内在心智上的认知，我才会选择购买，并最终出现在我的面前。我的上一个茶杯之所以会被淘汰掉，是因为现在这个茶杯让我感觉更好。茶杯连接的是我的心智，而不只是它的功能，不然我用一只碗也可以喝茶。

在吸引潜在消费者关注的广告表现力上，好奇是有不同深度和层次的，跨度最大的莫过于对异性的好奇并产生关注。这取决于人性天然的基因，而之所以我们更喜欢俊男美女，是因为人类对美和性的共同向往。大多的影视歌明星都是俊男美女正是这个原因，而企业愿意花高价邀请这些俊男美女来为自己的产品做代言人也是这个原因。在广告中，从日常用品的味精、洗衣粉到豪车、名表都是俊男美女们的天下。你也想成为俊男美女，所以你会购买他们推荐的商品。

利用这些俊男美女产生宣传效果的做法是不容置疑的，但是企业的目的是不断塑造和强化一个品牌认知，因此表现的最终状态是美，不是明星脸更不是性。这和策划人的操作水平有直接关系，不然钱会被明星赚走，而不是被企业赚到。

就好像我要列举的杜蕾斯这个品牌一样，你以为客户对产品感兴趣是因为什么材质、工艺、设计这些吗？根本不是，他感兴趣的是购买了商品以后的事。而这个品牌的广告营销之所以广受追捧，是因为它所有的创意都恰好地连接到了客户心智。

杜蕾斯在广告方面应用得很巧妙，基于它的产品用途，这是最易于应用异性吸引法则的产品门类。生理需求是马斯洛需求层次理论第一级的底层需求，杜蕾斯广告很好地为它做出了阐述。它没有让你直接看到俊男美女，而是通过众多的细节联想，让客户在脑中生成各自满足的画面，这就是比较高级的营销创意。

感兴趣只是第一步，不代表销售起来没有抗性，感兴趣不是直接成交的因素，甚至没有直接成交的因素。但连感兴趣都产生不了，就没有后面的可能性。我们要记住市场营销中的一个道理：没有好看的皮囊，谁关心你有趣的灵魂？

我们需要将应用场景、颜色与商品文化理念进行统一设计，如果毫无关系，仅仅是为了醒目而醒目，对品牌的建立并没有帮助。本章讲的是品牌，不是促销。即便是促销，也请为公众的视觉多增添一份美感，这是广告设计者的责任，也是一种公共意识。

大多数人反对广告，不是因为广告很讨厌，是因为发布者让他们看到毫无美感的广告，一次次玷污着他们的视觉、听觉，折磨着他们的身心，甚至也降低着城市的整体文化。甚至在某种意义上说，城市的整体出街广告水平，标志着区域的文明程度。这是广告商家的社会责任和义务。

第3节　原因

我们接着前面的思路来继续分析，好奇心产生后，消费者会主动认真关注一下广告的内容，并分析这个广告为什么是这样的。这就是产生好奇感之后的思考过程，是寻找答案的原始学习基因。

在这一过程当中，观察者会主动了解商家和商品功能，这种主动学习产生的效果优于100次的强制推销，对品牌的建立与推广更加有效。如果说策划人和销售员两者在商品销售的功能领域有什么区别，这便是其中一点：销售员是把商品卖给客户；策划人员是让客户来买商品。

潜在消费者主动的观察行为并不是因为商品让他看到了广告，而是商品连接到了他的心智。像乐高玩具的功能与定位，几乎所有人都不会排斥。因为几乎所有人都对童年充满了最美好的记忆，虽然童年已经一去不复返，但即使到了老年，我们都仍在寻找那颗曾经拥有过的童心和生活。

　　策划人要做的是唤醒潜在消费者的心智并进行连接，让他主动产生了解和亲近的欲望，而商品（品牌）本身则是消费者通往自己内在美好追求的媒介。商品的市场形象表现如果定位在这条通道上，就必然是一家伟大的企业。

　　关于童年的表现，并不是只有儿童商品才需要。在这一领域上，只要处理得当，策划人可以放心大胆去做，有90%以上的概率不会出错。因为即使已经当了奶奶的女人，她的内心也不会对洋娃娃产生排斥；而男士，即使是穿西装开奔驰的商务精英，他内心里也仍然渴望有机会光着脚丫子蹲在地上和泥巴。关键的部分在于你通过什么方式去唤醒与激活。

　　这里要强调一下：策划人要做的是唤醒，是连接，不是真的去组织商务精英和泥巴。他做与不做是他的决定，你的工作只是唤醒他。

　　这种唤醒是一种直接的表达，让潜在消费者相信你的宣传。所谓学习的原始基因，其目的不是学习，而是寻找答案。所以当"怕上火，喝王老吉""今年过节不收礼，收礼只收脑白金"这样的广告反复出现的时候，潜在消费者接收到的是直接答案，只要广告表现得当，是可以直接拉动销售的。很少有人知道王老吉的原料是三花三草一叶，之所以去火是因为里面的黄酮类化合物，而脑白金产品的成分则是褪黑素和低聚糖，是全球生命科学领域里的热点，脑白金做了很好的科学理论突破。之所以这些品牌不去做科学技术、研发团队、制作工艺、企业实力这些广告宣传，是因为那些虽然看起来更高大上，实际上却跟消费者没有任何关系。强调这一类别的广告表现，都是老板或者企业的自我满足。跟消费者无法产生连接的广告都是无效的。

这可能就是你花了大量广告费而得不到预期效果的原因。

第4节　理解

在心智上的理解，其实就是商品的市场形象理解了客户诉求，而客户也完全理解了品牌为什么要这么做，原来它真的是为了我好。我们几乎每一个人都不止一次地在内心中出现过一句话："为什么就没有人理解我呢？"这句话几乎是人类生存在社会中共同面对的一个哲学问题。但在策划人看来，这已经不是市场空位的问题，而是市场空间的问题了。

我们愿意和什么人一起长期相处呢？我们不喜欢和什么人相处呢？当然是理解我们的人和不理解我们的人。即使有人会说，我只是为了钱（利益）在委曲求全。这也并不矛盾，因为 TA 用钱（利益）理解了你。虽然这样的关系并不牢固，但毕竟建立了理解的连接关系。反映到市场策略，就是促销。

一些宗教人物之所以会有很多信众，是因为大家认为他所说、所行正是自己所想、所扰的问题，从他的身上可以得到答案。难道商品市场不应该如此吗？当所有人都在各自感叹没有人理解自己的时候，突然你主动去理解了他，难道不是建立了稳固的"合作"关系吗？

我们若是想让别人理解我们，最好的做法就是先去主动理解他们。

有一次我在和一位地铁广告的代理商朋友聊天，他说苦于对客户的品牌策划能力弱，基本上都是客户自己在出投放策略和内容，他总是趋于被动地执行，不知道该怎么办？我从另一个角度帮助他分析了这个问题，首先要理解地铁这个载体。地铁并不仅仅是为了把人从 A 点运送到 B 点的交通工具，如果这样简单理解地铁广告的价值，那么你对商家的品牌服务只能是报价单。

地铁上装的不是乘客，而是千千万万个值得尊重的梦想。如果从这个角度去理解价值，地铁就变成了一个汇聚梦想的地方，那么你的产品和他们的梦想有什么关系呢？品牌商连接的不是地铁，应是每一个被值得尊重的梦想。在这座大城市的地铁上，每天要提供 1300 万次的运力，为什么那么多人要离开自己熟悉的家乡来到一座陌生的大城市，坐着拥挤的地铁起早贪黑地在黑暗中穿梭？所有的动力难道不是来自他们自己内心的人生愿景吗？难道是因为这座城市有地铁吗？

你看到这些人在拥挤的人群中穿梭，一张张陌生的脸从身边经过，却没有人注意到他，你有没有注意到他呢？而他的内心又多么渴望被重视。这时候再问一下，你的商品广告所表达的价值理念与潜在消费者的内心和现实的场景有没有关系？

于是第二天，我看到他发了一条朋友圈：地铁列车承载的是

1300 万个梦想、1300 万种声音、1300 万个期待……

让客户理解商品的前提是商品理解客户，不然就会有一个极大的反问出现：为什么广告商说什么，消费者就要信呢？

优质的品牌营销从来不说自己想说的，他们只说你想听的，因为他们理解真正消费者的内在诉求和痛点。

第 5 节　认同

市场消费是一种共有的认知经济，就像我们经常和朋友去选择餐厅吃饭一样。虽然你从未吃过那家餐厅的食物，但是当你路过橱窗前看见里面空无一人时，你很难有勇气选择走进去。所以你宁可在另一家餐厅前排队等候，虽然同样也没吃过这家餐厅的食物。

认同感除了营造个体认同外，更需要群体认同，以至于不会让自己看起来像个"傻子"。很多书都分析过这种现象，更多的是在心理方面的探究。对于一个商品的品牌而言，如何营造这种现象就成了一个重要课题。

认同可以来自很多方面，比如中国的白酒行业竞争很激烈，每一种白酒都希望自己能够有独特的文化标识，因为只有具备了文化特征，才具有认同效果。于是这些白酒品牌在工艺、历史、原料、技艺、名人、场景、诗文、产地、年份等多个方面展开了市场定位的竞争，真正能够脱颖而出的却寥寥无几。这又犯了上一节内容中提到的错误，它们只说了自己想说的，没说客户想听的。

图5-2 "江小白"白酒

突然间，有一家叫"江小白"的白酒企业不这么玩，它根本不强调自己的酒是什么，也不去占领那些大家都在争先恐后占据的白酒文化，它把自己的市场认同建立在了情绪上，一经推出，瞬间收获了一大票粉丝。其实江小白并没有另辟蹊径，恰恰是其他的传统酒类品牌在另辟蹊径。人们为什么要喝酒，无非是要得到场景和情绪的满足。难道产地、原料或者某位名人是喝酒的原因吗？

江小白分布在中国大街小巷的几十万家便利店，明明是白酒，却被摆在了饮料和零食区。甚至很多人都说，江小白把酒卖给了不喝酒的人。为什么不喝酒的人会买酒呢？因为他们对每一瓶江小白所表达出来的情绪毫不怀疑地认同。

江小白的客户从不会在琳琅满目的酒水柜台中挑选该买哪一

种，他们对价格也不敏感。他们只会停留在江小白的区域，拿起一瓶看看再放下，然后再拿起另一瓶。他们选择的是今天我是什么情绪，哪一句话更符合我，哪一句话更让我认同，那么哪一瓶酒就和我有缘。

认同不仅从历史为代表的文化中来，还可以从情绪中来。那么认同为什么不可以从认知、爱好、自然、观点、科学这些领域中来呢？

很多酒厂都在学习江小白的营销，也纷纷打出了鸡汤牌、情绪牌来做推广，但是很遗憾，表达情绪这个心智已经被江小白占据了。

当我们觉得别人理解我们的时候，我们就认同了他。这就是互联网和体验经济下新品牌的诞生模式。

以往的品牌建立少则数年、数十年，多则上百年，还在依靠口碑、品质、传承、坚持这些元素，这是因为它们并没有诞生在信息互联的时代。在信息时代品牌的建立时间将会被大幅缩减，如果要保持品牌的寿命不被缩减，就必须持续制造文化认同。

第6节　实践

当我们从好奇到原因，再从理解到认同之后，实践就成为必然的一步。既然品牌是心智不断被确认的一个结果，那么实践就是检验品牌"效果真伪"的最好手段。

　　因为产品类型的不同，所以实践的考核标准一定是不同的。比如一条领带的实践，除了品质优劣以外，我们还要看它与自己的气质是否相符，甚至还要看周围的人如何看待，这将更多倾向于心理满足。而特殊商品，比如药品类的实践就不是心理满足的需求，必须在物理上产生效果。正如那句广为流传的广告语"别看广告，看疗效"特别掷地有声，因此流传度极高。从广告里传出了"别看广告"的呼声，自己否定了广告的价值，却强化了功能的效果，是一句直接拉动交易和品牌强化的优质广告语。

　　在大部分的产品实践效果里，实际情况和宣传效果几乎是一定会产生误差的，甚至误差会很大。比如电视里某某品牌的洗衣液可以让白衬衫光亮如新，我就没洗出过这种效果；某品牌宣传的纯粮酒喝了不上头，但对于我这种酒精过敏的人来说，喝什么酒都头痛。不过我们并没有觉得他们在做虚假宣传，只要是个细心的人，普通的肥皂就可以洗出干净的衣服；我虽然不喝酒，但是爱喝酒的人说这个酒好，可能就是真的好。正如我在前文所说，这些广告只是在唤醒你对某一种美好状态的向往。是否虚假宣传，那是由法律来裁决的，不是我们书中讨论的范畴。

　　如今的社会发展，"体验经济"是个很宽泛的词，但其实很多年前的商家在营销中就早已应用体验经济的概念了，总是想方设法让潜在消费者进行实践和体验。比如超市里的免费食品、4S店的试驾服务、房地产楼盘里的样板间、健身房的体验卡等。但这些都属于基本的体验或者尝试，针对的主要是潜在消费者，从品牌角度来看这属于长效机制。

　　但体验经济既然是与潜在消费者互动的优质手段，能不能升级呢？在这些传统方式之上有没有更好的体验模式，甚至让企业通过体验经济的时代特征实现战略转型，跃上一个新的台阶呢？答案当然是肯定的，不只是策划人在各个领域进行着尝试和创新，传统企业也在发生着剧烈的变化。

　　随着中国经济的内部结构变化，传统的汽车行业销售增速回落，大部分的乘用车品牌都遇到了销售压力，在这种大背景市场环境下，传统的体验模式无论增加多少试乘试驾服务，对销售的拉升也不会起到太大的作用。电动汽车虽然属于新兴领域，有政策支持和金融补贴，但竞争一样残酷，而且市场对电动汽车的使用便利性还存在很大争议，观望甚至反对人群不在少数。

　　国产品牌的吉利汽车同样遇到这些问题，面对市场竞争、净利润下滑、经销商压价等社会问题，吉利汽车很惊人地采取了一个重大举措。投资了曹操出行的网约车平台，将不断生产下线的电动汽车归入网约车平台，不但解决了销售压力，还创造了一种新的业务方向。因为是自产汽车，其车辆成本直接低于其他自有或采购型网约车平台，仅凭这一点在起步阶段就占据了市场竞争中极大的成本优势。随着 2018 年 9 月中国对于出租车和私人小客车网约平台的控制加强，吉利投资的曹操出行 B2C 模式成为最大的受益者，目前已经是中国最大 B2C 网约车平台。

　　因为我所在的城市有车辆限号政策，因此每周都有出行不便的日子，而电动汽车不受限号政策的约束，这又给电动汽车网约平台提供了一个巨大的市场需求空间。我偶尔会坐曹操出行的电动汽车出门办事，于是曹操出行借此机会向我传递了大量的乘车体验信息，我不但试乘了吉利汽车，还要因此而付费给它。因为油动力汽车限号日期不能行使，乘坐电动汽车就天然有了一种不受限制的美好感受。更关键的一点是司机自然过渡成了销售员，若不是因为我是敏感的策划人感受到了这一点，不然很难分清司机与销售员之间已经完成了身份转换。潜在消费者以往对初步相识的销售员、推销员的防备心理荡然无存。司机一边开着车一边和乘客聊着电动汽车的各种性能和他们的企业文化，乘客完全没有被推销的感觉，而正是在这种更为和谐的关系中，传递出了企业品牌价值和产品特征。所以我为吉利网约车平台梳理了如下8个重要优势：

1. 车辆试乘的体验方式升级，时间有效性增加；

2. 司机和销售员身份兼容，传递信息的效果更加和谐、明显；

3. 解决了企业去库存化的问题；

4. 每一辆车都是一个移动的广告位，品牌覆盖面更广；

5. 企业文化有了输出途径，品牌建立更通畅；

6. 拉动社会就业与税收，同时为企业开创了新的盈利模式；

7. 良好的现金流在融资平台上建立更多的方式和渠道；

8. 生产、维护的成本更低，增强企业市场核心竞争力。

这让我也不禁动念要不要再买一辆电动汽车代步。

第7节 确认

商品与消费者双方之间一旦得到确认，只要不出现原则性的问题，一般来讲相互维持关系的时间会很长。这是因为消费者和商家之间都经历过从陌生到了解的过程，再一次换新选择会面临很多不可控的风险，因为那些风险来自不确认。

企业想与客户建立这种关系，但企业一味地服务消费者未必是一种聪明的做法。因为客户还有一个特征，那就是他们永远不会被满足。客户只对自己感兴趣的感兴趣，品牌的长度需要一直保持刺激客户的兴趣并帮其升级。所以，企业家一直在发表的成功感言都是：创新才是企业的未来。

不能认为客户一旦确认，就可以寻找下一个目标了。这是销售员的思维，不是企业家的思维。企业的管理者，每隔一段时间就要丰富一次品牌的内涵文化来和自己的客户进行反复确认，这也是一种沟通的方式。但深入理解这种现象，你就会发现，如果品牌要和客户之间共同确认什么，是一件非常困难的事。品牌之所以做了这么多，并和它的客户始终站在一起，其实在帮客户确认它不是什么。

这是一种反向思维和辩证思维共同存在的现象，对于客户而言，拥有了这件品牌商品确认了自己和商品都不是什么，往往比确认了是什么更能打动他。广告宣传也是如此，当市场上的商品广告都像导师一样指导你生活和价值观的时候，反向的操作往往事半功倍。当你在宣传中用了"非""不""拒""禁""没""无"等否定字眼的时候，否定的确认比肯定的确认更有直接效果。

比如"坐拥繁华"不如说成"拒绝平庸"；"当天食材"不如说成"不卖隔夜"；"我一定能赢"不如说成"我绝不会输"。当别人都在说自己是什么的时候，你强调了自己不是什么，你便与众不同，客户想要的就是这个。困难与挑战，有的时候比容易和安逸更能激起客户的共鸣，从而产生连接。

第8节　品牌

世界上有太多值得尊敬的品牌、伟大的企业、伟大的人，在时代的洪流巨变中保持了高贵的品格，以至让我们向往、追随甚至崇拜。把握住一个品牌的战略路线是极为不容易的，尤其是许多品牌的领导人换了一代又一代，却依旧让品牌闪闪发光。这不是会议桌前指点江山的高谈阔论，而是脚踏实地的认真耕耘，是内心面对信仰的考验与无数次的选择。除了有定位、有宣传、有渠道，更是有格局、有胸怀。

在互联网信息快速叠加的时代，如何创建一个品牌，并让它持续得以发展是每一个品牌面临的课题。在这里我想说，互联网绝不是品牌的生存空间，只有文化与认知才是品牌的生存空间，只有人们心中对已有认知的美妙感受才是品牌成长的土壤。互联网只是文化与认知的舞台、传播工具，重点在传播，而不在互联网，策划人当好好珍惜并利用它。

品牌是立体的，不是平面的，所以品牌有生命力。

当建立了品牌之后，商品便与消费者建立了连接。也就是我们通过策划、定位、营销三种专业方式在消费者心智中植入一种被确认的感受，让消费者在自己的心智中找到你，于是他便会通过一系列的行为在现实生活中去寻找你。

策划人在品牌中的作用

作为一名策划人，我们可以粗略地将这份工作分为三个阶段。初级的策划人是在市场中找机会，做广告、做活动、盯着竞争对手；中级的策划人是在心智中找机会，做创新、做连接、做社群（圈层文化）；高级的策划人则是将产品、市场、心智和营销融为一体，让它们之间不可分割的同时又突破传统的市场空间。比如江小白，你很难说得清你喝的到底是酒还是广告。

不得不说，我也经常看到很多很好的品牌被不专业的人给毁了，虽然这些品牌与我没有关系，但也让人心痛不已。因为一个品牌可以承载的东西太多了，利润仅是其中一小部分而已。但无奈社会进入到了一个利益至上的时代，太多的人急功近利，成功太容易被塑造，也太容易被摧毁。或许也正因为如此，太多的人渴望获得知识、渴望着成功，于是才有了更多的企业逐渐对策划工作越来越重视。

一名策划人在工作中经常会遇到太多的诱惑，但很多的"捷径"通向的终点是死亡。在品牌的塑造过程当中，靠的是研究、提炼与表现，目的是连接、唤醒与同频，绝不是什么夸大、博眼球和诱骗。

先理解创新，再去创新

企业、品牌、个人始终都要想着创新，但也不要一说到创新就想到研发和模式这种大的创新。除了科技型企业特别要在这方面有所表现外，大部分行业的创新很可能只存在于渠道上、包装上、形象上、管理上、服务上、周边产品上。比如一碗老字号的招牌牛肉面、西双版纳的古树普洱茶、茅台等，创新反而意味着自断股肱。就像可口可乐这个品牌实际上已经有133年历史了，绝对有资格划入老字号行列，但我们什么时候拿起这瓶可乐都会感觉到时尚与青春。

理论上来讲，入口的产品在味觉上如果已经形成一种广泛的认知品牌，就不要轻易去做改变。即使是以主品牌为核心的周边产品，也最好利用现有的营销渠道做新的品牌包装。可口可乐的口味升级就是个灾难，给予全世界策划人一个残酷的教训，所以认清事实是策划人的基本素养，也是核心能力的体现。

20世纪80年代，百事可乐向可口可乐发起市场挑战，一系列的广告主题将百事可乐树立成为"新一代的选择"，品牌定位直指80年代的新消费人群。通过电视直播顾客口感实验的方式，来强调百事可乐口味的不同，直播的效果如百事所愿，百事可乐的口味赞誉远远高于可口可乐。为此，可口可乐公司陷于非常被动的口味选择中。

于是，可口可乐公司进行了大胆的广告传播反击，同时也进行了类似的口味调研，但每一次实验结果都显示百事可乐的口味胜过可口可乐。万般无奈之下可口可乐公司决定改换口味，对于这个决定可口可乐公司非常慎重，它因此费时两年、耗资400万美元、调查了近20万名消费者，约计60%的人认为可口可乐的新配方比传统配方口味更好。调查结果"既合理又有利"，做出"新可乐"的决策合情合理，无懈可击。

1985年4月，可口可乐公司宣布放弃已经具有99年历史的传统可乐配方，改变口味，推出新的可口可乐。

但是意外的结果发生了……

新可乐上市后一个月，可口可乐公司每天接到超过5000个抗议电话，抗议信也如雪片飞来，可口可乐公司因此开辟了83条热线来应付这些抱怨。有些顾客说可口可乐是美国的象征；有的顾客威胁说要改喝茶水，永远不喝可口可乐；甚至一些可口可乐的忠实的消费者组成了可口可乐饮者联盟，展开全国的新可乐抵制运动……

有意思的是，在听说老可口可乐不再生产的消息后，传统可口可乐竟然有了黑市的价格，而且一路攀涨。而新可乐的销量却在一路递减，远远低于新可乐推出时候的预期。

面对危机，可口可乐公司慌忙应对，再次展开紧急调研，结果显示，一个月前还普遍认同新可乐口味的人数从 60% 下降到不足一半，低于 30%。面对公众愈演愈烈的抗议，三个月后，可口可乐公司最终不得不恢复旧可乐，停止新可乐的生产。口味变革以失败告终，而这一案例成为引人深思的著名案例。

看似经过了严格的市场论证，但结局为什么会与调研结果截然相反呢？

因为可口可乐的调查部门设计调查问卷和品尝测试时忽略了一个重要环节，他们没有告诉被调查者：如果你选择了一种可乐，那么你将失去别的可乐。而被调查者却无一例外地以为"新可乐"是对现有"老可乐"的补充，而绝不是对"老可乐"的替代。调查者和被调查者没有在基本认知框架上达成一致。

另外，可口可乐公司市场调查人员看到百事可乐近年来发展势头逼人，因而主观上先入为主地认为顾客喜爱口味更甜的可乐。于是，他们把"新可乐"与"老可乐"的区别定位在"更甜"上。人们在不被告知品牌而进行品尝的时候，心情是比较紧张的，他们生怕测试者嘲笑自己味觉不敏感，尝不出新产品的特别之处。于是，当品尝到甜度明显超过现有可乐的"新可乐"时，被测试者马上做出反应，说自己喜欢这种口味，以显示他的味觉是敏感的。

可口可乐在口味变更中调研的失误导致决策失误，恐怕并不是事件失败的核心原因。别忘了那些客户的投诉内容，他们并没有投诉新可乐不好喝，我也相信新可乐可能会比传统可乐更好喝。

但对于消费者来说，问题不在于味觉，而在于心智。你动了消费者心智中的美好认知，这是绝不能被接受的。在这之前可口可乐已经保证了 99 年的传统配方，这种味道是被烙印在传统美国文化当中的，味道变了，精神没了，可口可乐还剩下什么？如果可口可乐变成了有糖分的液体，它还是可口可乐吗？

对！你倒入嘴里的不是好喝的液体，是可口可乐！

对！可口可乐不是最好喝的液体，但它是可口可乐！

对！你用"心"的感受引领了"智"的判断！

对！这就是品牌。

成本与价值

价格是一串数字，而价值则不是，这也就解释了为什么品牌是具有经济属性的无形资产。价值总是由心智进行抽象化的认定和识别，不同的人有不同的认定标准。也正因如此，成本与价格只是商品在市场上的原始属性，主要由商品提供者进行决策，而商品是否产生交易则由消费者的价值判断来决定。

一瓶可口可乐的成本是多少呢？很多人说不过是一点糖水而已，成本几分钱却要卖到 3 元钱一瓶，绝对的暴利，实际上这也是一种误区。据调查，可口可乐的原浆、人工、储藏、广告、税费、运营、零售商等成本占了多数。因此实际上最终 3 元钱的可口可乐的利润大约为 0.65 元。而这一部分利润，还是公司与各个经销商共同分配的，可口可乐公司的利润率约在 15%，但这个价格在中国市场持续了 20 年，长期综合来看利润仍旧十分巨大。

在国际奢侈品领域，成本与售价之间的利润率被更大幅度地拉大。相关组织统计，在一线奢侈品中，口红、箱包这一类商品售价基本是成本的 10 ~ 20 倍。以 10000 元人民币左右的女士挎包为例，成本为 700 ~ 800 元人民币。所以即便这些挎包 2 折销售，它们仍有巨大的利润空间可以挖掘，而消费者则会趋之若鹜。而在女士精华液、面霜等高端品牌领域，这一利润空间则更为扩大，售价在 5000 ~ 10000 元的商品，成本为 100 ~ 200 元，利润率基本保持在 50 ~ 100 倍。

但如果这样来计算商品价值，是完全站不住脚的。品牌有极高的维护成本和管理费用，而这些产品的研发、设计、竞争、广告等也占据了相当高的比例，这些都是无形的高昂成本。也恰恰是因为有了这些无形成本，商品的市场满意度才能得到提升，购买力得以加强，利润率实现上升。策划人这一职业，就出现在这些品牌背后的无形成本当中，是企业要保证它的产品市场认可度而进行的必要支出费用。

我们可以发现，高利润商品有一个共同的特点，即主要为女性用品。这是因为女性在感性思维方面强于男性，而男性则在理性思维上强于女性。品牌更容易在感性思维中找到了巨大的生存空间和发展空间，所以理论上，感性的上限取决于购买力，而不是取决于感性本身。

策划人在这一市场环节中的作用非常重要，他们是企业与客户之间隐形的桥梁，将商品搭建到客户的心智中去。所以，策划人理论上也是不存在的，只是客户心理的代言人。从这个角度出发，策划人才能真正感受到策划的魅力，并反推到产品本身，提炼和表达出商品价值，这就是策划人本身的意义。

这种感性的购买力，如同快乐、幸福、骄傲这些美好的感受一样，是很难用金钱进行衡量的。但我们一直在讨论的都是有形的商品，那么无形的商品又该如何设定它的成本和价格呢？比如我们策划人自己，也是"商品"。

由于中国市场在很多方面还没有形成良好的服务体系和行业标准，因此"策划"这一职业如果按商品售价来算的话，恐怕是所有同行业产品中跨度最大的之一了。从几千块的服务到上千万的服务，这中间有着近万倍的差价。

企业为什么要付出上千万的代价来聘请策划人帮助自己的品牌呢？难道是因为那些策划人更有创意吗？绝对不是。恰恰是因为这些策划人有能力可以承载数十亿甚至百亿的品牌价值，这绝不仅仅是因为技术或者创意。优秀的策划人都是靠格局、意识、认知、思考、表达和运营能力来成就品牌从而成就自己的。

那么策划人的成本在哪里呢？优秀的策划人每天都在思考、感悟、学习，是长年累月一次又一次深入考察、分析、实践得来的真知，而他会用生命里不可复制的宝贵时光全身心地为企业进行服务，这就是不同策划人之间的成本构成。如果这样说还感觉模棱两可的话，我们还可以做个比喻：如果你是一名身家百亿的富豪，而你每天的工作就是奔波在各地开会。这时你可以花 3000 元/月请一个保镖，或者花 10 万块请一个保镖。当然，你也可以选择独来独往。这或许就是策划人对品牌保驾护航的作用。

我做策划工作许多年，从不认为我的雇主是客户，他们都是我的贵人。他们懂得我的价值、尊重我的思想、信任我的能力，他们是知音、是挚友。他们并不是在向我购买一种商品和服务，他们是在将自己托付给我。

关于客户

很多人认为客户是单一的，是符合产品特征条件的，这恐怕是大多数商家一直感觉到缺客户的原因，也是困扰市场工作的难点之一。这是因为这种理解方式存在误区。市场环境、文化因素会导致多种多样的重叠关系，尤其是在中国目前比较混乱的品牌文化阶段，社会阶层正在重构自己的价值体系，这至少仍需要 10 ~ 20 年的过渡周期。

我们在麦肯锡发布的《2019 年中国奢侈品消费报告》中可以看到，中国的奢侈品消费占到了全球的三分之一，2018 年消费额超过 7700 亿元人民币。预计到 2025 年，中国奢侈品消费总额可能突破 1.2 万亿元人民币，对全球奢侈品消费增幅达到 65% 的贡献率。

虽然一方面我们看到了中国经济的崛起，但纵观身边的朋友，你可能也会发现，奢侈品使用者未必都是富人，而恰恰一些真正的富人反而不再追求奢侈品。除了经济发展，这也是社会价值观发生改变的重要研究方向。

所以，这意味着卡地亚珠宝的客户可能也是汰渍洗衣粉的客户，她们可能正是汰渍洗衣粉广告里描述的家庭主妇形象；奔驰、宝马的客户也未必是商业精英，他们可能也会光着膀子喝雪花啤酒。你苦苦寻找的客户来源不一定出现在你以为的地方，他们可能来自超市、酒吧、停车场、学校门口、公园、茶馆、健身房、咖啡厅、景区或者地铁。

找到那些你想要传递信息并唤醒的人们，不要只做单一行业中划分，更应该理解产品的定位，然后从共有的感受和认知（心智）当中去寻找他们。共同点找到了，你的客户就找到了。

客户也不是一成不变的，他们符合的是你的产品在人们心智当中的定位，整个社会和你的客户都在升级，你的商品升级是在人们的心智中不断去反复确认一个认知，而不是随着客户的改变一起改变。可口可乐的第一批消费者如今都早已不在人世，但有更多的年轻人成为它的客户。然后这些年轻人开始慢慢过渡到去喝咖啡，再去喝茶。没关系，总有年轻人成为它的新客户。

买优衣库的年轻人将来也可能去买杰尼亚，玩滑板的小伙子未来或许就是沃尔沃的客户。这些品牌只需要做好自己，一旦你的品牌信号连接了有相同认知的人，他便成了你的客户。这就是定位的重要性，你如果把认知信号做模糊了，客户就找不到你了。

商品名称只有承载了独有的文化和精神，并与市场进行了连接，并获得认同，才称为品牌。

关于品牌的延伸

传统的营销学大师可能会告诉你，品牌不要做品类的延伸，因为指向性越模糊，品牌价值越低。对于连接理论来说，只要遵循如下三个要求，品牌的延伸并非不可尝试，甚至是增强客户黏性更好的方法。

1. 跨界，与传统认知不在同一行业或同一领域；

2. 强调文化精神，而不强调使用功能；

3. 制造内容，强化连接的方式。

品牌的延伸有利于更多地连接并增加客户认知品牌的机会，很多时候甚至是一种很有价值的营销行为。因为在物质极大丰富、信息爆炸的时代，单一领域的认知连接甚至会成为一种品牌隐患。品牌要让消费者快乐起来、热爱起来并在各个角度都能看到你的身影，品牌才能加深在客户心智当中的确认，这是营销的终极目的。

关于品牌的延展是一个很慎重的话题，因为品牌的获得极其珍贵，稍有不慎就会毁于一旦。但简单易行的方法和案例则可以让我们的品牌为之一振，那是因为营销经理们在用轻松的表现心态，而不是用战略的心态。现代营销学把这称为"跨界营销"。

被国人熟知的大白兔奶糖居然推出了香水系列，一个是嘴里吃的，一个是"有毒"的。风马牛不相及的两个领域为什么会被连接在一起？那是因为大白兔奶糖的文化周期正在进入倒计时，而香水的推出恰恰瞬间提升了大白兔奶糖的品牌价值，文化记忆和符号再一次被唤醒，老瓶装新酒又一次起了作用。营销经理们甚至将大白兔奶糖设计在服装造型上，走上了时装周的 T 台。

老干妈辣酱也是国人熟知的品牌，"老土"的造型、"老土"的人物标识却一直火辣辣了国人几十年，"老干妈"陶华碧被网友戏称"国民女神"。2018 年美国纽约时装周上，最受瞩目的不是国际服装大牌，而是中国的"国民女神""老干妈"和 Opening Ceremony 合作的时尚卫衣，被誉为"土味时尚"的代表作燃爆纽约，登上了热搜榜首。"老干妈"卫衣在天猫商城被一抢而空。谁能想到"土味十足"的"老干妈"竟然成为潮流，引领了时尚界。

遗憾的是这次时装秀并非来自"老干妈"的营销团队，而是天猫的国潮行动营销团队。

就连庄严肃穆的故宫也坐不住了，联名合作推出了故宫口红。在淘宝网一天的销量高达 8 万支。至此故宫文创的跨界营销一发不可收拾，除了口红之外，还有故宫的护肤品、粉底刷、办公文具、手机壳、挎包、首饰、杯具、肥皂等一系列商品，好不热闹。

作为营销人要"会玩儿"才行，文化价值和品牌价值才能双双得到体现，旺旺雪饼在卖地垫、周黑鸭也推出了彩妆系列……跨界并非不可以，但连接的方式和指向性很重要。

以制造空调为核心竞争力的中国企业格力电器也同样"跨界"到了手机领域，将格力电器董事长董明珠女士的头像用做开机画面，这样的跨界引来市场的嘘声一片。

第六章

创意的连接

　　我遇到过准备进入策划行业工作的新朋友，问及为什么觉得自己适合做策划时，经常得到的答案是："我总有别人想不到的点子。"作为一名职业策划人，需要很郑重地和大家说明一点，把策划理解为"出点子"的人并不适合做策划。

　　或许这样的同学会成为班级里的"活宝"；或许你会成为公司组织里的"文艺骨干"；或许你会在 B 站或者抖音里收获大票粉丝，但策划人不是这样的。如果我们用心观察，会发现优秀的策划人普遍非常严谨，甚至有一点内向。他们善于观察与思考；他们有很强大的精神家园，并且涉猎广泛；他们也会喜欢抽烟、喝酒、品茶、交朋友，但一定给自己留下很多"慎独"的空间；他们有很强的分析能力、判断能力和管理能力，甚至还有很强的艺术鉴赏水平；真正的策划人总是让可能出现的激烈市场竞争提前暴发于自己的脑海里，并想办法避免正面冲突；他们善于整合各方的资源相互叠加，更关注从产品的使用场景反射出来的用户感受，而不是价格；他们稳重、自信、有学识，从不从表面看问题；他们有点子，但不靠出点子做策划；他们永远在系统地强调产品与市场的关系，始终在做连接。

点子是市场营销中最基础的表现手段，更像是灵机一动的神来之笔，但市场是一个只有大致方向的运行机制，消费者认知也并非一朝一夕可以搭建完成。在漫长的市场化操作过程中，不能总靠源源不断的灵机一动来夯实产品市场上的基础和发展。爱出点子的人，要学习真正的创意之道，创意的表现是通过严谨的思考建立心智指向与商品关系的模型。因为当去表现一个创意作品的时候，不是以个人的灵机一动为前提，创意本身就包含了对所表达事物的详细感受和个人的意识深度。

创意是定位与策划后的升级结果，而不是定位与策划的前提。创意可以作为策划人启动营销的前提，但完成整体市场化操作，仅凭创意也是不够的。这就需要更高的个人修为、意识形态、管理能力和资源整合。

理论上说，一名优秀的策划人是具备创意能力的，甚至可将这种创意进行一种系统化设计，变成独有的风格并延续下去，通过对营销的把握形成商品明显的形象标识和定位。

也就是说点子是表面、创意是深度、策划是广度。点子是没有逻辑的，所以只能改变我们的现在；创意有很深的逻辑基础，可以改变我们的认知；策划则是系统的，可以改变我们的未来。

点子不是创意，创意不是策划，策划不是点子。

第一节　创意是什么

生活是需要充满创意的，创意意味着打破一成不变的简单认知，让生命中充满新鲜感与惊喜。如果创意充满我们的生活，所有人都会像孩子一样，重新拾回对世界的好奇心，并激发出我们更多的表达和创造力。优秀的品牌都包含了创意的影子，这也是很多国际广告公司和本土广告公司的差别。那些4A级广告公司总是在系统营销中包含创意的表达，而小广告公司却总是强调用点子跳出系统营销。

创意是指对已存在的事物和认知，经过创作者重新排序衍生出新的抽象思维表达和行为表达。当这种创意被表达出来的时候，往往会引起更多关注者的思考和共鸣，于是便通过创意实现了连接，关注者通过创作者所展示的内容连接到了一个共有的认知层面。

如果这种创意表达结合在商品或品牌，便会直接连接潜在消费进入精神认知领域，应用在广告及市场操作方面，优秀的创意作品会发挥出巨大的作用。

创意像是一把金钥匙，开启了一扇又一扇认知的大门，为我们搭建了不同认知的通路。在扁平化的世界里，找到提升意识维度的大门。正因为人类拥有对创意表达的本能，我们才拥有了现在这个丰富多彩的世界与生活。

创意实际上是一种更高层面逻辑的表达，不只应用在平面广告，也可以是文字、理念、外部形象、艺术作品等多个领域。学习创意的表达方式，是一名策划人应该掌握的基本能力。创意是建立连接的捷径，至少策划人也要深刻认识到创意给市场营销工作所带来的巨大价值与便利，并去尊重它。

事实上，点子顾名思义只是一个点，很难发挥出作用；如果把点子变成一种长效机制，那便是连成了线，是一种表达、一种创意；而在创意当中加入市场的综合因素那便是策划人的思维。

第2节　创意从哪里来

同样的事物，我相信不同的人因经历、学识、环境、性格、资源、能力的不同而有着不同的观察角度，每一个人得出的答案都是不同的。佛曰"境由心造、物随心转"，就要看我们的心将我们指向哪里。所以，创意来源于心里最底层的认知，不同认知结构的人所表达出来的创意层次一定是不同的。这里不存在对错问题，但却存在着明显的高低差别。

策划人只有建立了自己认知的深度，表达出来的内容才能够唤醒更多人的连接。创意并不来源于技术，而来源于感悟与意识。所以真正的策划高手，除了技能的掌握外，认知层面的深度才是真正掌握的"核心科技"。

虽然创意和认知的关系说不清道不明，但我仍要试图阐述一下，以便每一名策划人能够从技术的掌握升级为意识的深度，从而表现出策划的不同效果。这种技术的要领就是要提升思考维度，从平面到立体。简言之：从观察升级为洞察。

观察是一个很简单的表面想象，但作为一名策划人，如果你的观点都来源于观察，那么其实你相当于一直在说废话。这就是为什么你准备了那么多的数据、通宵制作了精美的 PPT 方案后，大家没有任何反应，甚至还给你提了很多修改意见。因为你的观点并没有跳出所有人观察的认知平面，在同一个平面里讨论问题，那自然是无边无际的。

而洞察则是在一个平面中拉升或下沉一个维度，变成了一种聚焦。

如果你是一名刚入行的年轻策划人，也请放心大胆地提出你的观点，因为有一群更资深的人在为你把控，你的"错误"观点没那么容易被执行。而这一过程才是自己学习、提升、进步的最佳时机。但需要注意的是：大家需要一个更系统的观点，而不是一个简单的想法。也就是说当我们表达出一个想法之后，还要评估如何去执行并可能达到什么效果，把受众者的感受描述出来。我的个人经验告诉我"想法一文不值，但观点值千金"。想法就是点子，但观点才是创意。

所以，优秀的策划人要经过严谨的思考，在平面市场观点中设置一个锚点，因为这个锚点是"我"提出的，所以为什么设置在这里，设置多深，设置多长时间，都是由"我"经过分析后决定的，这个时候观点有了聚焦才有了吸引力。如果你的观点连会议桌上的人都无法吸引，又如何吸引市场上千千万万潜在的消费者呢？

好的创意作品一定不是单一的表达，它应通过两点或者多点连接，达到共鸣和连接的效果。

红金龙香烟有一句著名的广告语"思想有多远，我们就能走多远"，是早年间叶茂中先生提出来的，这句广告语引起了很多人的共鸣。这个共鸣有多深呢？如果你现在去百度搜索这句话，弹出来的搜索结果甚至找不到红金龙香烟。换句话说这句广告语被"盗用"了，应用在了各个场景。包括短视频、佛学禅宗、散文、论文、漫画等各个领域。为什么大家都喜欢应用这句话？因为有共鸣后的强烈认同感，大家都被这句话连接了。

为什么大家会被连接呢？这就是职业策划人和普通策划人的不同，差异就是认知深度。普通策划人更关注需求，也就是观察；而职业策划人更关注为什么有这样的需求，这才是洞察。所以两种深度表达出的唤醒程度一定是截然不同的。红金龙香烟原来的广告语是"日出东方红金龙"，其实这句话也很有气势，但两句广告语放在一起前后进行比较就会发现，高低立现。

差距在什么地方？

日出东方红金龙，有气势，但没连接。

我们需要探究创意究竟从什么地方而来，并让策划人们有机会将创意变得可学习、可应用，而不仅仅是水中捞月。

创意从深度感受后的深度描述中来，这首先就需要我们去深度感受。我有时候会建议身边的朋友读一读唐诗、宋词和《诗经》，这些都是经过深度感受后的深度描述，历经千年而不衰。这些中国的诗文充满了意境，会通过描述让读者产生很深远的联想，从而建立情感上的连接。

除了学习感受的方式，我们也可以在生活的点点滴滴中去用心体会。比如认真感受喝下一口水，那种感觉像是什么？（它可以和什么连接？）认真站在妈妈身边仔细看她如何为你做一顿饭、当你用心望着自己孩子眼睛的时候，你看到的是什么？这些答案都存在于每个人的深度认知当中，是大家所共有的，等待着你帮他们表达出来，你一旦表达得准确，就会迅速建立连接。

感受和体验需要大量的积累，而不是公式化的汇集。我们总是会有大量的情绪出现，但如何表现这些情绪才是真功夫，策划人需要抓住这种感觉慢慢研磨练习。不然你即使懂了再多的营销理论与系统模型而不会去表现，也无法建立连接。

在表现手法中，我们将意识、观念、智慧、思维进行重新的排列组合或者复合叠加。

第 3 节　创意的长效机制

创意是准确定位后的一种高级连接手段。

虽然创意更倾向于包含更多的情绪和意识表达，而定位更倾向于分析后的市场操作，但由于它们都是发生在心智当中，因此有着很强的关联性。能够把这两者有效结合起来，将是一名优秀策划人的能力表现。

策划人有时候会陷入苦苦的思索当中，不知道该用什么方法去表达，这个过程也许几个小时，也许十几天。但当那个创意表现方式忽然冒出来的时候，总是会狠狠地拍一下大腿。

拍大腿是意识连接后反馈给自己的一种很强烈的信号，证明你真的找到感觉了，于是策划人会立刻下意识地主动去思考如何把这个创意变成一种长效机制，那意味着这一拍拍出来的不仅是一个表达方法，还是一个系统，也意味着创意升级为一种文化标识（信念）。

只是纯粹的创意表达，我们可以理解为这是艺术家，而能把创意有效地结合在商业行为中的则是策划人。

我作为一名拥有数倍 1 万小时定律的策划人，在实际的工作当中，我的个人经验告诉自己要把一种观点（想法）设计为一种长效机制，这一过程是：

理解—核心提炼—升华—定位（表现）—目标—渠道—管理

策划人在市场营销层面的确是很忙的，但因为定位准确、目标明确，因此忙得有顺序、有计划、有方向，这是商业行为提炼价值核心的意义所在。这需要策划人站在市场营销之上为全盘市场策略把控方向，而不是陷入市场营销当中。这样策划人才能把真正的定位表现落在实处。

所有营销的程序和理论只能保证营销的平庸，无法保证你能够拥有创意和表达能力。而策划人的创意，往往才是市场定位的最佳表现方式。因为仅仅是定位了并没有用，我们要懂得用什么方式去连接、去表现。很多胎死腹中的优秀商业项目，并不是定位出的问题，而是连接的问题。

百事可乐如何去挑战可口可乐，才能使自己处于第二的位置？

奔驰与宝马之间如何成为"最佳损友"，才能让彼此携手壮大？

当我们还不够强的时候，用什么方式去建立自己的定位与消费者的连接，这是一个非常重要的问题。在 20 世纪 80 年代，苹果公司曾一度通过广告挑衅 IBM 来建立自己的品牌认知系统。到了 90 年代，苹果公司的挑衅对象又换成了微软。不过如今，苹果公司也成了其他公司挑衅的对象。通过一个更强大的目标来表现自己，可能是与消费者建立连接关系的最好方法之一。而解决这一问题的最好办法，可能就是创意了。

大家总喜欢用麦当劳与肯德基做比较，实际上真正"会玩"的是汉堡王。汉堡王与麦当劳才是一对几十年的"老冤家"，两家时不时就要通过营销"打"上一架，两家品牌互撕的结果，是让彼此都成了赢家。

我们来看一下汉堡王是如何向麦当劳发起进攻的。

汉堡王曾一度瞄准麦当劳商品过于标准化、缺少灵活性的这一特点展开营销进攻，汉堡王认为客户的口味总是多变的，而它可以提供更多人性化的商品服务，这便是汉堡王的核心竞争力。但是它怎么表现的呢？

汉堡王推出了"Have it your way（用你的方式来）"的主题广告，但这还不够，它必须想办法把麦当劳拉下水。因为麦当劳才是消费者认知的快餐第一品牌，只有这样才能更好地制造话题、强化消费者的认知连接并产生行动力。

于是它的广告表现形式是：连"麦当劳叔叔"也抵抗不了美味的诱惑，乔装打扮一番偷偷买了个汉堡王。

这则广告一经推出，立刻强化了汉堡王产品的多样性和美味性，消费者们看得总是意犹未尽。而"麦当劳叔叔"的形象突然从给大家带来欢乐的小丑变成了猥琐大叔，这对于消费者来说实在是太有趣了。

接下来汉堡王继续攻击麦当劳，这一次它的切入点是麦当劳的油炸食品，汉堡王一直强调自己是真火烤，以自己食品的美味引以为傲。这便是在1982年发起的"真火烤而非油炸"的广告大战，又一次堪称营销广告的经典。

汉堡王拍摄了一组广告片，名称叫作《汉堡王送给麦当劳的礼物》，广告片中先是空运装车，接着摩托开道，然后大费周折地来到麦当劳餐厅的门前只为送给麦当劳一个巨大的礼物。礼物一打开，原来是一个烤箱。

最后汉堡王又安排合唱团唱道："我们从1954年就开始烤汉堡了，你们至今还在用油炸。现在我们把这个烤箱给你们送来啦，以后你们也可以烤出好吃的汉堡啦，千万要试试看，这是我们最真诚友好的建议！"这对麦当劳来说实在是太可气了。

然而非常不幸的是汉堡王店因用真火烧而经常发生火灾。直到有一天汉堡王店又着火了，麦当劳和它的粉丝们还没来得及"幸灾乐祸"，汉堡王马上推出了堪称广告界"王炸"的作品，竟然直接把自己家火灾的照片做成广告海报，还配上了广告语："flame grilled since 1954（从 1954 年起专注火烤烘培）。"

这下定位更加深入人心。

在营销体系内建立长效机制，我们需要明确几个方面的注意事项：

1. 建立中长期营销目标；

2. 根据目标划定约束创意范围（围绕定位主题），约束以外都是创意领域；

3. 鼓励创意，实施奖励策略。

只要创意的引擎在营销系统中被启动，产品形象就不再是一成不变。策划人要学会用创意去建立表现与连接，而不是在死板的没有连接的风格中故步自封。

第 4 节　究竟什么是诉求

有一个著名而深刻的营销观念摆在我们面前："我们需要的不是电钻，而是墙上的一个洞。"

这是一个深刻的洞察结果，每次读到这个句子总能让我深深感叹真谛是如此简单直接，这是一句能让策划觉醒并去洞察诉求的启示。你可能会感叹说出这句话的是位大神，但你要想成为大神，就必须继续提出问题。

通过这句话，我们有没有发现这只是从复杂又回到了原点，了解了"洞"这个需求的本质。直到有一天我突然问自己：这是答案吗？我们需要一个洞？我们为什么需要墙上有一个洞呢？

回到上一个观点：诉求往往不是单一的，解决的路径也不只一条。客户不只需要一个洞，他还需要电钻为他后期生活带来的便利性和依附感，他可能不只需要一个洞，而且不只是墙上的。

"我们需要的不是电钻，而是墙上的一个洞。"这句话开启了策划思维的一扇大门，但并不是绝对的答案。

对，继续洞察，继续分析下去。用户行为、为用户思考。你可能会发现用户需要的不是电钻，也不是洞，需要的可能是把相框挂在墙上而已。这才是他的需求，与洞无关。如果可以，他其实根本不想让墙上有一个洞。于是有人发明出了粘钩或者带双面胶的相框，以至在墙上打洞的诉求可以被替代。

但这时你如果再继续思考下去，那个发明粘钩和双面胶相框的人，是和我们一样洞察了电钻和墙上洞的关系后，经过严谨分析并得出了结论，从而去发明粘钩或者双面胶的吗？显然不是这个逻辑关系。在世界历史文献中，最早使用胶水的人，是我国木工的祖师鲁班。很显然，那时候不但没有电钻，也没有市场经济和营销学理论。

这正是我一直在强调的策划人的功能，我们只是将一些价值重新进行发现与表达。市场营销什么也不创造，千万不要认为市场经济是从市场营销这里来的，也不能认为学会了市场营销就懂得了市场经济。市场营销实际上永远比市场经济慢半拍。

如果你继续以策划人的思维进行洞察，就会提出下一个问题："他为什么要把相框挂在墙上？"

你想到答案了吗？与电钻无关、与洞无关、与胶水无关。

所有问题的答案都归于心，实际的诉求总是隐藏在行为的背后。

金六福酒在面对中国白酒纷争的市场行业中，准确找到了自己的品牌基础和文化定位。它正是将消费者需求的深层原因进行剖析而找到的答案，因此成功地与消费者之间建立了连接。

金六福发现中国传统文化当中，最具渗透力的便是五福，分别是"寿、福、康、德、和"。在中国的酒席中，饮酒并不是功能性目的，更多的是人们内心文化层面的满足。于是它制定了文化先行的战略，在消费者心目中抢占了制高点，把美好的祝愿和喜庆作为核心诉求点，向消费者出售的其实是一个"好彩头"。同时，公司还为此新增加上了另一层"孝"文化，故此称"六福"，并且以人们喜爱的"金"字来包装这六福，金六福酒便诞生了。而这"六福"全都是饮酒的场景，因此对于消费者而言，场景也被一同植入了。

金六福上市后仅用了三年便做到了十几亿的销售额，跻身中国白酒五强，并连续十一年入选中国最具价值品牌500强，2019年品牌价值452.12亿元，开创了中国酒类营销史上的奇迹。它将"福"文化作为品牌内涵，将"酒文化"与"酒品牌"两者进行了信息对称，将中国文化中六大喜事的情景营销运用到宣传当中。金六福将商品定位在了"好日子的酒"，一语切中要害，为品牌提供了一个巨大的延伸平台，顺利成为老百姓在祈福迎祥的美好日子里心智中可以立刻对应到的酒类品牌，与消费者建立了连接。

通过商品功能延伸到商品内涵；

通过商品内涵升级为文化诉求；

从文化诉求升级为情景营销；

通过情景营销与消费者内在诉求建立连接。

这四个步骤让金六福酒真正做到了"我们需要的不是电钻，而是墙上的一个洞"，并以此应用策划人思维开展了一系列行之有效的市场行为并获得成功。

我们是否逐渐感到身边健身的人越来越多，朋友圈里"撸铁"和跑步机占据了越来越多的版面？全球某知名职场平台在2018年发布的《职场心态洞察报告》显示，运动健身已经成为一线城市职场人占比最高的兴趣爱好，有超过47%的职场人会在这一项目上进行投资。运动类商品的品牌销量也的确在逐年升高，成了新的经济投资趋势。这是否证明了一线城市的职场人员开始注重身体健康和保健了呢？

如果你把这组数据当成正确的答案，可能会失去很多的机会，也有可能在市场营销的表现力上出现严重偏差。

据《2019 运动消费趋势报告》和公开的数据测算，中国有 1 亿人在假装健身，实际上他们很少运动，办了健身卡却很少去健身，买了各种专业装备，却很少真正使用，这又是为什么呢？

一线城市的职场竞争异常激烈，保持好的身材和精神面貌可以让自己获得更多的机会，更大的心理诉求是他们想要提高自己的职业形象和社交形象。而另外一个原因是有超过三成的白领去健身房并不是为了健身，而是交朋友。这个答案你或许怀疑过，直到有真正的统计数据出现在你面前。

健身房社交才是一线城市的新趋势和商机。如果你是健身房的老板，意识到这一点，再去定位和设计健身房，在做市场营销表现方式、招募会员的时候是否表现手法就和原来广告中千篇一律的肌肉男不一样了呢？你的健身房是否又可以收获更多的商机甚至从残酷的市场竞争中脱颖而出呢？看一看你的健身房广告除了连接肌肉和塑形，还可以连接到什么。

诉求是指陈诉、诉说、追求和请求。如果我们能从消费者的内在感受和内在诉求方面去分析，那就不只是一名优秀的策划人，甚至是一名优秀的企业家了。

商业的逻辑最终都是在用物质满足心理，这个过程就是连接。

第5节　分析与判断

一系列优秀的品牌和案例都最终说明，在场景当中更容易找到心智的定位。既然定位存在于心智当中，那么直觉的作用就显得尤为重要。

数据不是答案，我们通过研究数据表现出来的信息，提出一个问题才是数据的意义所在。数据是为了提出问题，而不是提供答案的。这个问题将通过在消费群体中的行为洞察并结合策划人的文化认知再显现出结果。

我们都知道王老吉的定位是"怕上火"，难道在定位之前会有一份数据统计公布了中国有多少人怕上火、上火的程度分析、原因分析和地理分布以及这些人渴望得到的解决方案是喝饮料吗？这些数据显然都是没有的。

凌仕（LYNX）1983年诞生于法国，是联合利华公司六大日化品牌之一，也是全球最大的男士沐浴露品牌。凌仕品牌的定位是使男人的气味更具有诱惑力，从而帮助男生在与异性的社交过程中有更出众的表现。男士吸引异性的方式有很多，比如鲜花、服装、豪车、学识、品味、幽默等，但它发现沐浴露这个空位还没有被占领，于是立刻抢占了这个空位。凌仕同样是通过洞察和文化认知后进行的选择，不然它就会在繁杂的日化用品数据和品类当中，定位成更适合男性肌肤的沐浴露。凌仕的定位直接表现为客群更大，但集中性更强的特征，并因此建立了自己行业领导者的地位。它甚至在广告中称这种定位为：凌仕效应。这仿佛被贴上了科学认证的标签，在消费者心智中植入了准确的标签。而这一功能的标签，连接到自己的品牌。

策划人必须首先清楚自己的答案是什么，然后这些数据才会慢慢显现出来。不然数据只会是你定位过程中的干扰。

这就是为什么一些优秀的企业家并不具备专业的数据分析能力，却做出了令人惊叹的正确决策。而那些专业的数据分析师只是数据分析师。他们只有在企业家决策失败的时候才跳出来说："看，这人当初不听我的专业意见。"

我并非在说数据不可信，实际上我本人在做策划行业的最初就是从数据分析开始的。我认为数据分析不是在练习我们的计算能力，而是在练习我们的判断能力和逻辑推导能力。当这种能力建立起来的时候，你会发现自己可以"控制数据"，而不是被数据控制。

以中国的房地产趋势分析为例，如果我想的话，实际上可以很不负责任地分别写出两本预测报告，对未来3～5年的房价做出上涨或是下跌的两种预测。涨、跌的依据全部引用公开可信的数据来做分析，都可以做到专业、标准和严谨，甚至带上一些权威的色彩。

这是因为我知道需要从哪里获得什么样的数据来佐证一个观点，而不是在数据的海洋中去寻找一个观点。实际上我甚至可以很大胆地说，在数据中获得的观点都是不可信的，不然我们一定可以用庞大的数据导出一个公式，然后在股票市场里投资，并且100%地赚钱。

数据只有连接逻辑基础才有意义，而这个逻辑基础在我们每个人的脑子里。

我们也经常看到经济学家在同样经济学基础的框架下，却总是产生相反趋势的判断。这就是因为数据虽然相同，但每个人的逻辑依据不同。当然，只要没有个人利益在影响其中，这些观点和判断都值得尊重。他们给了我们不同的思考角度，至于正确与错误，那又是另一套数据分析的体系了。

我的父亲只是一名普通的退休工人，他并不懂专业的经济学和行业数据分析，但有一次他和我聊起房地产话题时，忽然说了一句："中国房地产的本质问题是社保问题。"我当时愣了一下，这是多棒的一个角度，不需要判断他说的对与错，但他给我理解房地产行业趋势增加了一个新的维度。

说到这里，可能你会有疑问，市场决策的依据和判断究竟是什么？你仍然想知道什么是对、什么是错，如何来做一个正确的市场决定。是的，我也十分想知道。但策划人是"神"的执行者，而不是神。策划人甚至所有人都只能够提供一个意识的锚点，而非答案本身。但我仍会在这一章节里提供一个意识的锚点，以供你来自己做判断和分析，这个锚点就是：用数据佐证你的直觉。

先有直觉，然后通过数据去确认直觉。数据本身没有关于未来的答案。当看到数据的时候，你其实看到的是历史。

你首先要有一个直觉，而这个直觉的训练需要长期的感受认知并进行思考，以不断校准这个直觉。

现在就开始做吧！因为种一棵树最好的时间是十年以前，其次是现在。

抬起头看看周围的一切，你看到了什么？

为什么我会有这台电脑？

为什么我在这个房子里？

为什么我会选择这家公司上班？

为什么我会捧着这本书阅读？

……

这些看似"没有技术含量"的问题恰恰是众多复杂问题的基本面，我们只能看到和感受到自己想看到和感受到的。这就是策划人要想尽一切办法提高自己意识维度的重要性。你的直觉究竟是怎么指引你的？你的直觉正确吗？你如何修正自己的直觉？你连接到了什么？

第 6 节　冲击

对，到了该冲击的时刻了。我们已经基本了解了创意和诉求，接下来我们要把创意进行场景应用形成长效机制，并达到营销的目的。创意，究竟要冲击什么呢？

所有的冲击，最终都指向心灵冲击。

　　人们喜欢有冲击的事物，一次次冲击所得到的反馈连接，不断告诉我们自己是有感情、情绪和欲望的生命体。无论是一次深潜、一次蹦极、一次探险、一场音乐会、一部电影或是一次旅行都是一次冲击。这一切原本都不存在，你之所以体验过是因为它们都是被设计出来的，而每一次设计都是一次创意。

　　为什么小伙子总要在一次浪漫的烛光晚餐过后手捧玫瑰花半跪在姑娘面前向她求婚？因为经过设计和创意之后的连接会更紧密，会更指向我们的心灵。客户有时也像这位姑娘一样，并不是她不喜欢你，而是你要给她一个接受你的机会。这才是营销最终的目的，也是我们有必要学习连接的原因。

　　一次蹦极，你连接到的是惊险和独自战胜恐惧的勇敢。如果不是一名专业的跳伞运动员，又想尝试跳伞所带来的刺激，你会需要一名专业的教练和你绑在一起共同跳出机舱，并由他来操控降落伞。这时候你不但连接到了刺激，还连接到了身后教练员带给你的安全感，这一行为选择实际上都是在满足内心的连接欲望。可如果让理智说话，它就会告诉你："不管和你绑在一起的教练是否专业，只要降落伞没打开，你们的结果都是一样的。"

　　所以，如果让理智发声，这个世界可能只有一种灰色。

　　策划人在表现连接的时候，不要让理智发声。除非你指向要连接理智，或者你是一名技术人员，比如尖端的科技设备或者程序系统等。

　　也许你会说，我们的商品并不是跳伞或者蹦极这种冷门项目，可能只是一家普通餐厅、一家电器公司或者一个皮鞋厂，我们要通过创意、冲击，连接到什么呢？实际上这或许不是一个好问题，因为即使你是一家经营蹦极运动的公司老板，可能还是会提出这个问题：我们要通过创意、冲击，连接到什么呢？

我会通过策划人的思维逻辑来简单阐述一下上面的问题，因为只有发现市场逻辑才能产生策划升级。

大部分的都市餐厅主要功能早已不再是填饱肚子，而是连接到社交、亲情、欢乐、享受这些主题感受；家用电器也不再是功能性价比，而是连接到对生活品质、艺术、安全、智能、个性这些对美好向往的追求；皮鞋厂产品质量过关以后，很多企业已经在重新进行领域划分，比如增高鞋、时尚鞋、运动鞋、男鞋、女鞋、老年鞋、儿童鞋等，为什么做了精准的定位之后还是面对如此大的竞争压力，盈利空间依然看不到呢？因为这些划分中我们只对功能类别进行了划分，而没有做出明显的心智划分，注定将继续陷入残酷的市场考验中。

以上几种阐述并不是标准答案。作为品牌（商品）主体，我们核心要打造的实际都是情景营销。情景营销才是展现商品价值，产生连接的核心方式。潜在消费者才会觉得和自己有关系，才会和你的商品产生连接，甚至共鸣。

商品营销连接的是情景，所谓的差别是冲击大小的差别、创意深度的差别、定位准确度的差别。这些才是策划人专业程度的考量、真正市场差异化的表达、品牌核心力的呈现。

在写这本书的时候，我的一位朋友刚好跟我聊起他接触的一位商业客户对策划诉求的案例，他觉得目前的行业旗舰品牌过于强大，根本找不到市场空间突破口，所以放弃了。我了解过后立刻否定了他的这种观点，反而认为这中间的商机巨大。他的这位客户运营的是生产避孕套的企业，规模很大但一直专注于出口，在国内市场没有品牌基础，据他介绍品质不低于杜蕾斯。没错，杜蕾斯正是前面所说的避孕套行业里的旗舰品牌。

杜蕾斯作为全球第一大避孕套品牌，有着超过90年的发展历程，品牌深入人心，广告创意无处不在。我这位策划人朋友觉得没有向杜蕾斯"开战"的必要，更没有在营销上战胜杜蕾斯的把握。他用这个理由作为决策依据看似是很充分的。

不过在我看来，没有什么品牌是强大到没有痛点的。我之所以告诉他不应该这样决策的理由也很充分，因为杜蕾斯是避孕套产品，我们只需要在避孕套市场找到痛点就可以了，因为杜蕾斯一样存在这些痛点。

说到避孕套的痛点，你会想到什么呢？

策划人只要设身处地地进入使用情景中，就会发现这些痛点简直让自己感到深恶痛绝。接下来我需要进行一下场景模拟（年龄小于18岁的观众可跳过此章节），或许我们就清楚要如何打造和定位一个避孕套产品了，而杜蕾斯的强大也并没有那么可怕，我们需要操控那些心智中已经存在的认知，并去建立连接。

在昏暗的灯光下，男女之间"前戏"部分已经完成，到了使用避孕套的时候了。这盒避孕套是男生刚刚在楼下便利店买的，我们就把它当作杜蕾斯这个品牌来模拟吧！男生将这盒避孕套摆在床头。

当男生要使用避孕套时，却发现昏暗的灯光下他根本看不清撕开塑料包装的开口在哪里，而男生一般并不留长指甲，于是他抠来抠去急得要命，许久之后他最终气愤地骂道："是谁设计了这么个鬼东西？"

这场景是多么大一个痛点。因为在春宵一刻值千金的时候，消费者居然无法顺利便捷地使用它。

接下来，男生好不容易（可能是在女生的帮助下）撕开了塑料包装，拿出了必备的一包避孕套，但更大的麻烦可能还在后头。因为昏暗的灯光下，男生仍旧看不清避孕套的正面与反面，费了半天劲才可能发现原来套反了，这实在是太尴尬了。所以这个套套只能废掉了，你只得重新再拿出一个新的，再小心翼翼地重复刚才的动作……

我不用再说下去了，这些痛点简直让消费者无法忍受。而避孕套塑料包装里残留的油性液体很可能还会沾到你的床单上，变得难以清洗；尽管有这么多的痛点，消费者却依然对这个商品品牌"忍耐"了几十年。

在情景模拟下，你就会发现消费者才不管它是杜蕾斯还是什么其他品牌，杜蕾斯品牌唯一的幸运是还没有人告诉消费者他们正在忍受这些商品。在这类特殊商品的品类中，用户感受是第一位的，用户只想它好用，不管它是什么牌子，也不管它的广告做得多好。

对策划人的工作而言，大部分的商品，只要我们进行场景模拟，很快就可以发现产品缺陷和用户诉求之间的矛盾。

我们需要清楚，用户需要的是一个懂他的商品。很明显，包括杜蕾斯在内的这些避孕套品牌并不懂用户，不管它有多少年的品牌基础和生产经验，在解决痛点不够充足的时候都不堪一击，这就是竞争对手的后门。

再回过头来说那家生产避孕套的企业，如果策划人可以帮助它改进这些设计，利用专利进行技术门槛保护，然后站在消费者层面发声，再对行业品牌展开品质大战。为什么不能为新品牌开创出一个全新的市场空间呢？

行业空间占领得多大、用户心智植入得多深、能够占领到什么程度，策划人的营销水平是除产品质量以外最重要的因素了。

在《定位》理论中，认为宣传中应用"工作更加努力"绝不是成功的原因，而是因为承认了自己是行业第二的位置。但如果有条件，我们为什么不利用那个"成为第一"的机会，更加便捷地进入用户心智呢？

这个机会就是：如果你成为不了第一，那你就去重新定义行业。

其实在市场竞争中并不需要打败谁，策划人只需要知道，人们最想拥有的那件完美商品永远只存在于脑海中。整个市场经济体系在当下即使已经如此繁荣，也不过是让人们在一堆"差"的商品中去挑选"不那么差"的商品。

即使你花掉 100 万元买了一个爱马仕的包，看似心满意足，但实际上你仍然希望这个包如果能够自动变换颜色或者大小就更好了，人类总是没有那么容易获得满足。也正因如此，如果我们这样去看待问题，也就不会觉得市场有多难，而是到处都是商机。

消费者也总喜欢看到行业龙头被挑战，甚至破灭。人们因此对那些商战的故事乐此不疲地关注，人们喜欢追逐更厉害的"英雄"。既然人们喜欢，就会有人制造内容，并将这些内容连接起来。

大家会觉得可口可乐与百事可乐的形象定位都做得很棒！好了，仅此而已。很少有人深度去剖析这两大品牌在连接什么；是通过什么完成连接的。

在可口可乐已经建立行业领导者的地位，又同时获得消费者满意的那个时代，如果你最初来接手百事可乐的营销定位工作，你会觉得自己其实拿到了一个巨大的烫手山芋。"天哪！这两个产品的差异化在哪儿？这可能是全世界最没有差异的同质化产品竞争了。"

市场的经验告诉我们，不能用产品思维去解决品牌问题。因为产品是在同类商品中进行比较，而品牌是在心智中进行连接。

可口可乐的品牌内涵，连接的是"积极乐观、美好生活"八个字。百事可乐的品牌内涵连接的是"渴望无限"这个更年轻的主题。从内涵主题上，貌似并不存在明显的差异化。可口可乐用了更广泛的连接，百事可乐用了更聚焦的连接；可口可乐用了更有深度的情感连接，百事可乐用了更直接的表达连接。它们之间文化传递的深层内涵仍有很大的差异，只有它们的竞争碰撞在一起时才显得可爱又有趣。我们先来看一下这两个品牌是如何通过创意产生冲击，并连接到品牌内涵的。

先说一下可口可乐。

它有一则短视频广告在迪拜进行拍摄。可口可乐公司来到那些远渡重洋到迪拜从事建筑施工的南亚劳工住所，这些劳工渴望着多赚些钱改善家里的生活环境。可口可乐公司采访他们想不想家，多长时间和家人打一次电话。很多受访者都说自己每天都想听到家人的声音，但是越洋电话很贵，不能经常打。于是可口可乐公司通过创意和设计，为他们建起一座座公共投币电话亭，而投放的硬币则是可口可乐饮料的瓶盖。

只要你积攒了可口可乐的瓶盖，就可以通过"投币"给家乡的亲人打越洋电话。当我们在广告画面中看到那些不认识的陌生人高兴地投放可口可乐的瓶盖和家人通话时的画面时，每一个人的情感都被这种感动连接了起来。

可口可乐公司巧妙应用了他们的创意，通过公司产品的瓶盖满足每一个平凡普通人的梦想。可口可乐用创意的力量冲击每一个人心里最美好的场景，用一个小小的瓶盖产生了连接。

这就是创意带来的冲击，如果我自己也是那群工人中的一位，如果我的生命里有过这样的经历，如果我曾用可口可乐的瓶盖和几千公里外的亲人通过电话，那么自己这一辈子如果要喝可乐，一定会买可口可乐。

把品牌内涵，通过这样的创意表达出来无疑是具有大智慧的策划人。而这则短视频结尾的那句"你好，快乐！"更是燃起了我们对这个品牌的热爱，直指那句伟大的品牌内涵"积极乐观、美好生活"。

看完这样的广告，让人不由得伸出大拇指，其实我们看到的不是广告，而是一家伟大的企业。

而中国的一些品牌企业策划，宁愿花几百万、上千万元的费用在机场或者火车站立一块广告牌，也不愿意来思考这样的创意营销。看到与连接是两种完全不同的效果，为什么我们不让营销变得更精彩一点呢？

一个好创意的出现，可能让全世界无数的人为你主动点赞、转发、热议，在这之后，品牌又会发生什么样的化学反应呢？

为什么这样的创意广告我们更喜欢呢？因为有一种更高的力量让我们被连接、被唤醒。这是品牌的力量、文化的力量、唤醒认知的力量、策划的力量、连接的力量。

广告是有价格的，连接却是有价值的。

接下来看一下百事可乐。

百事可乐的营销策略一直都很成功，1983年罗杰·恩里克担任总裁时启动的广告策略奠定了百事可乐里程碑式的形象基础，这一策略时至今日仍在被持续应用，并成为百事可乐公司不变的看家本领。

最具代表性的营销事件当数1984年，百事可乐耗资500万美元，聘请音乐界天王迈克尔·杰克逊担任代言人，一举将它的饮料事业与流行音乐进行了连接。这一次的商业连接做得极为成功，被称为有史以来最大手笔的广告运动。百事可乐的品牌从此被注入了新的文化、持续的生命力。流行音乐正是年轻人的最爱，百事可乐也是。

·迈克尔·杰克逊为百事可乐拍摄了一系列的视频广告并引发共鸣。其中有一则是一群在街上模仿迈克尔·杰克逊的小男孩碰上了真的迈克尔·杰克逊，那一瞬间遇到偶像的目光对视，燃起了每一个人对美好事物的憧憬。迈克尔·杰克逊和这群小男孩一起在街上起舞，一起喝着百事可乐。那种渴望无限的品牌内涵被淋漓尽致地表现了出来。我们马上意识到，我们自己就是那个在模仿偶像的小男孩，自己被连接了。

与此同时，这次营销行动将百事可乐与流行音乐彻底地连接在一起，时至今日，我们仍能听到百事可乐音乐榜单的发布。明星落幕，但流行音乐永远流行，百事可乐也将永远流行。

在这一成功营销事件的带动下，百事可乐不但销量大幅攀升，也奠定了流行巨星成为百事可乐代言人的"光荣传统"，双方都以对方选择了自己为傲，品牌之间相互借势。碧昂丝、布兰妮、郭富城、周杰伦等大牌明星都先后担任了百事可乐的代言人。百事可乐彻底将自己与年轻、活力、流行、梦想进行了连接，于是消费者对这一品牌的渴望更强了，我们终于知道"渴望无限"的是什么了。

如果说大牌企业的营销我们很难借鉴或是去复制，那么在生活的细微之处我们一样可以应用创意带来美好的冲击。

我经常感慨营销工作者平时是非常忙的，以至于经常忽略了身边的亲人。不过一旦营销工作者重视起生活，那会让身边的人每天都在惊喜当中。我的微信群里有一位了不起的妈妈，她是一家企业的营销负责人。更了不起的是她将营销的创意也应用在了生活当中，并善于发现生活中的美。她每天早起为家人制作精美的早餐，然后拍出来发到群里赞美一下生活。我想她的孩子肯定既结实又健康。

她不但在苹果外皮刻出麦当劳的模样，还将苹果切条做成薯条的模样。在碟子里挤上番茄酱，又用自己烤的饼夹上蔬菜、肉排和芝士。我想她的孩子一定很爱她，觉得她是世上最棒的妈妈。

如果把孩子看作我们的客户呢？如果你为客户这样用心设计和服务，丝毫不用担心成不了品牌企业，也丝毫不用担心客户不为你买单。即便是毫无关系的旁人看到了都会为之感动。而客户则会被你这样的用心感动得稀里哗啦，并心甘情愿跟随你。

是的，这就是策划，这是策划后所表达出来的创意并为"客户"带来的冲击。它连接了麦当劳的文化、美丽的早晨、一个充满爱的妈妈和幸福的生活。谁不愿意和这些连接在一起呢？

在策划与创意的工作中，只在于你有没有把工作目标和客户的感受紧密连接在一起，并愿意为其付出时间和精力。只有你愿意，创意才会出现。

不要指望创意会从天而降，它需要你用心感受。

我们要学会通过创意实现冲击，冲击现实的生活、冲击心底的梦想、冲击超越的渴望、冲击坎坷的岁月、冲击耀眼的明天、冲击逝去的美好，然后我们便会被连接、便会被唤醒，品牌才会被注入生命力，于是有了品牌文化、有了相信。

第7节　相信

"相信品牌的力量"这句话很多人都听过，也因此坚定了要将商品进行品牌化运作的选择，这是因为我们相信品牌会为企业带来更大的利润和更长远的发展。这句话源自央视网影视制作中心为企业营销量身打造的一档独具特色的电视栏目。

这句话说得非常棒，但我们知道：品牌有深度，但没有尺度。这个深度来源于心智，心智才是力量的来源。所以，这句广告语不是在对品牌进行阐述，而是中央电视台在为自己的影响力做品牌背书，这才是这句广告语的核心目的。所以在解读这句话的连接时，一般会分为三个层次，受众认知深度依次减少。

1.品牌的确有力量；

2.中央电视台播出的品牌值得信任；

3. 品牌的力量源自中央电视台吗？

前两点不用进行解释说明，但是第三点值得我们深度思考一下，那就是"品牌力量源自什么？"。因为是中央电视台背书，所以我们下意识会很习惯地和第二条相连接，那就是只要在中央电视台做广告，自己的品牌就会有力量。也就是说，简单地把品牌力量的来源理解为央视这家媒体平台，把中央电视台的媒体属性连接到了品牌认知的属性。

而实际上，我们所有人都知道，媒体平台只是传播渠道。传播渠道的强大只能成为记忆型品牌的基本作用，但感召型品牌的建立则不是这么简单。因为品牌的力量不是来自媒体平台，而是来自消费者的认知感受层面。中央电视台的确为很多品牌的传播提供了通道，但我们也很清楚，并不是每一个在央视做过广告的商品都成了品牌。我们都知道在中央电视台做广告有利于品牌传播，但这并不是策划的核心，只是强调了一个所有人的共识而已。

品牌的传播不但要选对发布渠道，还要选择好定位后创意地表达主题，使自己的品牌文化真正植入到消费者的心智当中，建立号召力并进行连接确认。只有这样，策划的作用才可以显现出来。

因此，这个答案恐怕并不是关于品牌力量的，而是关于相信什么。品牌是因为信任，所以信任才是力量的来源。

逻辑清楚了，我们就要学习如何去建立信任并通过一系列策划的过程去搭建品牌了。

看起来那些简单易行的方法都是因为连接到了产品功能与广告以外的第三方，比如权威媒体、大明星、权威机构等。如果你的品牌广告能同时出现这三种形象，那基本上已经解决成为品牌80%的问题了，这几乎是品牌成功最直接有效的通路。

但随之而来的问题就会有一个，那便是：你的企业是否每年能够拿出数千万级甚至数亿级的营销费用。大多数企业根本不可能做到，大多数策划人也没有这样的机会去操作。策划大师的营销设计不太会去选择小渠道，一般都会去选择全国性媒体、机场、车站或者全网覆盖的密集型广告。在雄厚资本支持的条件下，这样成功的概率非常高，以至于我们甚至很难从这些营销行为中看到创意性高的作品，大师通常都在强调定位的准确性和系统形象的设计。

在营销的表现力中，策划人要以"更好"来作为追求的目标，而不仅仅是不犯错，除非你只是想在某一家企业里混日子。

大多数策划人可能只有少量的营销费用可以动用，在中国千百万的小企业中，每年的营业额都不如大品牌广告费多，那又该怎么办呢？企业老板们都知道品牌的力量源自信任，而信任的基础是真诚，但又根本不知道如何去表达，只能在自己办公桌的后面挂一幅字：诚信赢天下。这样的方式看似格局高大，实际上从营销与传播的角度来看这几乎是没有任何效果的。因为这种表达不具备特殊指向性，和"招财进宝"这样的吉祥话没有太大区别。这说明企业家仍以供需关系来组织建立企业文化，是品牌建立之前的思维逻辑。企业家的理念传递必须具备独有的经营哲学才有与人们内心深层连接的机会。你能想象比尔·盖茨的办公室墙上挂着"诚信赢天下"吗?

长江集团中心大楼顶楼 70 层是李嘉诚的专属办公楼层,在这个仅有几十平方米的办公室里,李嘉诚遥控指挥遍布全球 52 个国家和地区的近万亿财富动向。座椅边的墙上挂着两幅字画,其中一幅是郑板桥的《竹声萧萧》,另一幅是李嘉诚很喜欢的一副对联,也是办公室里悬挂的唯一书法,语出左宗棠的"发上等愿结中等缘享下等福;择高处立寻平处住向宽处行"。

阿里巴巴创始人马云的办公室里有一块云石,石头上刻着马云的名言:"今天很残酷,明天更残酷,后天很美好。很多人死在明天晚上,看不到后天的太阳。""企业家要懂得自己左手温暖右手。"

如今的时代,企业真正面对的问题是产能过剩、残酷的市场竞争、传统行业越来越少的利润……这才是企业迫切需要品牌来冲出重围和困境带领企业长期发展的诉求。

策划人正是致力于解决这一问题的职业,但很遗憾的是我没有办法在这本书里用一言以蔽之的答案来解决所有中小企业面临的企业品牌诉求问题。但我很高兴可以用"连接理论"来阐述突破固有思维逻辑的方法。

大部分企业营销工作在宣传产品时,总是会从如下六个方面表现入手:

- 功能

- 材质

- 价格

- 设计感

- 企业实力

- 服务

这样的宣传市场总是反应平平，可是对产品而言能宣传的好像只有这些呀。促销也搞了、广告也打了，还能说什么呢？似乎再没有什么产品卖点可以挖掘了，于是营销工作陷入无奈。

这种状况其实是策划人观察的角度过于表面，并没有赋予商品形象生命力，这几个角度无论怎样美化设计，实际上都是产品介绍。换句话说，跟潜在消费者之间没有连接，这会导致这类广告直接在潜在消费者面前被过滤掉，大家不觉得这样的广告实在是太多了吗？

我们可以观察一下贵州茅台、蒙牛、香奈儿、阿迪达斯、IBM、娃哈哈、蓝月亮、青岛啤酒、吉利汽车这些品牌广告，有哪一个是侧重这些领域宣传的？

在营销传播中并不是不宣传这些内容，而是不要侧重这些。你要将注意力集中在消费者身上，而不是自己的商品本身。换句话说，无法吸引别人的注意，你所有的优点都是白说，更不可能有机会展示。

我们可以从更多的维度去思考产品表现力，这也许会让你的商品在形象表现上更加有选择空间。我们要努力使潜在消费者相信我们的品牌的确能够代表他的需求，除此之外还能使消费者得到意想不到的收获，这才是建立品牌与用户之间最好的通道。

比如产品颜色视觉与使用场景相结合，产生强烈反差，突出使用者个人形象；

比如产品的功能使用场景与其他同类产品的不同，突出使用者个性；

比如在消费者之间建立共生体系，让顾客有安全感、参与感、荣誉感；

比如产品设计的细节描写，能与使用者完美主义的情怀相结合；

比如商品的拟人化形象，替顾客描绘出心声（如江小白）；

比如将商品内涵结合文化（传统或地域）进行传播，建立认知连接；

比如描写劣质产品带来的尴尬感和危害，唤醒客户对优质产品的共鸣；

比如企业老板亲自当销售员的一组宣传片；

比如描写客户使用商品场景时的内心感受；

……

客户相信品牌，是因为品牌的真诚。而品牌的真诚是因为对消费者用心理解与表现，而不是一句死板的企业口号。在买方市场的时代，企业早就应该从神坛上下来，去融入到客户当中。中国有超过一半的企业要从对产品精益求精的关注，过渡到对用户精益求精的关注。客户喜欢你懂他，甚至超过你宠他。

2020 年的中国春节，除了新年喜气洋洋，也是新型冠状病毒肆虐的日子。春节期间以往热闹的拜年场景不见了，全国的公共场所几乎都处在半关闭的状态。多地城市主管部门发布通知，为了避免交叉感染，大部分的经营场所都需要暂停营业。这时很多企业的负责人着急了，有人来问我："对外的营销部门不让营业，我们每天要干什么呢？"

我对他说："虽然疫情导致经营受阻，但这也是企业建立品牌信誉的时机。你们可以把平时营销活动、广告或是定制客户小礼品的费用拿出来，改为定制一批口罩，向你们的客户和其他市民免费派发。"

他想了一下说："好是好，可是发口罩我们如何转化客户呢？"

我对他说："这是品牌的信任思维和销售思维的区别。销售是为了直接成交，而品牌是为了帮助销售建立成交机会。品牌关心客户，而销售大部分情况下只关心成交。这是一个建立信任的时期，是所有营销工作的基础。你能让多少人信任你，决定你企业的规模。"

经商虽然不是做公益，但商业的逻辑是为消费者带来价值连接，而品牌的逻辑是与市场建立信任连接，企业的行为是决定这些连接的基础。这时我们要清楚地认识到，多做一些有意义的好事，跟商业经营理念完全不冲突。这只取决于你是一个有什么格局的企业，你的格局决定你的行为，你的行为决定你的规模。

市场营销不是为了成交，而成交的基础是信任，因此市场营销的核心是建立信任连接。

第七章

营销的连接解决方案

营销上你只会遇到概数问题，不会遇到绝对问题。

至于什么是营销，我想完全没必要在这里重复那些冗长的句子。那些关于营销学的解释和阐述，本身就不符合营销特征。所以在真正做市场营销管理的人中没有人会背得下来。如果背得下来，你肯定不是做市场的。

人们为什么要学营销呢？或者，做营销目的是什么呢？

策划人总是在问这种看起来很"低端"的问题，但所有复杂课题的答案都在这些简单的提问当中。我的这种提问其实还是不够简单，但在营销主题这个领域里已经是最底端了，再问就是哲学范畴了。

无论是营销工作者还是潜在消费者，营销工作的本质都是内在想去抓取，抓取那些其实本质上也不属于自己的东西，但控制它们的感觉很棒。而"抓取"的本质是每一名消费者、每一家企业实质性的内在需求，因为他们时时刻刻都想获得一种抓取后的满足感，一分钟也不想停下来。

我们生命里所有的糟糕情绪，几乎都是因为抓取没有得到满足。我们称这种感觉为痛苦、难过、悲凉、愤怒、绝望、失落、伤心……归根结底都是因为抓取失败了。大部分人学习营销，其实也想证明自己的判断力和管理能力超出身边人，他们很享受那种可以掌控市场、四两拨千斤，既可以赚到很多钱，又可以让人们为之疯狂而带来的美好感受。营销领域的人特别容易出现两个极端，一是得不到重视和支持的乏力感；二是得到认可以后的妄自尊大。

其实这两者完全没有必要。如果感到操作乏力，那很直接证明了自己能力还欠佳，并不是老板不重视、团队不给力、技术不支持、部门不配合、市场不成熟这些外在原因。如果是这些原因导致你工作乏力，那为什么还留在这里不换一个战场呢？只能说那些让你羡慕的企业营销岗位中，没有你的位置。

营销工作本身就是一个整合工作，先把自己身边的资源整合起来，才更有力量整合市场。

作为策划人，在工作中我们首先要具备自身的凝聚力，建立团队的信任基础，然后才有机会在营销上大展拳脚。

而在另一个层面，营销成绩的突出也总是会让人自大，这更容易让自己和市场操作陷入"危险"的境地。当我们从策划人的角度做本质认知判断的时候，面对那些虚幻的美好更应该使得我们戒骄戒躁、谦虚谨慎。即使真的"一不小心"成功了，也并不值得骄傲。

我们永远不能认为自己有能力掌控一个商品的市场化操作，如果没有企业家的投资、设计、生产、物流、销售渠道、售后服务，营销工作什么也没有。一个商品的市场化成功是全流程的成功，是所有人默默奉献的成果，只是最终把营销推向了前台。营销本身的工作不过是把所有流程及团队成果展现出来而已，而这些只是营销工作岗位该做的基本工作。

市场上商品种类繁多，并不是商品社会制造了太多"无用"的东西，而是人们心里需要抓取太多"无用"的东西。品牌商、制造商、策划人、广告商、销售平台、物流商、售后客服全在无微不至地满足着人们抓取的欲望，而他们自己也在拼命抓取着。以房地产行业为例，我可以大胆地说出一个观点，那就是：根本没有人需要房子。

那些买房的客户，实际上购买的是保障、生活、幸福、美满、安全、自由、惬意、私密、升值、情趣、婚姻等这些看不见但又极为重要的生命感受。他们为之努力并付出的是这些，而不是房子。但恰恰因为房子可以承载这么多的抓取感受，房子本身就具备了极高的价值，实际上房子是一种承载力，承载功能是一种连接。那么你的商品又能够承载什么呢？

市场从不会为产品的成本付费，只会为价值付费。

我们不能因为自己的商品小、功能少，就认为无法承载这些价值。还记得小时候吃的棒棒糖吗？即使是一个几乎不起眼的小商品，它也承载了快乐、记忆、童年、甜蜜、美好这些价值。人们买的不是商品本身，而是那些美好的感受。营销工作者要思考的是如何把这些承载的美好展现出来，做一次唤醒、连接和升级。

一颗水果糖插上根塑料棍，就从功能型升级为时尚型；在里面做成图形，就从时尚型升级为体验型。一颗小小的水果糖，价值（价格与利润）提升了百倍。作为一名营销工作者的首要工作是提炼价值并表达商品价值，而不是所有的工作精力都用来急于找人购买。

在营销工作中当我们去搜索客户的时候，客户其实也在搜索我们。只是当他的视线扫过我们身上的时候，能否感受到共鸣并产生关联性连接，这才是营销和定位工作的关键点。

营销工作的从业人员在中国数以百万计，但他们当中绝大部分都是被营销所控制，而不是控制营销。在你想去引领市场的时候，实际上市场也在引领着你。所以根本不存在引领这回事，"引领"这个词不过是媒体记者或者像我一样的策划人、广告人、企业家对外宣称时用来描述现象、起到振奋人心作用的词语。成功企业的底层逻辑不是引领，引领是一个误区，是让很多年轻的企业家、策划人陷进去出不来的误区。即使是史蒂芬·乔布斯这样的传奇人物，他做的所有工作本质也不是为了引领市场，而是消费者对时尚、科技、美学这些已有潜在认知的激发。你激发的深度、唤醒的强度、连接的准确度决定企业和品牌的规模。

第 1 节　重新认识营销

菲利普·科特勒与加里·阿姆斯特朗共同编著了一本全球著名的营销学著作《市场营销原理》，它不但是全球商学院普遍使用的教材，也是中国各大高校本科生、MBA 市场营销学课程的主要教材。这本书为众多学习、从事营销工作的人打开了一扇全球顶尖的营销理论大门。我们的"重新认识营销"这一章节，就从这本书说起。

书中对市场营销的过程进行了模型描述，并提出了"为顾客创造价值并建立顾客关系"的概念，如图 7-1：

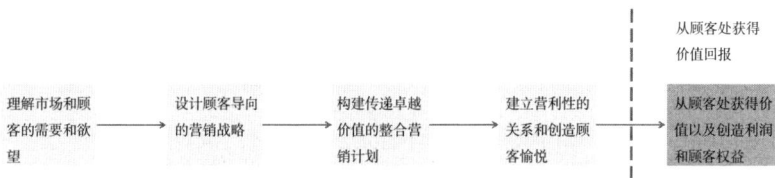

图 7-1　科特勒提出的"为顾客创造价值并建立顾客关系的流程"

营销学大师的著作自然有他理论学的依据，但随着工作经验和认知的不断升级，我对这五大部分组成的内容产生了不同的理解。刻板印象的指导，实际上最终很难得出这个结论性的价值回报。我们必须从结论中对价值的解读开始，重新复盘对整个营销模型的理解。在这个模型的基础上，同样的五个步骤中，我重新

进行了内容梳理。如图 7-2 :

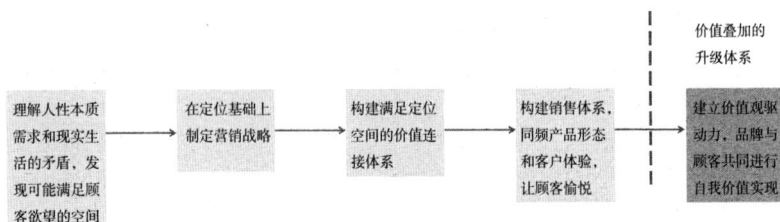

图 7-2　重新复盘的顾客关系流程

理解人性本质需求和现实生活的矛盾，发现可能满足顾客欲望的空间

在原书理论中，这一部分被描述成"理解市场和顾客的需要和欲望"。这显然是在以市场分类为基础，而市场分类的基础很容易陷入品类定位当中。这样分析下去最终无论导向哪个行业，实际上顾客的需求和欲望都会指向同一个结论：又便宜又好。这个结论的直接作用就是将商品推向了残酷的市场竞争中。

或许我们此时会想到"沃尔玛"或者"优衣库"这样的品牌，它们的企业宗旨难道不就是为顾客提供又便宜又好的商品吗？的确如此，但其中有两条悖论。

第一条悖论是：如果你有一家超市，或者一家服装店，你要如何通过"又便宜又好"这个企业宗旨去战胜沃尔玛和优衣库呢？你只能看到自己无路可走。

第二条悖论是：又便宜又好并不是顾客的需求和欲望，他们真正的需求和欲望是：最好不要钱，而且特别好。因为顾客的底层需求欲望是没有市场机制的，最好是两家企业打价格战，那样他们才开心。市场机制只有企业才需要。

所以，我将此部分改成"理解人性本质需求和现实生活的矛盾，发现可能满足顾客欲望的空间"。这句话我们可以把它看作以解决矛盾（问题）作为出发点的营销起点。这更符合人性的行为特征，那就是：我愿意为了解决问题而付出代价，因为我知道解决问题必须付出代价。这个代价，就是企业的利润空间，而解决的那个问题，就是定位所衍生出的产品内容升级。

其实，这时我们只需要想一下苹果公司，就会发现它正是通过这样的定位来确定这个更聪明的市场逻辑，而不是又便宜又好。

在定位基础上制定营销战略

在原书理论中，第二环节是"设计顾客导向的营销战略"。这有什么问题呢？难道不应该是这样吗？实际上其中最大的问题就是：你将永远无法满足客户的导向。男士们都知道，这就像对待一位姑娘一样，无论如何满足她，只要她愿意，一样可以随便指出你的各种不足。这只取决于这位姑娘的情商高低，不取决于你做得好与坏。因为义无反顾对她好并不是你的优势，只有她欣赏你的部分才是你的优势。

而顾客欣赏你的那个部分，正是你的核心定位。作为企业或品牌关注自身定位的重要性甚至要超过去寻找客户的重要性。如果你失去了"我是谁"的定位,一味去寻找和讨好顾客,是根本没有商品利润和品牌延续空间的。即便那些特别宠客户的企业,也一定是先设定好"我是谁"的定位基础,再去宠客户。这个时候客户被宠,才有被温暖的感觉。

所以客户导向虽然重要,但定位必须是前提。

构建满足定位空间的价值连接体系

如果按照书中"构建传递卓越价值的整合营销计划"来操作,不要说对于营销新手,就连我看到这句话也完全不明就里。因为我们完全不清楚构建和传递什么、所谓的卓越价值是什么,更不清楚怎么去传递。即使回顾上一环节以顾客导向为参考,你仍旧会发现顾客导向与构建传递卓越价值很难进行连接,如果在这个模型上强行导入整合营销计划,结果很可能是灾难性的。

因此,我们必须构建满足定位空间的价值连接体系,这句话可以理解为:将心智中的价值通过营销连接到商品内容上。

传递是单项的从 A 跳转到 B,是要给目标客户做广告或者其他宣传,而连接却是 A 与 B 之间的互通建立。

客户并不是被企业的广告吸引来的,而是被价值传导吸引来的。在营销工作中我们要知道,只有这样建立起来的营销结构和客户关系才会更稳固。

构建销售体系，同频产品形态和客户体验，让顾客愉悦

之所以要将"建立营利性的关系和创造顾客愉悦"改成"构建销售体系，同频产品形态和客户体验，让顾客愉悦"是因为原书理论中忽略了产品与客户的最终关系，只是单一地强调通过营销创造顾客愉悦。实际上营销部门并不应只是单一的发布部门，同时还是接收部门。企业通过营销对市场观察的作用，远大于通过营销宣传的作用。

而营销的观察就是既发现潜在风险，又发现潜在机遇。在拥有更好的市场推广和市场占有率的指导下，产品才是最终的核心竞争力。这需要营销部门通过构建出的销售体系反馈回来，从而有条件为企业打造终极的营销，也就是产品营销。产品本身才是营销的核心竞争力，只有产品才能与客户体验产生实际关系，营销的作用属于锦上添花。很多遭到市场强烈抵抗的"货不对版"的投诉，就是来自过度营销。试图通过营销来搭建企业的营利性和客户愉悦，这显然对企业和品牌最终是一种伤害。

而营利性的关系和顾客愉悦之间似乎存在着某种天然的抗性，即便很好地解决了这一点，功劳也不来自营销，仍是好产品本身带来的作用。

所以，让我们把营销、产品、客户体验真正连接起来吧！这样顾客才会真的愉悦。

建立价值观驱动力，品牌与顾客共同进行自我价值实现

我非常钦佩科特勒先生将营销分成的四个阶段，实际上标题中提到的价值观驱动力也来自他的理论（后文中会提到这四个阶段）。

但在这个营销结构的模型中，他将最终导向定为"从顾客处获得价值以及创造利润和顾客权益"。这虽然看似正是企业营销的最终目的，但实际上我们研读一下就会发现：从顾客处获得价值、创造利润与顾客权益之间又是存在天然矛盾关系的。虽然可以很容易解释通这句话，但解释的过程同样是营销说辞而不是逻辑关系。因为顾客权益必然与企业生产成本之间存在矛盾关系，所以必然反射到利润组成关系。

因此只有建立价值观驱动力，才是营销导向的最终结果。顾客会为自己的价值观买单，而不会为企业的利润买单。企业所有的利润都是来自对顾客价值观的满足与统一，只有这样才不会产生矛盾关系。将企业与顾客设定在平等的关系基础上，有共同的目标追求，顾客才会发自内心地希望企业越做越强，因为只有他们是一体的，相互之间才是忠诚的。

接下来我们再来看一下结构外描述的"从顾客处获得价值回报 vs 价值叠加的升级体系"这两者之间有什么不同。

其实最大的不同点是前者强调企业的个体目的，而后者强调企业与顾客之间的共同目的。而且营销是不断地将新内容赋能在商品信息中，从而有条件不断地提高企业市场利润。营销是将市场化操作持续下去的工作，而不是像百米赛跑一样冲过终点线就

减速停下来，迎接掌声和鲜花。

什么是好的营销

营销因为方法的不同、渠道的不同等，所展现出的效果也是千差万别的。因此即便在相同行业、相同产品、相同岗位上，只要是不同的营销操盘者，那么结果一定也是不一样的。或许可以用定量的标准去衡量好与坏，比如带来多少客户、成交多少业绩等，但对于品牌宣传等目的的营销展现，则很难用定量的标准去考核。比如一场营销的活动做下来，除了在流程上重新复盘进行补充提升外，在品牌效果上又该如何去界定呢？

虽然同样没有固定的标准，但营销操盘手可以通过观察一个现象来进行效果评估并及时调整，或是在下一次活动中加以改进。这个现象就是：参加活动的人群中有多少人在主动掏出手机拍照？

要知道这种下意识的拍照动作就是目标人群与营销活动之间产生连接的行为，只有你的营销内容与他的认知进行了连接，他才会拍照。

所以不要管到访客户嘴上说了多少恭维或是称赞的话，如果他连掏手机拍照的动作都没有，那么作为一名营销工作者就需要进行深刻反思了。他可能只是来领礼品或者占便宜的，跟你的活动策划一点关系也没有。虽然促销活动也是营销内容的一部分，但如果只有单纯的促销，说明营销策划工作是非常不到位的。促销只是在进行一项最基本的营销行为，营销工作者应该利用好每一份营销资源可能带来的延展去建立连接。

营销活动的策划效果，我们可以参考下面这张简要的晋级图：

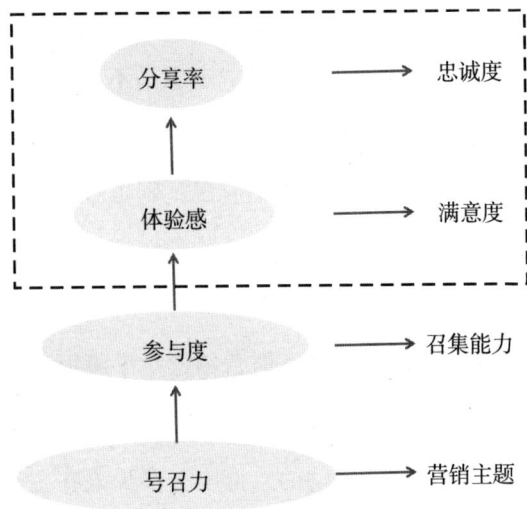

图 7-3　营销活动效果等级

营销活动要深刻认识到潜在消费者掏出手机拍照的意义，那是他连接到了一种感受，不管这种感受好还是不好，他都有可能进行拍照，甚至进行下一次的传播。因此在"体验感"和"分享率"这两个阶段也有可能是负面的，那就是一次彻底失败的营销。

如果参与者在没有被要求的条件下主动进行优质感受的分享，那无疑是非常成功的营销事件。这就是当下每一名策划人和营销经理都应注意并认真研究的领域，即社交传播和分享经济。

国内外新兴的旅游景区在这方面认知度更为突出，我们习惯称之为"打卡"。"打卡"这一行为正在成为互联网用户更为接受的新型生活方式之一。无论是一个景点、一家餐厅、一次购物体验、一部电影、一款手机，还是一本书，他们会主动为产品或是营销内容评分，每一名消费者都借助互联网工具成了商品的裁判员，表述自己的使用感受让更多的人看到。互联网正在将所有的事物进行放大和公开，因此想要取得满意的营销效果，我们在营销设计的时候就必须具备分享和传播属性，以满足用户获得好的感受并具备"打卡"的基因。这一功能的建立将为营销活动提供事半功倍的效果，成为品牌和商品营销新的重要的途径之一。

如果你看到有客户在对着你营销的内容拍照，并上传到他的微信、微博或者抖音等分享平台，那就是你的营销工作被认可后产生的裂变，这对于营销工作者来说是最大的褒奖。

第2节 营销的未来

思考营销的未来是启动自己对价值判断的有效方法，大多数日常的营销工作者都过分将注意力集中在解决眼前问题，而忽略了这些问题产生的真正原因，同时对营销的方向也被限制在工作计划里。

营销工作当然需要有标准的执行计划，但真正让营销工作者产生抱怨的原因是并没有按照计划执行营销。在营销过程中总是莫名其妙地增加很多新问题，本可以井然有序安排的工作不知从什么时候开始变得越来越混乱，加班似乎是一种常态。

营销工作还总要面对不可预知的公共事件，比如突发的热点新闻或事件、行业政策调整、领导考察、参加展销会、竞争对手发布不利的消息、客户投诉、销售团队不稳定、供应商出现问题等。所以营销部门可能是企业所有部门中召开会议次数最多的部门，营销内部必须反复沟通以保持营销着力点的准确性，也只有这样，营销部门才可以和市场整体进行沟通。

如果这些突发问题在工作中反复出现并困扰着我们，这是否也是营销工作本身的一个痛点呢？当我们努力发现其他行业和消费者行为特征的时候，我们和他们又有什么本质的不同呢？

营销工作者的另一个感受是市场越来越难做，早些年的时候只要一打广告，消费者就蜂拥而至，广告和销量之间成正比关系。但如今这种情况正在逐渐消失，散客的汇集成本越来越高，而手里的营销费用却越来越少。那是因为广告已经成为企业不确定的成本支出，广告的有效风险在加剧。

信息渠道的增多蚕食了营销行业的输出体系，消费者的认知正在快速迭代失级。而传统的市场营销总是试图去管理客户关系，缺少强调品牌内涵的归属感，这使得建立真正的品牌认知越来越难。

还记得 2014 年 4 月 26 日的那个清晨吗？诺基亚位于芬兰的总

部大楼正式换上了"Microsoft"的标识，曾经无比骄傲的世界第一手机制造商，还没来得及向世界说再见就落幕了；

UBER 的横空出世直接颠覆了持续 100 多年的出租车行业；

康师傅公司一直觉得统一才是它的竞争对手，却被送餐 App 打败了；

手机运营商也从未想到过微信让他们失掉了数百亿的短信业务利润……

其实这世界并没有人有时间去教育你，大家都在忙着去改变世界，除非教育你是他改变世界的一种方式。

信息时代的来临改变了我们每个人的生活方式，信息要么被无限放大，要么瞬间变为一堆无用的代码。在营销工作的未来，不可避免地要深刻了解数字时代、社交时代、分享时代的真正含义以及正在带来的革命性改变。但这只是第一步，一味地追求数字、追求社交、追求分享，你的营销最终仍会被数字、社交和分享所吞噬。我们要清醒地意识到这些是工具、模板，而你要利用工具和模板建立自己的营销艺术，而不是被工具和模板捆绑。你还必须去总结，总结出它们的共性，因为所有被设计出来的商业模型都是以人性为标准的。

作为传统行业的排头兵，营销似乎只是在时代的洪流中随波逐流。不过生命力强可能也是营销行业的基本特征，那是因为营销这份工作不管在哪个行业、哪家企业，甚至哪个国家都用得上。但营销工作者也要知道，大数据已经可以计算出更准确的结论、机器人也开始绘图制作了，营销工作者再不转变自己的意识和操作手法，不积极思考，而只是从事基本的管理资源，那么让营销经理失业的很可能是名程序员。

数据时代

将数字技术应用到营销工作中，这并不是什么新鲜话题。我并不需要在此做过多的阐述。营销工作者只需要知道，获取用户信息只是大数据营销中的一个组成部分，大数据营销至少将会为企业带来四个方面的信息价值：

· 需求预测

· 客户发掘

· 价值维护

· 价格测试

营销经理在利用这些数据进行市场把控的同时，应该深入研究这些数据是由什么因素构成的以及什么因素的变化会影响数据的结果，这才是营销分析能力的体现。我们必须清楚这些方面底层的逻辑，才能够在营销实践过程中步步为营。

要领先别人一步的最好策略，不是想办法让自己的速度更快，而是懂得速度的原理。

另外我们也要研究通过何种传播方式可以让营销在大数据当中产生裂变，而这种裂变的方式通常都是在用户之间建立共同的价值系统，用价值系统将枯燥的数据和标签连接起来。如果你只是花钱通过数据公司买回一些标签数据，然后通过电话或电邮的方式进行一对一的推销，显然并不是聪明人的做法。这并不是有效的价值连接，你也无法清楚这世界发生了什么，这样操作只会被数据所绑架，将企业的"命门"交给数据。最终的结果将证明这只是一种短视的行为。

把客户当成流量，把人当成数据，你永远也不可能真正懂用户。因为你正在远离用户的心思与情绪，你正在背道而驰。

另外，大数据本身来自互联网企业，因此在数据的应用效果上从事互联网及相关业务的企业应用效果会更明显。比如淘宝、美团、百度、腾讯等企业，大数据的计算与应用改良为它们增添了一层又一层竞争性保护壁垒，而其他行业则需要通过数据转化才能得到实现，这也让数据的准确性应用大打折扣。

另外，当我们通过大数据进行拓客的同时，是否对自己企业在经营中产生的大量数据沉淀进行了利用、是否对已有（曾经）的客户进行了数据化分析，并建立起自己的数据库和一个未来清晰的用户画像呢？

社交时代

营销分为两种概念：交易营销和关系营销。

顾名思义，交易营销是指功能交易的过程，更看重一次性交易，较少强调客户体验与感受，也不注重品牌文化的连接。在工业时代或许这样的方式曾经取得了一些成效，但到了信息时代交易营销成了制造产能过剩的源头，而历史证明即使是在工业时代，努力去建立品牌的企业才更英明。

网红经济实际上是把"交易营销"与"关系营销"两种方向进行了融合，网红将自己作为交易营销的载体，建立了关系营销。

存在就是合理的，因为存在并不以某一类学科系统作为依据，存在是以人性作为基础衍生出来的。

关系营销强调的是价值交换。企业在努力建立识别系统和品牌精神传播，甚至与用户之间在逐渐消除买卖关系，而过渡到伙伴关系。关系营销注重企业与消费者之间的互动，重视客户反馈感受。它终结了交易营销狭隘的商业认知，产生了更多交叉销售的机会，为企业的发展带来了更多的机遇。

社交时代的到来，就是关系营销的另一种表现方式。

社交需求是人类天性中的组成部分，我们随时会在酒吧、飞机、图书馆、健身房或是社交软件上认识新朋友，营销工作也是如此。和人与人之间的社交一样，社交型营销最大的问题是沟通成本，这是让企业在社交营销方面望洋兴叹的主要原因，以至于始终不肯彻底放弃交易营销。

其中更聪明的方法是去做有人情味的营销，在用户心智上建立一个被他们认可的连接。当定位挖掘出原始动力后，社交时代的营销便可以在一个正确的轨道上，像滚雪球一样轻松。当然，企业特别需要将用户体验尽量做到最好。

商家与消费者的关系在这个时代正在被淘汰，因为在这种定位下的自然逻辑是商家总是需要更多的消费者并尽可能多地赚消费者的钱。而消费者则天然地产生抗性，努力维护自己的权益而拒绝被剥削。几十年来的营销学知识总是在这个方面想方设法地搭建两者之间的共荣关系，实际上天然的逻辑定位（认知）如果不发生转变，只依靠营销技巧是无法突破这个逻辑怪圈的，也注定永远无法向伟大的企业和品牌迈出那一步。

在这个时代我们需要像交朋友一样去做营销、去做社交，在互联网时代极致地去思考这个问题。你的衡量标准有两点：

·有多少人愿意和你交朋友？（价值表现度）

·我为什么需要一个你这样的朋友？（竞争性优势）

企业需要向消费者完整表现出这两个因素的连接内容，也只有连接才能建立真正的价值。在社交（互联网）时代，很多企业急于寻找流量入口，认为只要引入流量就能赚到利润，实际上真正获得利润的是那些提供流量的企业。与社交经济几何式的高增长相比，你企业的获利似乎并未比传统时代好多少，甚至反而压力越来越大。因为流量的成本越来越贵，最后可能会贵到你无法接受，导致你的企业会被淘汰。

当你问为什么会这样的时候，其实答案是显而易见的。因为引流思维实际上是销售思维，不是策划思维。这两者必须进行完整的配合，才能表现出真正的市场影响力。营销如果变成了销售的下线去帮助销售寻找客户，那么企业的营销永远是被动的。就如图 7-4 所示一样，在市场中挖客户的销售行为正在让营销工作变得乏力。

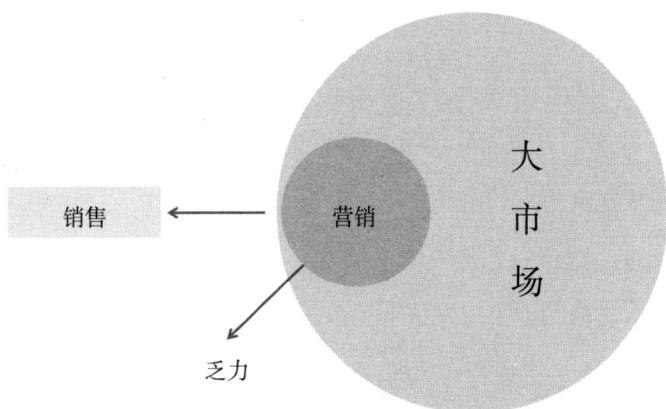

图7-4　传统营销与销售的关系

　　销售人员总是习惯主动地去寻找客户，认为客户储备量越大越好，他们也会称这是一种拓客行为，并反向要求营销进行全力配合。实际上也确实如此，如果销售人员去寻找客户，的确说明营销工作完成得非常糟糕。但这种现象又极为普遍，这也是现代企业在面对市场认识上一次艰难的转型升级过程。

　　合理的营销与销售的推动关系应如下页图7-5所示：

　　用销售去对接客户，客户是通过销售了解企业的商品和品牌；而通过营销去对接客户，再通过销售完成最后一步的消费体验才是企业对待市场问题最佳的解决路径。

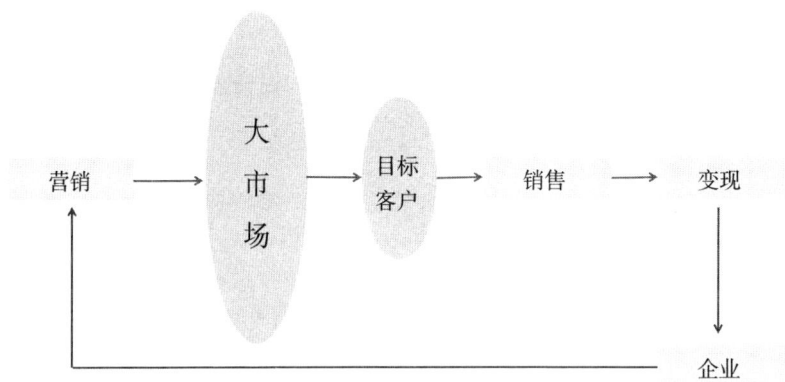

图 7-5　现代营销关系

很多企业嘴上说要维护客户利益，实际上的做法却可能恰恰相反。

营销负责人认真读完下面这则故事后，一定可以为自己的营销理念提供新的价值锚点。

在耶路撒冷，有一家叫芬克斯的酒吧，面积不足 40 平方米，只有一个柜台和 5 张小桌子。老板是一名叫罗斯恰尔斯的德国犹太人。

在 20 世纪 70 年代，美国国务卿基辛格为了中东和平到处奔走，这一天他来到了耶路撒冷，无意间发现了这家路边的小酒吧。想必是繁重的工作让他非常想晚上到这家酒吧放松和消遣一下，于是他亲自打电话到芬克斯酒吧预约，接电话的正好是店主罗斯恰尔斯。基辛格自我介绍是美国的国务卿，非常想晚上到他的酒吧里放松一会儿，包括他本人和十几个随从及保镖。为了安全起见，他希望店主可以拒绝其他在这个时间到店消费的顾客。基辛格认为这个简单的要求绝对可以被接受，因为自己是美国的国务卿、伟大的基辛格，而对方不过是一个酒吧的小老板。自己能光顾他的酒吧，是提升他酒吧形象的最佳机遇，他认为这对酒吧老板来说是一笔极为划算的生意。

不料，基辛格得到了一个意想不到的回答。

罗斯恰尔斯对他说："您能光临本店是我莫大的荣幸，但因此而谢绝其他的客人是做不到的，他们都是我的熟客，长期以来像朋友一样支持这家店的经营。要是因为您的到来而拒绝他们，我做不到。"

这意料之外的回答让基辛格破口大骂，并狠狠地挂断了电话。

第二天傍晚，基辛格又一次亲自打电话到这家酒吧，首先向自己昨天的无理举动表示道歉，并表示他只想在明晚预订一桌，并且只带三名随从，并且不必谢绝其他客人。这可能是基辛格作为国务卿谈判以来做的最大的让步了。

但结果又让他再一次大失所望。

罗斯恰尔斯对他说："非常感谢您的诚意，但我不能接受您明天的预约。"

"为什么？"基辛格大惑不解。

"因为明天是星期六，对于犹太人来说星期六是个神圣的日子，在星期六营业是对神的亵渎。"罗斯恰尔斯说道。

"但我后天就要离开了，就不能为我破一次例吗？"基辛格继续追问道。

"是的，不可以，很抱歉。"罗斯恰尔斯说道。

基辛格听后什么也没说，挂断了电话。

在传统意义上来说，作为一家小酒吧的店主拒绝这样千载难逢宣传自己的机会简直就是"傻瓜"，但实际上两次拒绝中一次是为了自己的顾客利益，一次是为了自己的信仰，这两个足够强大的理由完全可以拒绝伟大的基辛格。

那么这家酒吧的结局如何呢？

这段故事被随行记者写成了新闻，这家名不见经传的芬克斯酒吧因此连续三年被《新闻周刊》选为世界最佳酒吧前15位。世界各地的游客蜂拥而至，都想目睹和体验一下这家酒吧的风采，此时酒吧的文化和品牌价值已经远远大于这间小酒吧的实际价值。

在经营过程中最好的营销是始终把客户利益摆在第一位，并由始至终地真诚。即使是从营销的角度来思考，墙上挂着的一张基辛格喝啤酒的照片只是这家酒吧在某一时刻的定格，并不会为酒吧增色多少。但两次拒绝基辛格的经历却成为人们最爱传播的价值内容，让这家酒吧名扬世界，这个事件也被写进了众多营销案例当中。

那些真正勇于为客户利益做出自我牺牲的企业，其实并不会牺牲。伟大的意识格局能成就伟大的企业，它们才是真正的社交王者。消费者会像对待生活中那些真正帮助他们的朋友一样，尊重这家企业，并因此让它伟大。

营销经理应拿出更多精力思考如何让客户体验到真正的愉悦，不然花费高昂的引流费用，却收获不了客户忠诚度和有效转化率。企业与客户之间最好成为彼此的粉丝，这才是企业盈利的真正秘密。不然你一定会被网络上那些神乎其神快速致富的商业模型冲昏头脑，最终竹篮打水。

网络上充斥着教你如何不花钱，只用一种商业模式便可以将经营收益扩大十倍甚至数十倍的方法。营销大师穿着花衬衫在灯光、鲜花和掌声中隆重登场，他们通过一些"不切实际"却显得很"聪明"的商业逻辑包装自己，居然也圈粉无数。而你虚心地求教并记录着课堂笔记，那些看似简便、人人可操作的营销方法你应用了吗？效果怎么样？

他们说的都是交易营销，他们也在应用连接法则，连接你和你企业客户的贪欲与自私并进行收割，他们从不提倡什么价值，只告诉你如何利用人性的弱点发财。这些"黑暗"的连接法则并不是本书所提倡的价值观。

分享时代

"分享时代"和"分享经济"是两个不同的概念，分享时代仍是指在营销领域建立起的通过用户裂变，形成人与人之间相互传播的模式；而分享经济则是 UBER 和共享单车模式，通过海量的闲置资源进行重新的排列组合搭建新的社会价值并产生经济收益。通过产品和营销让用户获得美好的使用体验，让用户主动分享他的感受是营销工作中打造新的盈利增长点的重要方向。

你叫了一辆滴滴专车，司机非常热情地服务后，甚至还会用减价的方式请你帮他获得一次五星好评；你收到淘宝网商家寄来的货物，里面也经常会有一张小卡片对你表示感谢，并告诉你如果你拍下图片并给予五星的点评，客服会给你发个小红包；无论是你的用餐、旅行、酒店或是购物，每一次消费行为后，你曾经毫不在意并不认为有什么影响力的态度，可以被永远留在网络上供全世界几十亿网民随时查看。你很自信地进行着每一次的消费行为，因为只要你不满意，就可以随时给一个差评，商家因此产生的损失远远大于从你处获得的利益。所以，讨好客户成了商家必备的经营技能。

但其实仅仅这些还是不够的，这些并不能带来直接的分享效果，只能保持一家企业持续且相对安全地生存下去。优秀的企业和营销必须随时准备给客户带来惊喜和超出预期的体验，每个人都喜欢生活中有意外的惊喜，只有这样才会打动他，并让用户发自内心地去分享对你的爱意。

在这里我给大家分享这样一个故事。

一个小男孩从亚梅里亚岛度假归来的第一个晚上迟迟不肯上床睡觉，因为他把自己心爱的长颈鹿玩偶乔西落在度假时入住的丽思卡尔顿酒店了。他每天都要抱着心爱的长颈鹿玩偶才能睡去。为了哄孩子睡觉，父母只能说谎："乔西去度假啦，它现在还不想回家。"

那天傍晚的时候，丽思卡尔顿的工作人员打来电话。他们告诉小男孩的父母，在打扫房间时拾到了一个长颈鹿玩偶。父母松了一口气，还把自己骗儿子的谎言告诉了酒店工作人员，希望他们能尽快把长颈鹿玩偶邮寄回来。

几天之后，包裹被寄了回来。长颈鹿悠闲地躺在铺满海绵的箱子里，旁边还有一打照片，是长颈鹿在"度假"时拍的美照。它躺在水疗馆里敷着黄瓜片的面膜、与酒店的鹦鹉打成一片、它在海边穿着比基尼戴着太阳镜，甚至还当了一回保安实习生在盯着监控录像……

小男孩激动地哭了："你还真的去度假了。"

父母为酒店这样的举动心花怒放，儿子更是欢呼雀跃。他们把自己的这次经历写成了一篇博文，被人们疯狂转发，津津乐道。

丽思卡尔顿的工作人员花了几个小时跑来跑去拍照片的这件事，让客户有了奇妙的体验。这让看似不符合投入产出的经营操作形成了风靡全球的品牌影响力，胜过数以百万计的广告宣传。这就是峰值体验的价值，这不仅让用户对酒店的品牌印象深刻并成为忠实的粉丝，更重要的是这样用户会主动去分享极度美好的感受。这简直就是一次病毒式的营销案例，让消费者形成了对丽思卡尔顿强烈的品牌印象。即便不是身处其中，但每一个读到这则故事的人都会对丽思卡尔顿酒店产生美好的连接。

丽思卡尔顿让这个世界变得更温暖了，太棒了！

我们想要用户去分享，就要提供可供用户分享的内容。这是营销工作者必须在意识当中时刻保持的观念，它需要营销工作者在企业文化上有深度的认知，并由内而外地展现企业价值，而不仅把它们写在 PPT 里面。

我曾在上海考察过一家美国公司设在中国的养老机构，负责人领我参观的时候，我发现护士并不在自己的工作岗位上，而是在一旁打麻将。我稍感差异，起初以为这是管理上出现了问题，而负责人跟我解释道："我们的服务宗旨是让客户高兴，如果老人们打麻将三缺一，而护士此时又不忙，是允许陪老人们打麻将的。"在这种非教条式的管理下，我看到入住的老人们脸上确实洋溢着喜悦，而不是我在其他传统养老机构里看到的老人表情那样凝重。

用心才是新经济时代营销的核心，那些在工业时代教科书式的集团军营销打法正在走向没落，普通人的一句话很可能强大过组织营销的效果，而其带来的价值连接更是不可估量。

美国的希思兄弟在他们的《行为设计学》一书中还介绍了一组案例，打破了很多人对传统营销学的理解与认知，这是关于 Pret A Manger 咖啡店的一则营销故事。

他们的 CEO 克莱夫·史立（Clive Schlee）说："我们不希望花钱建立那些很复杂的会员卡消费分析。"那要不免费送咖啡？行，可是怎么送呢？是固定每星期二下午两点送，还是办一场免费活动，预先宣传呢？

史立做了一个违反直觉的决定，这甚至值得星巴克去好好学习。他给予员工们每周一定的额度，可以自由送出一定数量的饮料和食品，而且他们完全可以自主决定——我喜欢这个骑车的人、那个打领带的人或者这个那个男孩、女孩等。平均下来有 28% 的顾客会获得一些免费的东西！

这样一来，顾客的感受就完全不一样了，你可能在领咖啡的时候，意外获得一块巧克力麦芬。你肯定感到很高兴，对不对？更重要的是，员工也更加开心。

还有很重要的一点，这种奖励是随机的，因此不会让消费者产生惯性期望——假如我每次来都送东西，突然有一次不送了，我还觉得是你欠我的！这一招是要打破消费者原来的"剧本"，而给他提供了一个意外的惊喜。这就是内容、就是连接、就是分享经济。

我们总是花大量的营销费用去外部找客户，这时是否想过对自己现在的客户更用心一点，他们随时都会变成你免费的"义务宣传员"，主动向社交圈分享你的营销故事，让更多的人乐在其中。

族群经济

如果有人问未来营销的最大盈利点在哪里，我会毫不犹豫地告诉他：族群经济。其实吴晓波先生早在 2016 年的时候就提出了"社群经济"的概念，我当时略有耳闻。其中细微的差别可能来自三个方面：

·财经作家和职业策划人对未来同一事物的观察所引用的不同表述方式；

·社群关系加入人为操作因素，而族群关系强调在共同价值观的引领下自然生态的开放式发展规律；

·社群经济强调企业利用社群的功能在内容、渠道、传播方面进行营销推广，而族群经济更为强调企业与族群本身的一体化关系。

以个人的旅行为例，虽然我可以通过自由行方式完成自己的出行计划，但我仍希望在此基础上叠加出其他价值。比如通过旅行认识更多与我有相同爱好、共同语言的朋友分享自己的旅游感受，或者发现更多的人际关系和资源。我有时会参加一些游学团、俱乐部的考察活动，这种活动支出的费用总是高出旅行社报价的数倍。但即使这样，它仍具有很大的市场竞争力，因为出行的目的发生了改变。

消费者的旅行目的从单一的出行变成了更加舒适并因此收获志同道合的朋友，连接了更多可能性的资源，并可能形成一种长期的社会关系，这就是族群经济。

消费者要为自己的收获付费，这是无须再去说明的确认性认知，消费者不会为你的成本付费。

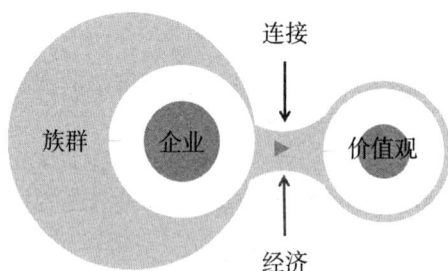

图 7-6 族群经济模型

要做族群经济之前，我们首先要非常清楚族群的特征，做到充足的市场调研和准确的了解，并将它们升级到文化认知深度，只有几乎相同的文化认知才有几乎相同的行为特征。如果你对潜在消费者的描述是下面几种回答，那么族群经济的商业模式与你无关。

房地产的客户是谁？

投资客。

碳酸饮料的客户是谁？

年轻人。

电脑的客户是谁？

商务人士。

五星级酒店的客户是谁？

有钱人。

发展族群经济的营销行为要以产品提供的价值观为导向，唤醒有共同价值观导向的社会群体，这种具备共同价值观的人就是你的客户定位。企业通过与价值观的连接，带动族群通过经营的方式实现价值观目标。这一过程就是产生经济价值的过程，也是企业成就品牌和实现利润的过程。这可以称为未来时代企业的生存法则。

图7-6虽然显示了族群经济的模型结构，但建立族群经济的体系并不是如此简单，在技术含量的操作方面我们要着重注意以下几个方面：

1. 连接性

企业要利用对场景的描述，与族群之间建立连接关系，价值观实际上是一种场景的描述。就如同你穿上了耐克鞋，就连接到了对梦想"只管去做"的精神；你加入了樊登读书会，就仿佛已经获得了一年50本书的读书量，变成了知识丰富又有趣的人。其中的共同点是都在用最少的时间解决更大的问题，这就是连接的基础。

2. 场景化

场景化需要族群在使用产品的时候，以人为中心，将价值观具象到一个特定的时间和空间当中，可以多样化地提供并满足族群（使用者）的情绪、仪式和体验感，并不断在其中完善更优的解决方案。

3. 亚文化

亚文化不仅包含与主文化相通的价值与观念，也有属于自己独特的价值与观念，这也是能够成立族群的基础。这与品牌忠诚度没有关系，是以价值和观念为基础建立的纽带。在这一基础上增强族群成员之间的黏性便是强化企业（品牌）价值观的过程，通过文化输出完成各自的商业行为。

4. 多样性

与工业时代的品牌成型不同，并不是广告主千百次的广告所产生的重复记忆，而是通过人人可以使用的开放平台输出和分享价值内容。我们必须建立连接这样的互动基因。族群成员可以根据自己对产品内容的理解个性化表达价值观。

5. 可持续性

可持续性需要我们在族群中不断有新的内容叠加进来，持续为族群增加动力。这就需要把前面四个特征再重新升级注入系统当中，制造源源不断的内容输出，进而不断地升级系统。系统升级的过程，就是增强品牌竞争力的过程，然后通过多样性传播出去。

2019年，西双版纳的一位地产商邀请我为他的新项目做策划。西双版纳是中国新兴的文旅主题地区，由于诸多的利好消息，全国各地的投资客到这里来投资置业，房地产市场进入了高速上行的快车道。全国地产商也纷至沓来在西双版纳"攻城略地"，占地几千上万亩的超级大盘陆续登场，产品线从独栋别墅到高层小公寓全面覆盖。但这些项目都有一个共同客户需求特征，就是外来人群的投资置业。渠道资源蜂拥而至，于是市场很快又进入了调整期，价格出现回落，各种洗客、抢客情况屡见不鲜。

面对巨大的市场竞争环境，项目开发商在投资决策时着重向我说明了这一点，强调这里是属于异地置业人群的大环境，因此这种竞争是无法避免的。他最初的目的只是希望我能在产品设计和运营设计上为他提供专业建议（我也确实这样做了），但我最终根据项目所在地特征，运用族群经济的理念重新为项目提出了定位。原来定位在某某公寓、某某公馆的旅居项目，被我定位成了：亚洲策划人中心。

对，我是一名策划人，所以为什么不先用自己的行业建立一个族群系统呢？而且我非常熟悉和了解策划行业的族群特征，这几乎不用过多的市场调研就能得到准确的感受判断。同时我已经组建了一个汇集上千名策划人的族群，这有可能是中国最大的策划人族群。这些外在条件本身也为项目提供了具备操作基础，而策划族群成员本身也得到了更为实际的平台价值展现的机会。

于是在项目的策划过程中，"策划人"的范围也被更广泛和形象地描述出来，包括媒体人、广告人、公司营销负责人、策展人、品牌策划人等，他们的画像和特征都是什么已经被深刻描绘并进行剖析。因此通过对趋势和族群经济本质痛点之间的关联分析，项目可以为策划人提供更多行业实际诉求的解决方案。也正因此，项目在产品设计、产品功能、配套标准、运营模式和营销结构上进行了全面加码升级，以至于最终项目的每平方米成本上涨了几千块。但投资人与我坚信做有意义的投入会带来更为丰厚的回报，而这种回报可能来自各个方面。

我们将项目通过定向开发，来满足策划人的实际需求，采用会员制系统封闭运营。亚洲策划人中心的会员不仅在这里满足了到西双版纳旅游度假的需求，还满足了职业发展的需求，甚至是生命状态的一种表达方式。

我们还通过项目地理上中国陆地南大门的优势，将中国、泰国、缅甸、马来西亚、新加坡、韩国、日本等地的资源通过平台设计嫁接汇集，展开全面的资源对接，为策划人这一群体展开真正的价值叠加服务，为行业提供思想交流和价值转换平台。

这一传统的房地产项目投资经过策划，升级为一个更为全面的价值运营系统。传统的房地产项目如果有500套房子，只能销售给500名客户。而变成族群运营平台系统后，项目甚至可以对接到上万的用户。当然，在硬件产品内容方面也完全区别于传统的度假公寓项目，它提供了更大的公共交流空间，给客户带来更好的感受体验。会员在这里建立全面的社交、分享连接体系，从设计理念之初就尽可能打造出真正意义上的族群经济。

而在市场竞争方面，项目不与任何其他周边房地产项目展开竞争关系，甚至可以说其他房地产项目的客户有可能会成为我们的客户，但我们的客户则不会是它们的客户，因为我们根本不提供相同的产品。

基于这样的定位理念，在整个项目的策划中，我不但砍掉了传统文旅地产赖以生存的渠道销售系统，甚至不可思议地砍掉了营销部门。是的，我作为一名营销出身的策划人砍掉了自己赖以生存以及企业盈利的"命根子"——营销部。

为什么我要在设计上自断股肱呢？因为要升级，升级就像是一场革命。我们不革自己的命，市场上就会有人来革你的命。我希望项目可以为客户提供更好、更多的服务，而不是更多的营销。

既然营销部的功能就是为客户提供价值连接，为什么不可以用更直接、更纯粹的"会员服务中心"代替呢？你是喜欢你的族群里有一个营销部，还是有一个会员服务部呢？因此项目最终将打造一个为策划人提供价值服务的会员经营系统，而不是一买一卖的简单商业关系。我们希望打造出一个企业、客户、产品和未来价值共同连接起来的共赢局面，并不断有硬件和软件持续价值叠加升级。如果说房地产 1.0 是功能时代，2.0 是产品力时代，3.0 是运营时代，那么实际上亚洲策划人中心属于 3.1 时代，因为运营的不是项目，而是人。项目是有生命力的。

经过测算，项目的收益是完全可以覆盖投资风险的（因为过于复杂且与主题无关，不在本文中加以赘述），项目将在可预计的盈利基础上，迎接更多商业价值可能性，而每一名会员都将因此获得更高的价值回报。

简言之，亚洲策划人中心的经营理念就是为策划人这一族群提供价值。

只要能够提供价值解决方案，就不需要担心利润的获取。真正需要担心的是没有提供必要价值，却在考虑利润最大化。

（本书成稿时该项目仍在建设当中，有望在 2020 ～ 2021 年正式向社会公示。）

既然策划人可以成为一个族群并产生自己的经济系统，那么汽车自驾游俱乐部、程序员、建筑师、艺术家、医生、教师、企业家是不是也有自己的族群经济系统和规律呢？除了行业，我们还能进行怎样的划分呢？策划人需要深入其中去研究分析，找到人性中的深层需求，而这些内容大数据是不会告诉你的。如果身在其中，你会将族群进行怎样的连接来产生更大、更多可能性的价值呢？

企业要在族群营销的基础上，做文化营销、认知营销、体验营销、功能营销……而不是传统的广告营销和渠道营销。

当我们打开自己思维局限的时候，才可能突破传统，找到不同的方法。

族群经济必然是未来最具价值的商业模式。

第 3 节　开发性市场营销

开发性营销是指你的商品或服务在某些特征方面市场上并未出现过，潜在消费者也完全不清楚这是什么，这种营销的目的是打开空白市场的全新领域。因此，开发性营销要么是商业社会最大的金矿，要么是一个黑洞。

作为创业者和策划人来说，开发性营销都是他们更愿意去选择的一种方式。史蒂芬·乔布斯有一句话很准确地阐述了这一点：

"消费者并不知道自己需要什么，直到我们拿出自己的产品，他们才会发现，这是我要的东西。"

产品未必是有形的买卖关系，可能只是一种服务方式的升级或更新，就可以带来巨大的商业震动。支付宝、美团、摩拜单车、饿了么，每一次商业模式的升级都带来翻天覆地的变化。

开发性营销或许是一次伟大的尝试，除了营销以外，还体现在原创的开发性方面。就像第一代苹果手机在那个时代惊艳面世的时候，获得市场成功是必然的，只是不同的人负责营销会使成功的大小有些区别。这种开发和定位的决定性作用远远大于营销的作用，因此营销工作者要善于观察并感受到市场上的机遇，总结出那些隐藏的巨大商机。

从市场营销的传媒途径上看，从最初的电台、报纸、电视、网站、LED、短信、社交，到现在的 VR、直播、大数据、私域流量，是因为处在这个时代的我们都升级了吗？不，对于一名策划人或者营销经理来讲，我们都需要深刻的反思，是别人升级了。我们的策划、营销认知一直停留在几十年前的逻辑基础上，只是转换了不同的形式。换句话说，是工具升级了，而营销没有。

体制营销一直是策划营销的天敌，大部分的营销工作者在体制内变成了程序员的流水作业，来不及进行意识升级。但我们必须想办法在有限的时间里提升自己的意识维度，重新审视我们的产品、市场和客户。

当一名营销经理只能盯着不同的渠道分析客户来源的时候，

当一名营销经理只能看着新媒体发来的报价决定广告投放量的时候，当一名营销经理要学着其他平台制定的规则小心翼翼操作发布信息的时候，当一名营销经理和代理商开会还被夺取"主场"优势的时候，如果你还没有点儿自己的独立思考，那么开发性营销这个领域和你是没有关系的。

最好的经验主义不是拿来主义，也不是知道怎么成功，而是知道怎么失败，知道怎么突破。经验从不为了回首，经验只有一个目的：升级。

第4节　饱和性市场营销

饱和性市场是指同类产品在市场供给和需求关系上达到平衡值，甚至供大于求。当然，也指某一品牌下已经基本覆盖定位客群，很难增加新的客户量而遇到的持续成长瓶颈。

《经济学人》杂志曾做过的一个营销实验，正好可以解释在饱和市场中如何还能提高销售额。

以前《经济学人》这本杂志都是卖两个版本，一个是实物印刷版，订阅价是100美元；另一个是电子版，内容是一样的，60美元。通常80%的人会选择更经济的电子版，20%的人会选择印刷版。

那么按100个人计算，他们的销售额为：（80人×60美元）+（20人×100美元）=6800美元。

如果在不增加订购人数的情况下，要增加销售额通常来说只有一种选择，就是涨价。但《经济学人》杂志给出了不同的解决方案。

调整一下成交主张让客户多一种选择就可以了，那就是：

1. 印刷版 100 美元；

2. 电子版 60 美元；

3. 印刷版 + 电子版 105 美元。

如果是你，你会选哪个？只差了 5 块钱，结果 80% 的人都选择了纸质版 + 电子版这个 105 美元的套餐。10% 选择了实物版，剩下的 10% 选择了电子版。这样一个小小的调整，在没有增加任何成本、不提高售价、不增加消费人数的三个前提下，销售额便增长至 1 万美元。

这是对客户心理的一种精确把握，因为消费者不是在 100 美元和 60 美元之间做选择，而是在 105 美元和 160 美元之间做比较和选择。只要展示不同等级，人们就会自动对其进行对比，然后选择看似最佳的方案以免自己吃亏。这中间核心的策划设计是增加了认知对比，这正是屡试不爽的营销方法。

后来《经济学人》这本杂志再次调整了营销战略，印刷版 100 美元，电子版 60 美元，纸质版 + 电子版 =100 美元。

你并没有看错，就是这样定价的。这看似无厘头的组合定价再一次为《经济学人》杂志带来了意想不到的效果。因为大部分消费者都认为他们肯定出错了，所以疯狂下单付款，以抓紧确认这笔交易。因为消费者总是在想办法避免自己吃亏，至于商家是否吃亏他们才管不着呢！

但这其实正是商家希望消费者做的。

企业面临的往往是刺激消费的营销主题，品牌则是具有消费号召力的突破口。但品牌的建立并非一朝一夕之事，除非你领先占领一个市场空位。比如天猫双十一购物节，或者像埃隆·马斯克一样发送一艘太空飞船到宇宙中去，证明了自己独有的行业地位。如果我们占领不了这么高的心智，那就要从其他方面入手。

比如为消费者设计一个连接的场景，很多时候这种场景"口号"便是产品经过策划包装后的定位。消费者很多时候并不知道自己缺什么（实际上他可能的确不缺），但如果你给他一个购买理由，消费者就会认为自己的确需要你的商品了。

"经常用脑，多喝六个核桃。"一句耳熟能详的广告语缔造了中国饮料史上又一个传奇。在商品前加入了一个场景连接，一下子俘获了大批的潜在消费者，因为他们都认为自己是经常用脑的人。

短短的十个字广告语中包含了巨大的信息量。首先是场景连接，直接锁定潜在消费人群；其次是核桃具有健脑功效是民间的一种普遍认知，因此增强了产品可信度；再次，"多喝"意味着不设上限，只要你经常用脑，那么跟核桃连接是非常有必要的；最后，商品名称具有强烈的指引性，利用复数的品类名称作为宣传路径，强化了消费者对该产品的满意度。所有人都会下意识地认为一罐 240ml 毫升饮料中包含了 6 个核桃的营养成分。

实际据媒体披露，经过测算六个核桃里面的核桃含量大约只有 2 颗。但这个信息对于消费者来说已经不那么重要了，因为我们都曾怀疑过这么便宜的饮料是否真的包含了 6 个核桃的营养成分，现在确认这种饮料中真有核桃，很多时候消费者都是非常宽容的。

六个核桃就在品类繁多的中国饮料市场竞争当中，依靠场景连接，顺利在饱和性市场又重新划分出了自己的商业空间。

大部分企业是在广告包装或功能上进行创新，但模式上的创新更是在饱和性市场环境下的营销利剑。但模式创新对营销经理有更高的要求，也是一个高级课题，在这方面策划人的职业作用将发挥更大空间。

我曾负责一个京津冀交界地带美丽乡村主题项目的定位策划工作。在数千亩的用地范围内，用地性质是一般农田和基本农田，所谓的"建设指标"无非是原有农村的房屋修缮和改建。

投资方认为只有特色乡村旅游这条路线可以走，而且趋势比较明显。项目可以为北京和天津这样的超级都市经济圈提供周末经济，打造特色农家菜、住农家院，配上儿童娱乐设施，具备家庭亲子功能，夏天的时候搞规模大一点的啤酒节、音乐会这样的主题活动……似乎只能这样策划了。

不过我提出了反对意见，我的理由是北京已经挂牌的"美丽乡村"超过!300 家，而天津在 2020 年也将完成超过 1000 个美丽乡村项目。而消费者的印象中，乡村游基本都是亲子经济、农家经济、企业拓展经济、会议经济、度假经济……所谓的特色，根本无法成为特色。一顿农家饭、一顿烧烤、一顿泉水鱼，顾客要如何从上千家"特色"乡村中挑选到你呢？

我将策划主题最终落在了礼品经济上，并将礼品经济做了分类市场，将消费顾客锁定在公司与客户之间的礼品经济，面向中小企业展开营销。

这样定位的理论依据是逢年过节无论是大小公司总要给自己的客户送些礼品以表达感谢，这笔支出少则也是几千元。而礼品一般会选择包装精美的茶叶、酒、香烟、保健品、购物卡、海鲜或是其他一些生态产品。但为什么不把这些送礼的行为变成一次自己公司形象的宣传呢？

例如你有一家公司叫"小明科技"，小明科技为什么要采购茶叶或者酒类这些和自己品牌没有任何关系的商品去送给客户呢？客户拿到了也是随手放在一边，很可能很快又转送他人。

而现在小明科技可以给客户送"小明科技定制生态大米"，我们为他提供精致小包装礼盒。小明科技公司在不增加自己礼品预算的基础上，当然是选择"小明科技定制生态大米"作为礼品送给客户更有面子。而客户扫描包装上的二维码还可以看到小明科技公司的农业定制基地的视频，甚至看到小明科技公司的LOGO牌精致地插在绿油油的水稻田上，标志着这块地是属于小明科技公司定制的，这对于企业是多么好的一次形象宣传啊。

作为项目本身，则是提供这种品牌定制农业的生产和包装基地，间接却更有效地推广了自己的农业项目。我们为客户提供包装和设计工序，再通过互联网平台有效展示了自己。项目将一产、二产、三产都进行了有效结合，而这并没有什么技术难度，策划人只需要转换一下思路就可以了。

这时候，大米不再是两三块钱一斤了，我们还可以引用富硒米技术，价格可以提升到十几元钱一斤，而且小明科技公司很乐意接受这样的服务。实际上很多中小型公司都非常乐意加入到这场为自己企业开创品牌影响，同时又有趣的营销活动中来。因为我们不只有大米，还有各种果蔬产品都可以定制。顾客并不需要多支付任何费用，仍旧是他每年预算的礼品费就可以了。只需千元就可以为企业定制生态农产品作为礼品宣传，企业因此还有了自己的农业基地。

作为策划人，我们要清楚的一点是：定制其实并不是该策划中的营销价值核心，这样理解问题就过于简单和表面化了。该项目策划的核心是，为潜在消费者提供展现他的企业品牌价值的新空间。

我们接下来再想象一下，既然小明科技公司在这里有自己品牌的农业定制基地，而这里又可以提供基本的餐饮、住宿和户外活动条件，那么小明科技公司的团队拓展、会议又会选择在哪儿召开呢？

在营销操作上，项目只需要对小明科技和它的所有员工有一个消费折扣，就基本可以锁定这家公司。即使员工个人考虑周末经济场地的时候，这里都会成为他的首选。因为项目与他们建立了良好的客户关系，有了归属感。小明科技公司的老板甚至可以作为员工福利，利用项目再一次向员工传递企业价值观。

项目通过定位、服务输出、运营建立良好的客户关系，这个营销成本远低于其他项目去做广告、搞活动、广发优惠券这些竞争性的营销行为。

因此，当我们看待一个饱和市场的时候，可以换一个角度。因为只要有市场行为的逻辑存在，总可以在其中发现新的空白点，制造出新的需求和购买力。

品牌定制农业只是我为该项目提供定位策划的其中一个部分，这甚至不是主要定位。项目的核心定位则是在北京、天津这两座超级都市工作人群的生活状态上。我会模拟他们的工作状态以及内在渴求，并通过项目策划表现出来，同时引入精致农田、小动物领养和自行车骑行等主要项目。我甚至策划项目单独划出200亩一般农田做个人"治愈系"功能，这可不是什么开心农场，而是作为族群经济中物质和精神的共同载体。仅农田这一部分的策划，定制农业的价值就翻了数倍，而"治愈系"这一部分，农田价值比原有价值翻了超过100倍。这听起来有些不可思议，但事实如此，这就是策划的力量。当然这又是另外一个话题了。

第5节 扭转性市场营销

这种扭转性市场营销也经常被称作起死回生的营销，看似非常神奇，其实也是企业营销在之前一系列的错误导致的阶段性结果。很多人对这一话题非常感兴趣，因为每个人都想学会扭转乾坤的本事。但大家不要把这看作一种教科书式的"神级"营销案例，我们需要的仍然是思考本身。

我可以很负责地告诉大家，在这一市场特征的案例中，失败的比例远远大于成功的概率。其中大部分的原因是消费者不仅对产品没有需求，甚至产生厌恶和抵触心理，而且企业面临资金周转困难，就更别说营销投入了。

对资深的策划人来讲，这可能是"扬名立万"的一次机遇，但对行业来讲，可不是一个好消息。好的营销模型应当是极为稳健并持续进行价值升级的循序渐进过程，一味突出"现象级"营销，很可能会让品牌如流星一般闪过。

或许有些人会希望用尽最后的力气，再烧一把广告博得一次重生的机会，但现实情况多半是两个结果：1. 加快"死亡"时间；2. 死的时候有广告陪伴。因此，这种行为可能是在这种状况下最蠢的做法。

这如同行军打仗，你从10万人的部队被打成了只剩100人，作为统帅的你要怎么办？带领100人杀回去，期盼可以扭转败局吗？更好的方法显然是偃旗息鼓，找个地方先安顿下来，再从长计议。

要打造扭转性市场营销需要清楚三个基本认知：

·用最后的力气去爱人，而不是求生；

·从全局进行复盘总结，而不是个人看法，找到逻辑背后的逻辑；

·接受现实，不指望出现奇迹。

管理学权威德鲁克说："营销的目的就是要使推销成为多余。营销的目的在于深刻地认识和了解顾客，使产品适合他们的需要，从而形成产品的自我销售。"

客户不缺任何商品，市场上99%以上的商品都是可以被替代的。所以我们要让客户喜欢我们的办法很简单，就是我们先喜欢他们。

如果没有诚品书店的出现，恐怕市场上90%以上的人都会认为实体书店已经是个过去式。书店不应该是卖书吗？而书我们现在都可以在网上买到，不但有电子书，甚至还有人给我们读书。时代的发展信号都在告诉我们根本不用去书店买书。

我非常感谢诚品书店的出现，有了它的坚持，书店不但没有被淘汰，反而焕发了新的生命力。如今，诚品书店以它的品牌为核心，运营范围逐渐扩展至画廊、出版、展览、活动、文艺空间、课程、文创商品等领域，甚至在公交站、医院、学校都能看到它的身影，而消费场景甚至延伸到了餐厅、咖啡店和花店。

位于台湾的敦南店更是打造出了24小时书店，这一定会让每一个在城市里生活的人都感到温暖。因为在这座城市里的人们知道，无论是白天还是凌晨四点，在这个地方总有书籍、温暖、美好、灯光在等待着你。书，通过书店、通过诚品书店、通过24小时营业，在城市里为人们树立了一座指明方向的灯塔。诚品书店用物质和心灵的连接，给我们上了一堂有意义的课。

我个人给诚品书店的定义是：一家店温暖了整座城市。

如今，在这个濒临淘汰的实体行业中，诚品书店用它的努力打造出年营业额超过45亿元、每年超过2亿的造访人次、每年10万种出版品的跨地交流、每年至少举办4500场演讲与展览……

当诚品书店的产业链条展现在我们面前的时候，我们会觉得合情合理，但在诚品书店将它们进行组合之前，谁会想到并有勇气去关联自己以外的产业呢？谁在研究和理解这些产业不但和图书（我们自身产品）没有任何竞争关系，反而都是相互依存和反哺的关系呢？

诚品书店拿出400个公共座位用来阅读和休息，从经营角度来看，这些位于黄金地段的商业面积，都是无效率并增大经营成本的，常规的思路告诉我们应该用作摆满商品的货架用途。

但恰恰是这些"无用"的空间，摆放着它们最大的商业秘密，那就是人们的精神寄托。诚品书店将精神、空间、文化三者进行连接，让商业从物理行为升级为化学反应。购书是潜在消费者行为目的之一，他想买一本50元钱的书后，如果书店为其提供读书场景，他就会坐下来，因此他还会再买一杯30元的咖啡。他饿了可以在这里吃饭，累了可以看展览或是听音乐，还可以参加交流活动进行社交，回家前还可以再买一束花。从商业角度看，诚品书店把自己变为一个载体，将其他行业领域的客户群体整合并导流在了自己身上。诚品书店形成一种新的文化现象，这不正是文艺青年该有的生活方式吗？

在其他行业中，有多少商家会将自己的主营业务与这么多延展领域建立连接呢？又有多少营销管理者，每天在思索各种办法并花巨额的广告费，努力把自己的客户消费变成单一市场行为？市场正在发生裂变，消费者的行为正在向着复合型特征发展，这甚至不是品牌忠诚度的问题。

诚品书店的连接首先是文化的连接，其次才是利益的连接。

我发现很多企业只是单纯在做文化活动，而不是文化连接；又或者是企业之间建立联盟，妄图通过联盟关系建立行业消费资源垄断，相互支撑继续对抗市场必然发生的消费升级。在工业时代这种做法或许可行，但如今这种做法即使不败在模式上，也一定会败在信息共享上，尤其是区块链的去中心化未来趋势。

科特勒将营销分为四个阶段，很明确地阐述了营销工作的一个升级过程。虽然在实际操作中不同的商品类型在很多地方会有重叠，但营销工作本身也是一种思维和感受方式的差异，并不像数学或者物理学那么绝对和严谨。但将这个分级作为参考标准，价值意义是非常重大的。

营销1.0：以需求为驱动力，强调商品的功能作用。

营销 2.0：以品牌为驱动力，强调以维护消费者利益为原则。"客户就是上帝"就是这个阶段的代表，而众多品牌也大多诞生在这个阶段。

营销 3.0：以建立价值观为驱动力，在文化上和精神上进行营销。

营销 4.0：以自我价值实现为驱动力，商品和消费者的最高目标融为一体。这也就是马斯洛需求层次理论的最高级。

不要对现在所看到的品牌营销现象做简单划分，营销 1.0 和 2.0 不意味着落伍或将被淘汰，它们只需要在表现力度上进行升级，将会具有新的生命力。

海底捞这个品牌就是典型案例。按照科特勒的划分，海底捞模式无疑正在应用营销 2.0 阶段的手法。我们往往只是需要将某一方面做到极致，而不是面面俱到。作为一家火锅店，海底捞并没有励志要打造一家全国最好吃的火锅店，而是将注意力集中在了团队凝聚力和客户服务上。

扭转性市场营销首先需要扭转的是审视现状的角度、扭转意识思维，然后再思考我们要连接什么。

策划人和营销经理都有责任和义务协助企业将这些认知的转变付诸行动，帮助产品和企业走出困境。在市场营销中，我们的意识决定思维、思维决定行为、行为决定结果。无论是诚品书店还是海底捞火锅，都不是传统的企业经营思维。这两个产业，要么是行将末路的传统行业，要么是竞争激烈的残酷市场，但它们都在其中找到了适应并发展的新方式。

在重体验、复合型的消费升级转型中，这两个品牌一个让利给顾客，一个让利给店员。于是本来以低买高卖为基础的市场经营逻辑被升级了，品牌自身也得到了更大的收获。

优秀的企业家往往需要"逆人性"而为之，而在遇到困境的时候更应该谨记经商最重要的法则，那就是：利他。

2018年12月1日，加拿大应美国要求，对华为公司首席财务官、任正非的女儿孟晚舟进行了无礼的拘押。从此，这个全球最大经济体国家美国，开始向一个发展中国家的民营企业发难。这场商战不仅在实力上、格局上完全不对等，手段上也尽显卑劣。拘押任正非的女儿只是其一，随后特朗普政府要求谷歌、高通、英特尔、博通等公司停止为华为供货，并联合全球各大经济体共同打击华为公司。

我们可以想象，任何一家企业面对这样致命的打击手段都是毫无招架之力的，在互联网上不仅是中国网民，就连美国网民也看不过去，谴责声此起彼伏，成为一起全球性的热点事件。

作为华为公司的创始人，任正非的格局和意识显然超过绝大多数普通人，他没有利用舆论和民粹主义去回应美国。他始终很平静地对外发声，表示公司30多年来的发展离不开美国公司的支持，美国是我们的老师；同时他还告诉大家，华为手机只是商品，你喜欢就用，你不喜欢就不要用，并不是用华为手机就是爱国，不用就是不爱国。

任正非发声后，网友们纷纷点赞。这位 75 岁的老人，女儿被关押、企业被打压……他却用自己的意志胸怀坦荡地面对世界的不公。华为的员工不但没有人心涣散，反而空前地充满凝聚力，主动加班工作，与公司同命运。

市场上的消费者也用实际行动为华为投了票，任正非的观点发布后，天猫等销售平台上的华为手机反而销量大涨。仅两天的时间，华为手机的出货量一跃成为国产手机排行榜第一，且成交额增长了 130%。

全世界都亲眼所见，当亲人的安全被当作谈判筹码，当企业面临生死存亡时，伟大的企业家内心依然向我们传递着两种价值观：感恩与利他。

真正改变扭转性营销结果的往往是格局，而不是营销本身。

第 6 节　刺激性市场营销

刺激性营销主要分为没有需求、因为不了解而没有需求以及非必需品的冷淡性需求这三个部分。遇到上述这三种情况就要运用刺激性营销的策略了，我们一起来看一看刺激性营销都能做些什么，以及它是如何做的。这看起来很神奇的营销模式，实际上和我们人类作为消费者本身的底层逻辑认知并无任何差别。刺激性营销唯一要做的就是在销售之前挠一挠你的痒痒肉。

一般我们会认为星巴克是什么文化呢？当然是纯正的美式咖

啡文化。但美式咖啡文化又是什么文化呢？这第二个问题就可能会难住一部分人了，至少并不好直接回答。这恰恰是做营销工作中最容易忽略的一个问题，也是一直困住我们无法升级的一个结。大部分人就陷在第一个回答的境遇中开始工作，认为已经得到了答案，其实答案和真相还差得很远。即便你已经搞清楚美式咖啡文化，那么和中国文化结合起来会出现什么？又该怎么表现并让大家接受和喜爱呢？

其实是我们做营销不够究竟，知其然而不知其所以然。不能够很准确地进入客户心智，只是为了表达而表达。但其实就美式咖啡文化而言，恰恰没有目的性的随意而为才是精髓，同时融入了美式文化当中对自由以及无拘无束的追求。对于文化特征而言，随意而为和自由仍然是外在的表现形式，我们还要再继续追问，那就是为什么随意，以及自由的定义是什么。我们这样追问到最后就会发现，并不存在什么美式、中式、意式或者英式，人性的基本面逐渐浮出了水面。所谓的派别不过是对人性基本面的不同表达方式，在底层逻辑方面，每个人都有关于需求的相同特征。

2019 年 3 月，星巴克推出了樱花系列星杯，其中有一款"猫爪杯"受到了强烈追捧。从 199 元 / 只的售价被炒到了 1500 元 / 只，人们为了得到这一款杯子彻夜排队，甚至大打出手，成为 2019 年最具有代表性的营销事件之一。

仅仅是一个杯子，为了早一天拥有，就出现了如此疯狂的场面。这看似令人费解的现象，如果结合星巴克文化、猫文化和现代都市文化三者一起来观察，就可以很自然地理解到内在原因。

你会发现这只杯子里装的不是水、咖啡或是饮料，而是把"猫文化"和"丧文化"承载并进行了连接。这里面装的是年轻的都市人对生活的颓废、孤独、宅、温暖、治愈和陪伴的心理满足。如果一件物品能够承载这些，那么真的花1500元购买也不算贵，为了自己的治愈而大打出手似乎也变得在"情理之中"。

猫爪杯形成的追捧是合乎常理的，这就是"80后"和"90后"的世界，没人知道他们经历了什么，他们也不需要让人知道，他们只想拥有一个自己的小世界，即使是看着一只猫爪杯发呆。

猫爪杯成了"丧文化"和"治愈系"的载体，再加上它是由星巴克这一家代表随意与自由的纯正美式咖啡店出品的系列产品，追捧它就成了这款杯子上市后的必然命运。猫爪杯火了之后，星巴克天猫店涌入大批粉丝，店铺访问量激增了300%。阿里数据显示，"星巴克猫爪杯"的关键词搜索量更是增加了8800%。

一个小小猫爪杯萌萌的造型，不正是在挠消费者的痒痒肉吗？猫爪杯是一个粉红色的杯子，目标客户是女性，而且是少女系。在这个定位后有两点必须值得营销工作者们注意：

一是少女系并不单指年轻的女性。少女系指的是少女心，这几乎是绝大多数女性共有的特征。我认识很多年龄在30、40甚至50岁的女性，她们可能背着LV，走到哪里都要支一台笔记本电脑工作，在不停接打电话，完全是社会女强人的形象。但当她们看到粉红色的Hello kitty时，一样会露出天真少女经常有的笑容。

二是用户虽然是女性，但消费者未必是女性。连夜排队者多为男性。这也很好反映出男士用品店里会涌入女性顾客的原因，这是情感之间的相互关怀，为博自己所爱的人一个微笑，这个代价是值得的。在当今社会，越是精准的窄项客群定位，越是没有什么单一行为。

既然是刺激性营销，我们就要清楚刺激的是什么，并可能从哪些方面产生。猫爪杯顺利通过了视觉刺激和心理刺激两个主要关卡，因此营销经理要清楚知道总是会有很多刺激的渠道可以使用，并依此再来重新审视一下自己的产品。

你可以从温度、听觉、嗅觉、味觉等方面展开自己的刺激性营销，将商品与之进行连接，但切记我们的目的不是硬性连接这些，而是通过这些感受方式唤醒并连接消费者心里的哪种欲望。

关于刺激性营销还有一个不得不说的代表性事件，那就是以李佳琦为代表的新一代网络带货主播的崛起。据说李佳琦一天卖货超过 10 个亿，直播间最高在线人数超过 2000 万人。人们在感叹李佳琦传奇般的销售模式的同时，也惊呼为什么自己会买这么多根本用不到的东西。这其实有几个主要因素，首先是李佳琦勤奋的表现和良好的形象让潜在消费者对他产生了好感和信任；其次是李佳琦在直播过程中应用了大量的实验和氛围营造，让潜在消费者对商品也产生好感和信任；最后当这一切铺垫都做好之后，他总是高呼这是限价、限量、限时销售的产品，一下子激发起人们的购买欲望。

在人们的心智中，"抢购""稀缺""过时不候""数量有限"这些关键词都是在唤醒人们大脑中关于安全的本能。"怕失去""怕错过"是优先级的，远远高于这件商品到底"划不划算"和"对我有什么用"这类理性思考。当他点开抢购按钮的时候，你根本来不及思考，本能告诉你就是要快速下单。尤其是当你失去一次以后，你并不会感到欣慰，而会铆足了劲儿为下一件商品做好准备。虽然你可能还不知道下一件商品是什么，但你就是不想再失去。这就是抓取失败后带来的痛苦。你获取的甚至不是商品本身，而是抓取到之后自己得到的满足感。

聪明的商家总是会把限量这一类的"噱头"摆在前面，尤其是已经有了一定品牌影响力之后。在这类商家中，做得最轻车熟路的可能就属"耐克"这个品牌了。它总是时不时搞出一个限量版运动鞋，而每一款都能掀起人们的热情。从几千块人民币到几万块人民币，收藏耐克鞋的各路藏家并非都是土豪，他们中的很多人甚至冒着后半年"吃土"的风险也要入手一双。

据说 NIKE MAG 这款鞋售价高达 70 万元人民币，而在纽约的一次拍卖会上更是拍出了 20 万美元的天价，折合人民币约为140 万元，比一辆宝马 7 系轿车还贵。不知道会不会有保险公司来给这双鞋承保，如果走在街上被人踩了一脚会赔多少钱？

我相信耐克公司制造这款鞋的成本会很高，但绝不是可以用百万级来衡量的。消费者买的已经不是鞋子本身了，刺激性营销一旦与心智进行连接，后果是极为"可怕"的。

"失去"这个词有一个基本释义是指"不再拥有",但至少曾经拥有过。而到了商家的手中,则变成"机会",让消费者不曾拥有,却感受到了失去的痛苦,因此怕失去的安全级本能会唤醒强大的动力。

第 7 节　全民营销

从以安利产品为代表的直销平台,到房地产行业的老带新销售模式,再到几乎每个人的朋友圈里都看得到的微商群体,我们可以简单把这些大众化的以熟人作为潜在消费者进行商品销售的模式统称为全民营销。这样营销的好处是什么呢?商品在与消费者连接的过程中,有了"熟人"这个已经建立信任基础的连接"中转站"。企业省下在公共平台进行宣传推广的营销费用,用在这些"中转站"的投资上,获得了另一种盈利的机会。

全民营销可能也是现代都市人最大的副业之一,恐怕我们每个人的朋友圈都已经被房产销售和微商销售两大群体入侵,基本上没有人得到"幸免"。因为这种方式的营销无孔不入,所以我们有必要来认真分析一下这两种全民营销的模式。

其实我们做一些副业来补充自己的收入,丰富自己的生活这种初衷无可厚非。但我要在这里说明一个重要问题,那就是:副业和定位理论是相悖的。这些副业可能会成就你,同时也可能会让你失去本有的机会。这会让身边的人搞不清你的重心到底在哪儿。

我曾经和一位临时团队成员参加了一个项目的谈判，对于一个十几亿投资的项目我们和雇主的商讨进行得非常顺利。当晚回到酒店闲聊的时候，我的这位朋友和我说要把我拉进他刚组建的一个微信群里，主要都是各平台打折的销售商品，而且商品又便宜又好用。我当然不好意思拒绝，但我心里已经很清楚，一个每天在关注几十块商品打折信息的人，是没有合作上亿项目意识格局的。我和他的临时搭档关系也就到此为止了。

微商群体是近几年新兴的营销渠道，很多认为他们是在利用微信卖东西，其实这并不是微商核心竞争力的组成。微商最大的优势是通过微信这个工具做交流与信息共享，这才是区别于其他销售平台最大的竞争优势。微商的组织架构，真正将用户与商品利益进行了挂钩，而且形成了系统性培训、宣传资料的及时更新等优势。他们的组织架构一旦建立起来，商品信息发布和主题在全国各地的大群直接发布出来，就可及时有效地传递到最终微商个体，一个产品信息从发布到"入侵"我们的朋友圈可能只需要5分钟，这才是微商系统真正厉害之处。

除了可以利用微商平台赚到钱，微商的优势还可以让很多微商个人感受到很强烈的组织文化和进步空间，得到了眼界的拓宽和结交更多优秀朋友的机会。微商是低门槛高回报的个人成长平台，所以这个群体的数量近几年来一直呈高增长态势。当然，个别的微商行为也存在钻法律空子、打擦边球的做法，国家的立法政策也将逐步对这一群体进行规范化管理。

与微商相比，房地产的全民营销体系就显得差异很大。两者同属于全民营销，但形式完全不同，房地产全民营销没有占领和改变潜在客户已有的心智认知。这两种形式之间的主要区别在于：

1. 微商的销售是以个人为基础，而房地产销售是以项目为基础；

2. 微商利用微信社交平台，房企利用自己的销售平台（朋友圈卖房广告属于渠道营销）；

3. 微商成员在做学习、分享、交流、晋升，房地产全民营销在做管理、考核、控制；

4. 微商更接近区块链技术（思维）模式，房地产强调中心化营销基础；

5. 微商消费是在线上成交与发货，房地产则需要线下交流，服务系统更为复杂。

由于商品的类型不同，销售程序也完全不同，更为复杂的房地产商品应该具备更为专业和严谨的形态，而实际上大多数房地产销售人员的专业能力未必强于微商人员。

2020年受新冠肺炎疫情的影响，全球经济陷入严重的危机当中。当美国政府在3月24日宣布无上限量化宽松政策后，我发现微信朋友圈中平日卖房的中介人员在那几天都变成了"经济学家"。大家都在纷纷发布各种关于QE和对冲的观点，而结果都指向要买他们的房子才可以避免这场经济灾难。我的个人建议是希望他们尽量去介绍自己擅长的内容。

　　房地产行业的全民营销主要分为"系统内部"和"系统外部"两个阵营，简单来说就是员工系和社会系。要调动这两个庞大的系统需要极为精美的制度规范，实际上中国可能已经有99%的房企都在采用全民营销策略，但可能这99%的房企中有99%的房企并不理解什么是全民营销。它们仍旧用很传统的思维模式在向市场传递信息，甚至再多一分都不去考虑。这些房企只会在内部出台一条政策通知，写上一句话："谁把房子卖出去，就给谁提成。"它们以为这就是全民营销，其实依旧是习惯性的简单粗暴，坐等巨额资金回笼。

　　真正的房地产全民营销是一个体系制度的建立，而不是老板的一个态度。在房地产的全民营销体系方面，底层设计的逻辑结构非常重要。当逻辑出现问题，非但很难发挥效率，还会耗费企业大量的营销费用和管理成本。当然其中不乏有很多取得实效的企业，从碧桂园的"凤凰通"，到万科的"分享家"，再到恒大的"恒房通"，都是房企在全民营销模式上探索迈出的一大步。

　　你若想简单取胜，就要先复杂起来；你若想复杂取胜，就先简单起来。

后记

这位连日本鬼子都不怕的老英雄，这位饱经风霜的老人"扑通"一声跪在了我面前。我惊慌失措地连忙放下手里的地契也跪在他面前搀扶他，他的女儿也赶忙搀扶起这位老父亲。

老人抹着已经哭不出泪水的眼睛，呆呆地坐了下来。后来我才得知，原来这位老英雄的老伴儿前些年已经去世，他有三个女儿，大女儿嫁到了外地；二女儿嫁的男人身体有残疾，生活困难；在他身边的是三女儿，靠在街边摆摊卖菜为生。一家人都是社会最底层的普通人。我面前这位打鬼子的老英雄，不怕死，却无法面对日后每一天应该享有，却无法享有的安宁生活。

我知道自己的眼圈已经红了，紧紧地咬着牙关望着一位老父亲、一位老英雄，望着那张"毫无用处"的大黄纸。我想象着眼前的老人用失去土地和房子换来的 4 万元钱，用他可歌可泣的一生换来悲凉的晚年。

我控制着情绪起身安抚他们先不要着急，然后径直走出会议室。我站在室外扶着冰冷的铁栏杆，望着开始凋零的落叶，感受到在这个初秋的午后传来的一丝丝凉意……

我在想我要怎么办，我已经准备好了一堆溢美之词，打算称赞那位有魄力的村主任，如果他一会儿就到了，我看见他还说得出口吗？我转过头透过玻璃窗依然看见那对父女在静静等待的背影。我深吸了一口气，我感觉自己站在那里就像是断掉了提线的木偶。

我把会议室的门推开一半，站在门外告诉那位老人，我会帮他想办法的。然后便转身匆匆离开，再也没有回头，也害怕回头。我瞬间感到了自己的渺小与无力，而我再也没有联系过那位村主任。我什么也没有做，我感受到了深深的无力，才看清自己只是一名在陌生的城市、一个月赚一千多块钱薪水、为吃饭和房租打拼的低微打工仔。

但这个故事却无数次在我的职业生涯中被回望。时至今日，我都在反复问自己：房地产究竟是什么？一个有房、有地却没有产的故事；一个为别人造家，却失去家的故事。原来教科书里的名词解释和现实世界竟然完全不同，我也曾把这段故事分享给在大学里学习房地产专业的同学们，希望能给他们一个触动，或许有可能在面对事业的关键时刻能做出正确的选择。

这件事已经过去了十八年，那位老人也许已经不在，这十八年间我逐渐转型成了一名职业策划人。

我之所以在这本书里把这段真实的故事分享出来，是希望告诉大家，无论我们做什么工作，身上一定要带着一样东西，那才是我们的立命之本：良心。

第 2 节　第 10 个馒头

这仍是在前面故事中我所就职的那家公司里发生的故事。

业务员的工作时时刻刻都有考核的要求，我的工作和生活并不轻松，时常要面对同事业绩完成而自己却一无所有的失落，还有公司领导总是对我的批评与指责，每天都背负着很大的压力在努力生活着。

直到有一天，我终于谈成了一笔生意。而且这笔业务创造了公司里的一项新纪录，那就是我从第一次见到客户，到签约完成拿到支票，只用了不到 24 小时。

当我把这张支票交到领导手里的时候，领导惊喜地看着我，虽然有所准备，但听见他称赞我的话，我还是很激动。从领导办公室走出时，同事们都向我投来羡慕的目光，长久的压抑终于让我得到了一次圆满的释放。我自己竟也高兴得手舞足蹈，在办公室里踱步起来。

这时当初招聘我进公司的另一位领导叫住我：

"任达，恭喜你谈成一笔业务啊！"

"谢谢！谢谢！"

"你知道你为什么会谈成这笔业务吗？"

"我运气好呀，只用了不到一天，我觉得太神奇了。"

"不是的，你并不是因为运气好。"

"哦？那还能是什么？"

"你今天的成功是因为你曾经的失败。你一次次努力、一次次没有放弃，是你自己不断积累了经验，才有了今天这次成功的必然。假如你吃 10 个馒头可以吃饱，你只吃第 10 个馒头能饱吗？是你前面已经吃了 9 个馒头。所以，并不是因为你运气好，明白了吗？"

这句话如当头棒喝，我立刻收起不值钱的笑容，郑重地向她感谢亲爱的朋友将这本书读到此章节。

其实我已经将"连接"在我们的工作和生活中的作用进行了相当程度的描述和分析。希望你已经通过阅读得到感悟，并有机会更好地将连接的思维意识应用在自己的实践当中。

之所以增加后记这个章节，是因为我作为一名策划人仍感觉有一些重要的事情还没有向各位汇报。或许在这个错综复杂的现代社会，找到我们自己的本源、活得真实是一件非常不容易的事。我希望可以通过这个章节，让你了解我思想的成因，以及可以多一种参考来面对从事的职业和人生态度。毕竟对于从事策划工作而言，一旦我们自己的心智迷失，对自己、品牌和社会都将是一场灾难。

"不忘初心"这几个字已知最早出自唐代白居易《画弥勒上生帧记》："所以表不忘初心，而必果本愿也。"意思是说时时不要忘记最初的发心，最终一定能实现其本来的愿望。很多人会把自己的愿望看作要成为一个不平凡的人，认为这样就实现了自己最初的发心。

其实我们每一个人本来就不平凡，只要我们换一个更高的维度看待这个问题就会发现：我们正在厌倦的平凡生活，已经是这个宇宙中最不平凡的事了。

在金凯瑞的电影《冒牌天神》中，上帝告诉他什么才是奇迹。那段话深深打动了我，也值得我们每一个人在生活和工作中深深回味：

"把汤在碗中分开并不是奇迹，那只是个魔术。一位单身母亲身兼两份工作，仍能拿出时间陪孩子参加足球练习，那才是奇迹。"

一名策划人的成绩，来源于用平常的心去感受、感悟、体会这个世界，然后发现这平凡世界中不平凡的那一面，这才是其可能用到的价值本身。价值从来不会躲着我们，反而是我们自己总想游离在价值之外，而不是融入价值。

在多年的市场策划工作当中，我看到很多人用错了策划的能力与方向。他们总是为了博眼球而不顾道德底线、中伤他人、唯利是图，还伴随着低俗与恶俗。这些内容即使从常识上来看，也绝不会让我们的世界变得更好，但被迷失了心智的策划人却会认为这样做能让自己变得与众不同，可惜了自己，也可惜了时代。

时至今日，我总是非常感恩在我生命的关键时刻出现的那些事和人，那些经历与感受让我不敢背离初心，能够有机会小心翼翼地做一名策划人。今天我将其中的"平凡"故事分享出来，如果对你有所触动，我将感到万分荣幸。

第 1 节　英雄

我永远也无法忘记 2002 年秋天的一个午后，那时我还是一名初出茅庐的年轻人。我有一份比较体面但收入不高的工作，是在一家国际化的媒体公司当业务员，专门负责对接房地产领域的客户。为了便于工作的开展，我的名片上并没有印业务员三个字，而是印着"媒介专员"的头衔。这是为了让我能以假记者的身份更方便地对接客户，促成广告成交。虽然是虚假的标签，但我享受这种虚假的美好。感觉每天出入高级写字楼，穿西装打领带上下班，就仿佛自己是成功人士一样。

那个年代的房地产市场还没有耕地红线的政策出台，也没有土地出让的招、拍、挂要求，很多房地产项目的开发都是民间的自由交易。有一天我就通过检索发现了一个潜在的大客户，一个开发体量数十万平方米的村集体用地转商品房项目。开发公司就是在村委会成立的公司，而开发公司的董事长就是那个村的村主任。

我通过电话预约联系到了他，并以要给他做专访的名义约定了会面时间。其实如果他不投广告费，谁有空给他做专访呢？

他们的开发公司就是村委会的二层办公楼，我当天比约定的时间早到了一些，工作人员告诉我可以先到隔壁的会议室稍等一下。于是我一个人便静静地坐在了会议室里，透过窗户我正好可以随时看到那位"大老板"的到来。

不过我先看到的人影显然不是那位"大老板"，而是一位中老年妇女搀着一位老爷子从窗前经过，不一会儿他们也推开会议室的门坐在了我的对面，显然他们也在等人。我打量了一下，那位老爷子估计年龄在80岁以上，走路已经不太稳，但神情非常专注，穿着一身有些破旧却很严谨的中山装。旁边的妇女对他很关心，我猜应该是他女儿，年龄也在60岁上下。会议室里变成我们三个人面面相觑、互不说话。

那位老爷子也一直在打量我，他首先开口打破了僵局：

"小伙子，我看你不像是我们村里的人，你来我们村办事吗？"

我笑了一下，客气地回答道："是的，我来村里办事。"

"那你找谁办事呀？"

"我找村主任。"

"你是干啥的？"

"我……是一名记者。"

我话音刚落，老爷子就怔了一下，然后紧接着说了一句我终生难忘的话：

"小伙子，你要是记者，那救救我吧！"

这回变成我怔住了，完全不知道发生了什么事。而旁边的妇女也紧跟着附和道："是啊，你救救我们吧！"

接下来，那位老爷子把事情向我娓娓道来。原来就是因为村里要做房地产开发，征用了全村的耕地并将所有房屋拆除。因为没有相关规范指导，所以村里自行对各家各户进行了评估和补偿。这位老人的祖辈就生活在这里，自己也在村里活了将近一辈子。而这次的耕地回收和房屋拆除，他们家一共只能拿到 4 万元的补偿款。

我一听就明白了，即使是在那个房价只有 3000 多元的年代，4 万元也完全无法购得一套商品房。而且对于一个农民来说本身就没有社保，再没有了土地，确实再无安身立命之所。

说到这里，老爷子的声音已经有些颤抖，他不停地跟我重复着一句话：

"我没有房子和土地了，活不下去了。"

我连忙问道："这种情况是只有您家，还是全村都是这样呢？"

"跟村主任关系好的，他就给的多，我们和村主任没有交往，他就给的少。我已经找了他好几趟了，他根本不搭理我们。"

"那……我能为您做什么呢？"

这位八十几岁的老爷子忽然扶着桌子站起来，高声说道：

"当年日本鬼子进村，我是村里的民兵队长。我打鬼子，还带着村里的人一起打鬼子！"

他神情激动，一只手扶着桌子，然后弯下腰用另一只手拉开自己的裤腿对我继续说道：

"小伙子你看！这枪眼儿是日本鬼子打的，可我们不怕死，把鬼子打跑了。我的房子和土地是毛主席给我的！毛主席给我的，村主任他说拆就给拆了。"

老爷子说到这里激动得不行，手已经开始颤抖，他旁边的妇女赶紧搀着他让他坐下。老爷子依旧无法控制激动的心情，他颤巍巍地解开自己中山装的纽扣，又从怀里掏出一张叠得整整齐齐的大黄纸，他一边小心翼翼地打开递给我，一边继续和我说道：

"小伙子你看，你看！这是毛主席给我的，这地是我的。"

我当时还只是一个二十出头的年轻人，我被眼前突如其来的一幕吓到了。我从他那像树皮一样的老手中接过那张黄纸，认真地铺开在桌面上。

那是一份地契，一份用毛笔字写的地契，落款处盖着人民公社的大红章。那红章依然那么鲜艳巨大，映衬在这张泛黄的草纸上如一轮火红的太阳，照得我什么也看不清。

我捧着这张大黄纸在眼前许久，只记得自己在附和着：

"嗯……嗯……嗯……"

我并不知道他们村里是什么做法，也不知道村里是如何对待这位老人的，甚至还未来得及见到那位我准备谈业务的"大老板"。我想着如何回应这样的场面，由于稚嫩，我说了一句对老人起不到任何帮助的话："您应该找律师，走法律途径啊！"

老人显然被我这句话说得不知所措，他一边继续说着求我救他的话，一边扶着桌子走到我面前。接下来的一幕，我真正被彻底击溃了。

说了一声："谢谢！"

这是我人生中遇到的最美的金玉良言之一，在那一个时刻我才知道，没有什么幸运。人生中的每一次挫折不过是多吃了一个馒头。

我更感谢这个教会我把挫折当成馒头的人——郭颖女士。是她让我在日后的每一项工作里，不再自卑，勇敢面对。

第 3 节　再次连接

我们的生命中始终充满着各种连接，有形的、无形的、乐观的、消极的、正面的、负面的、回忆的、未来的……只要感受一下这些连接，那便是一种情绪的沉淀，便是一种具有生命力的表达。作为策划人，表达这些连接才是有深度策划的意义所在。准确表达才是引起共鸣产生连接的基础，而前提是认真地感受生命中每一次的值得与不值得。指向心灵的连接才是全世界最大的连接系统。

当然，我们并不是哲学家。学会感受和表达是为了更有能力赋予自己所策划的商品生命力，让它与真正的用户产生连接关系。而不是颜色再亮一点、LOGO 再大一点。

感受是比结果更重要的存在，营销并不是为了成交这个结果，营销是为了让消费者进行感受。因为成交的结果你无法掌控，那只能存在于消费者的行为中。而你能掌控的，是营销的行为是否遵循了感受连接的原则。如果不能与受众人群产生共鸣，那么我们为什么要去做广告设计、商业包装、活动宣传这些营销行为呢？只有建立了消费者的感受连接，他才会还给你一个行动的结果。

很多人心底都有一个问题："如何才能赚到钱？"要知道这个问题的答案就需要反问自己："你是否具备价值输出的能力？"你如果不去考虑价值输出，却一味还想赚到钱，那只剩下一种方法就是行骗。

行骗也是一种连接，它连接我们心智中黑暗的部分，而我们都希望这个世界会连接更多的光明，而自己连接更多的美好，不是吗？所以请不要去那样做。如果你觉得自己的钱太少，那是因为你提供的价值连接是可替代的，所以努力提高我们的价值竞争力才是人生真正的出路。

让我们一起有机会连接价值、用价值去影响世界。我们拒绝平庸，用策划思维改变自己的命运。

这本书已经写到最后，在进行写作的 200 个日日夜夜里，我始终对着电脑在和现在的你进行连接。直到写下这句话我才真的长舒一口气，可以想象一下你现在的样子了。这种感觉就像是写信，充满了情感与期待。

谢谢你！

策划人：任达

2020.5.20

图书在版编目（CIP）数据

连接：策划人思维的建立 / 任达 著 . —北京：东方出版社，2020.9

ISBN 978-7-5207-1584-3

Ⅰ.①连… Ⅱ.①任… Ⅲ.①市场营销—营销策划 Ⅳ.① F713.50

中国版本图书馆 CIP 数据核字（2020）第 116914 号

连接：策划人思维的建立

（ LIANJIE:CEHUAREN SIWEI DE JIANLI ）

作　　者：任　达

责任编辑：贺　方

出　　版：东方出版社

发　　行：人民东方出版传媒有限公司

地　　址：北京市朝阳区西坝河北里 51 号

邮　　编：100028

印　　刷：三河市金泰源印务有限公司

版　　次：2020 年 9 月第 1 版

印　　次：2020 年 9 月第 1 次印刷

开　　本：880 毫米 × 1230 毫米　1/32

印　　张：12.25

字　　数：239 千字

书　　号：ISBN 978-7-5207-1584-3

定　　价：68.00 元

发行电话：（010）85924663　85924644　85924641